Lothar Wagner

Die wissenschaftliche Abschlussarbeit

Lothar Wagner

Die wissenschaftliche Abschlussarbeit

Ratgeber für effektive Arbeitsweise und inhaltliches Gestalten (dritte, überarbeitete und erweiterte Auflage)

Südwestdeutscher Verlag für Hochschulschriften

Impressum / Imprint

Bibliografische Information der Deutschen Nationalbibliothek: Die Deutsche Nationalbibliothek verzeichnet diese Publikation in der Deutschen Nationalbibliografie; detaillierte bibliografische Daten sind im Internet über http://dnb.d-nb.de abrufbar.

Alle in diesem Buch genannten Marken und Produktnamen unterliegen warenzeichen-, marken- oder patentrechtlichem Schutz bzw. sind Warenzeichen oder eingetragene Warenzeichen der jeweiligen Inhaber. Die Wiedergabe von Marken, Produktnamen, Gebrauchsnamen, Handelsnamen, Warenbezeichnungen u.s.w. in diesem Werk berechtigt auch ohne besondere Kennzeichnung nicht zu der Annahme, dass solche Namen im Sinne der Warenzeichen- und Markenschutzgesetzgebung als frei zu betrachten wären und daher von jedermann benutzt werden dürften.

Bibliographic information published by the Deutsche Nationalbibliothek: The Deutsche Nationalbibliothek lists this publication in the Deutsche Nationalbibliografie; detailed bibliographic data are available in the Internet at http://dnb.d-nb.de.
Any brand names and product names mentioned in this book are subject to trademark, brand or patent protection and are trademarks or registered trademarks of their respective holders. The use of brand names, product names, common names, trade names, product descriptions etc. even without a particular marking in this works is in no way to be construed to mean that such names may be regarded as unrestricted in respect of trademark and brand protection legislation and could thus be used by anyone.

Coverbild / Cover image: www.ingimage.com

Verlag / Publisher:
Südwestdeutscher Verlag für Hochschulschriften
ist ein Imprint der / is a trademark of
AV Akademikerverlag GmbH & Co. KG
Heinrich-Böcking-Str. 6-8, 66121 Saarbrücken, Deutschland / Germany
Email: info@svh-verlag.de

Herstellung: siehe letzte Seite /
Printed at: see last page
ISBN: 978-3-8381-3426-0

Copyright © 2012 AV Akademikerverlag GmbH & Co. KG
Alle Rechte vorbehalten. / All rights reserved. Saarbrücken 2012

Lothar Wagner

Die wissenschaftliche Abschlussarbeit

- **Ratgeber für effektive Arbeitsweise und inhaltliches Gestalten**

Inhaltsverzeichnis		1
Verzeichnisse (Abbildungen, Anlagen, Symbole, Abkürzungen)		5
Vorwort		7
1.	**Inhalt, Aufbau und Bewertung der Arbeit - ein Überblick**	15
1.1	Generelle Anforderungen	15
1.2	Inhalt der Arbeitsaufgabe erfassen	17
1.3	Wissenschaftliche Darlegungen untergliedern	18
1.4	Formaler Aufbau und Bestandteile der Arbeit	21
1.5	Beim Gutachter „punkten" – Das Wichtigste in Kürze	23
2.	**Analyse und Präzisierung der Aufgabenstellung**	29
2.1	Methodik der Systematischen Heuristik nutzen	30
2.2	Aufgabenstellung analysieren und Gliederung ableiten (Beispiele)	33
2.3	Ein Exposé erstellen	45
2.3.1	Anforderungen an das Exposé für eine Bachelor-, Master- oder Diplomarbeit	47
2.3.2	Anforderungen an das Exposé für eine Doktorarbeit	48
3.	**Wissenschaftliche Abhandlung des Themas**	54
3.1	Einleitung	56
3.2	Hauptteil - die Problembehandlung	58
3.2.1	Hauptabschnitte gestalten	60
3.2.2	Untersuchungsobjekt beschreiben	62
3.2.3	Arbeitsinstrumente auswählen (Theorien, Methoden, Vorgehensweisen, Modelle, Technik)	64
3.2.4	Problemlösung aufzeigen	66

4.2	Titelblatt	79
4.3	Auftragsblatt mit Sperrvermerk	79
3.3	Zusammenfassung und Schlussfolgerungen	68
3.3.1	Wichtigste Ergebnisse zusammenfassen	69
3.3.2	Nutzen der Arbeit ausweisen	71
3.4	Von der Aufgabenstellung zur Verteidigung der Arbeit – die kreativen Arbeitsschritte im Überblick	72
4.	**Anforderungen formaler Art an eine wissenschaftliche Abschlussarbeit**	**74**
4.1	Richtlinien für die formale Gestaltung der Arbeit	74
4.1.1	Äußere Form und Layout	75
4.1.2	Formale Bestandteile	78
4.4	Bibliographische Beschreibung	80
4.5	Abstract	80
4.6	Inhaltsverzeichnis	83
4.7	Verzeichnisse der Abbildungen, Tabellen und Anlagen	85
4.8	Abkürzungs- und Symbolverzeichnis	85
4.9	Vorwort (ein wichtiges taktisches Instrument)	86
4.10	Literatur- und Quellenverzeichnis	88
4.11	Glossar	92
4.12	Eidesstattliche Erklärung	94
4.13	Thesen	95
5.	**Anregungen zur effektiven Arbeitsweise**	**96**
5.1	Ein Thema wählen - oder akzeptieren	96
5.1.1	Wenn Sie das Thema wählen dürfen	96
5.1.2	Wenn Sie ein zugewiesenes Thema akzeptieren müssen	98
5.1.3	Wenn es Meinungsverschiedenheiten gibt	100
5.1.4	Wenn Sie als Externer promovieren möchten	100
5.2	Verfügbare Zeit einteilen	105
5.2.1	Durch „Vorarbeiten" Zeit gewinnen	105
5.2.2	Bedingungen für Zeit- und Terminplanung beachten	107
5.2.3	Arbeitsschritte im Zeitablauf planen	108

5.3	Methodische Hinweise zum Arbeitsstil	119
5.3.1	Arbeitsbedingungen/-möglichkeiten klären	120
5.3.2	Zeit ergebnisorientiert nutzen	120
5.3.3	Arbeitsmaterial aufbereiten	121
5.3.4	Begriffsklarheit schaffen	122
5.3.5	Auffassung des Betreuers erkunden	123
5.3.6	Informationen beim Praxispartner erfassen	124
5.3.7	Arbeitsergebnisse diskutieren	131
5.4	Möglichkeiten der Informations- und Kommunikationstechnologie nutzen	132
5.4.1	Erfordernisse und Nutzen bei durchgängig rechnergestützter Arbeitsweise	133
	(1) Kenntnisse und Fähigkeiten im Umgang mit der erforderlichen Hard- und Software	
	(2) Schutz gegen Verlust von Daten und erarbeitetem Text	
5.4.2	Anlegen eines Datei-Verzeichnisses	136
	(1) Erleichterung der Arbeit am Computer	
	(2) Anlegen von Sicherheitskopien	
5.4.3	Rechnergestützte Literaturrecherche und Materialsammlung über Untersuchungsobjekte	138
5.4.4	Erfassen des interessierenden Gedankengutes am Computer	140
5.4.5	Erarbeiten des Rohmanuskripts und Schreiben der Endfassung	141
5.4.6	Abschlussarbeit auf einem Datenträger abgeben	143
6.	**Literatur auswerten**	**145**
6.1	Literatur recherchieren und beschaffen	145
6.1.1	In der Bibliothek recherchieren	148
6.1.2	Im Internet recherchieren	153
6.2	Literatur auswerten – exzerpieren/konspektieren und zuordnen	156
6.3	Fußnoten nutzen	162
6.4	Zitate anwenden	163
6.4.1	Grundsätze und Regeln	164
6.4.2	Methoden des Literaturnachweises	166
6.4.3	Das wörtliche (direkte) Zitat	169
6.4.4	Das sinngemäße (indirekte) Zitat	172
6.4.5	Zitieren aus elektronischen Veröffentlichungen	173

7.	**Gedanken und Ergebnisse überzeugend darlegen**	179
7.1	Gedankenführung, Darlegungsstil, Sachlichkeit und Wortwahl	179
7.1.1	Gedankenführung und Wortwahl	179
7.1.2	Darlegungsstil und Wortwahl	180
7.1.3	Wissenschaftliche Sachlichkeit und Wortwahl	182
7.2	Darlegungen anschaulich gestalten	188
7.3	Thesen anfertigen	193
7.4	Endfassung überprüfen	194
8.	**Arbeitsergebnisse verteidigen**	202
8.1	Verteidigung vorbereiten	204
8.1.1	Vortrag inhaltlich gestalten	204
8.1.2	Ergebnisse und Erkenntnisse anschaulich präsentieren	210
8.1.3	Überzeugend auftreten	213
8.1.4	Auf Fragen vorbereiten	215
8.1.5	Ein Handout nutzen	216
8.2	Vorbereitungen überprüfen und testen	218
8.2.1	Vortragsmanuskript kritisch überprüfen	218
8.2.2	Bedingungen für die Präsentation überprüfen	219
8.2.3	Zeitbedarf kontrollieren	220
8.2.4	Endfassung proben - „Generalprobe" nach Überarbeitung des Vortrags	221
8.2.5	Fragekatalog vervollständigen	221

Abbildungen

Abb. 2/1:	**Modell** zur Präzisierung der Aufgabenstellung [Analyse und Präzisierung einer Aufgabenstellung mit Hilfe der Systematischen Heuristik]	31
Abb. 2/2:	**Beispiel** zur Präzisierung der Aufgabenstellung „Entwicklung einer rechnergestützen Objekt- und Hauptfristenplanung für ein Machinenbauunternehmen ..."	33
Abb. 2/3:	**Beispiel** zur (weiteren) Präzisierung der Aufgabenstellung „Entwicklung einer rechnergestützen Belastungsplanung für die Aufgabenbereiche ... in einem Maschinenbauunternehmen ..." [als Teilaufgabe der rechnergestützten Objekt- und Hauptfristenplanung]	40
Abb. 5/1:	Terminierter Arbeitsplan (Beispiel für Master-, Diplom- und Doktorarbeiten)	110
Abb. 5/2	Terminierter Arbeitsplan (Beispiel für Bachelorarbeiten)	116
Abb. 5/3:	SADT-Aktivitätenmodell (Prinzipdarstellung)	127
Abb. 5/4:	Informationsbeziehungen im „System" Kundenauftragsbearbeitung mit den Aufgabengebieten Angebotsbearbeitung, Auftragsbearbeitung Fakturierung und Versanddisposition (vereinfachte Prinzipdarstellung)	129

Anlagen

Anlage 1:	Generelle Anforderungen an wissenschaftliche Abschlussarbeiten	223
Anlage 2:	Spezifische Anforderungen an wissenschaftliche Abschlussarbeiten	225
Anlage 3:	„Programm" zur Präzisierung der Aufgabenstellung	229
Anlage 4:	Beispiele für mögliche Gestaltung des Titelblattes	230
Anlage 5:	Nützliche Internetadressen	231
Anlage 6:	DIN-Normen für das Gestalten wissenschaftlicher Arbeiten (Auswahl)	232

Symbole (zur besonderen Kennzeichnung von Aussagen verwendet)

>	Arbeitsschritte/Handlungsfolgen
⇒	Aufforderung zum Handeln
■	Kernaussagen
●	Wesentliche Fragen beim Abfassen einer Graduierungsarbeit
□	zu überprüfende Sachverhalte
→	ergänzende Hinweise zur voranstehenden Aussage

Abkürzungen

BEFO	Betriebsführung und Betriebsorganisation
CPM	Critical Path Method (Netzplantechnik)
EdBWL	Enzyklopädie der Betriebswirtschaftslehre
Eduroam	education roaming
FIZ	Fachinformationszentrum
IBZ	Internationale Bibliographie der Zeitschriftenliteratur
idF	in der Fassung
ISBN	Internationale Standard-Buch-Nummer
MIS	Management Information System
MPM	Metra-Potenzial-Methode (Netzplantechnik)
OPAC	Online Public Access Catalogue
PERT	Programm Evalution and Review Technique (Netzplantechnik)
PPS	Produktionsplanung und -steuerung
SADT	Structered Analysis and Design Techniques
TEMA	Technik und Management
TCW	Transfer-Centrum für Produktionslogistik und Technologie-Management Westbayern
WISO	Wirtschafts- und Sozialwissenschaft
WLAN	Wireless Local Area Network

Vorwort zur ersten Auflage

Sie stehen vor der Aufgabe, in einer wissenschaftlichen Arbeit nachzuweisen, dass Sie Ihr erworbenes Wissen nutzbringend anwenden können. Mit einer solchen Graduierungsarbeit (Bachelor-, Master-, Diplomarbeit, Dissertation) sollen Sie einen Beitrag zur Weiterentwicklung der Erkenntnis auf einem bestimmten Gebiet des gesellschaftlichen Lebens leisten. Die Bewertung Ihrer Arbeit wird auch Ihre Chancen auf einen guten Arbeitsplatz beeinflussen. Deshalb sollten Sie Ihr Möglichstes dazu tun, die Gutachter von Ihren Fähigkeiten zu überzeugen. Das vorliegende Buch wird Ihnen dabei helfen.

Die Hinweise dieses Ratgebers sollen Ihnen **Orientierung und Leitfaden** sein, kein Dogma. Es ist nicht möglich, die Bearbeitung aller denkbaren Problem- und Aufgabenstellungen in ein Schema zu pressen. Für das erfolgreiche Bearbeiten einer wissenschaftlichen Aufgabenstellung gibt es allerdings einige allgemeingültige Erkenntnisse und für die formale Gestaltung der Arbeit, neben verbindlichen Vorgaben, auch allgemein anerkannte Empfehlungen. Das letzte Wort hat natürlich der Betreuer Ihrer Studieneinrichtung, denn in Details kann es verschiedentlich andere Wünsche geben.

Dieser Ratgeber

- zeigt Ihnen,
    - wie man **an ein zu bearbeitendes Thema herangeht**,
    - es **in überschaubare Teilprobleme zerlegt** und davon
    - die weiteren **Schritte zur der Lösung der Aufgabenstellung ableitet**,
- hilft Ihnen, die für das Erlangen eines akademischen Grades vorgeschriebene Arbeit so abzufassen, dass diese den
    - **inhaltlichen Ansprüchen** und
    - **formalen Anforderungen**

    an eine wissenschaftliche Arbeit gerecht wird,
- bietet Ihnen zahlreiche **Anregungen zur effektiven Nutzung Ihres Zeitfonds für die Anfertigung der Arbeit**, insbesondere durch methodische Hinweise zum Arbeitsstil,
- orientiert Sie auf die **Stellen, auf die ein Gutachter vorrangig sein Augenmerk richtet** und nennt Ihnen die Dinge, mit denen Sie den Gutachter positiv beeindrucken können.

Der erste Schritt auf dem Weg zu einer Graduierungsarbeit beinhaltet
- *entweder* die eigene Wahl eines Themas (völlig frei oder aus einer Angebotsliste)
- *oder* das Akzeptieren eines vorgegebenen Themas.

Wenn Sie **ein Thema wählen dürfen**, dann müssen Sie meist auch die Aufgabenstellung für Ihre Arbeit formulieren und „absegnen" lassen.

> - *Doch wie eine Aufgabenstellung eindeutig formulieren?*
> - *Welches Ziel setzen?*
> - *Wie die untergeordneten Teilprobleme finden?*

Sie wollen sich ja erst in die Thematik einarbeiten!
Müssen Sie sich **mit einem vorgegebenen Thema anfreunden**, dann handelt es sich oft um eine recht allgemein gehaltene und schon dadurch breit auslegbare Aufgabenstellung. Mitunter erweist es sich als ein relativ gedankenlos verfasstes Thema, das mit der Erwartung übertragen wird: „Mal sehen, was er daraus macht".
Doch selbst, wenn eine eindeutig formulierte Aufgaben- und Zielstellung vorliegt, werden Sie vor der Frage stehen:

> - *Wie packe ich das an?*
> - *Wie kann ich in der mir vorgegeben Zeit zu einer guten Lösung kommen?*

In jedem Fall hilft Ihnen ein gezieltes **methodisches Vorgehen**, das Anwenden von Methoden und Techniken wissenschaftlichen Arbeitens.
Das Ergebnis dieses Vorgehens bestimmt primär die Note Ihrer Arbeit.

Die Bewertung wird jedoch auch in hohem Maße davon beeinflusst, wie es Ihnen gelingt, Ihre Leistung zu verdeutlichen, wie Sie diese „sichtbar" machen und „verkaufen".
Das können Sie vor allem mit der **Art des Aufbaus der Arbeit** sowie mit der **Art und dem Stil der Darlegung Ihrer Ergebnisse** erreichen.

Schließlich hängt die Bewertung Ihrer Arbeit auch davon ab, ob und wie Sie allgemeingültige oder von Ihrer Studieneinrichtung **vorgegebene Formvorschriften einhalten** und die mitunter **spezifischen Ansprüche Ihres Betreuers erfüllen.**

> ■ **Wesentlich für den Erfolg Ihrer wissenschaftlichen Arbeit** sind somit
> - das **Anwenden von Methoden und Techniken des wissenschaftlichen Arbeitens**
>   -- zur Analyse von Sachverhalten und Problemstellungen und
>   -- zum Entwickeln folgerichtiger Lösungsvorschläge
> - das **übersichtliche und folgerichtige Darlegen Ihrer Gedankengänge, Erkenntnisse und Ergebnisse** sowie
> - das **Einhalten von Formvorschriften**.

Dieser Ratgeber beruht auf langjährigen Erfahrungen durch die Betreuung einer Vielzahl von Diplomanden (sowohl als Praxisvertreter als auch als Hochschullehrer) und Promovenden sowie aus der Abfassung von Forschungsberichten.

Wesentliche Erkenntnisse resultieren zudem aus der langjährigen Leitung eines studentischen Forschungszirkels. Er diente der gezielten Vorbereitung von Studenten auf den Einsatz für Aufgaben von Praxispartnern während des Großen Praktikums und in der Diplomphase sowie dem Erfahrungsaustausch zwischen diesen Studenten verschiedener Matrikel.

Aus mehrjährigen Leistungsverträgen mit Forschungseinrichtungen und Industriekombinaten wurden ihnen Teilaufgaben für ihren Großen Beleg und ihre Diplomarbeit übertragen. Oft konnten leistungsstarke Studenten im Rahmen der übernommenen Forschungsaufträge bis zur Dissertation geführt werden.

Die in diesem Ratgeber vermittelten Erfahrungen stammen vor allem aus der betriebswirtschaftlichen Anwendungsforschung, teilweise auch aus der technisch-wissenschaftlichen und betriebswirtschaftlichen Vorlaufforschung.

Die folgenden Hinweise beziehen sich primär auf Diplomarbeiten und Dissertationen. Sie gelten jedoch sinngemäß auch für Graduierungsarbeiten wie Bachelor- und Masterarbeiten sowie für Habilitationsschriften und Forschungsberichte.

Das Buch ist so gestaltet, dass es nicht vor Beginn der Arbeit am Thema durchgängig gelesen werden muss. Möchten Sie sich vorweg über die zu bewältigenden Anforderungen orientieren, dann sollten Sie zunächst die Abschnitte 1, 5.1 und 5.2 lesen. Dort finden Sie konzentrierte Aussagen

- zu den **generellen Anforderungen** an eine wissenschaftliche Arbeit und (Abschnitt 1),
- zur **Wahl bzw. Akzeptanz eines Themas** (Abschnitt 5.1) und
- zu den **notwendigen Arbeitsschritten** für die Erarbeitung der Qualifizierungsschrift (Abschnitt 5.2.3).

Anschließend können Sie dann von Arbeitsschritt zu Arbeitsschritt jeweils gezielt die benötigten Informationen heranholen. Zahlreiche Querverweise bieten die Möglichkeit, im Bedarfsfall vertiefende oder ergänzende Aussagen zu einem Sachverhalt aufzusuchen.

Der Abschnitt 2 zeigt, wie Sie das Ihnen gestellte **Thema kritisch hinterfragen,** in Teilprobleme auflösen und davon eine **Grobgliederung ableiten** können.
Für die Bearbeitung von anspruchsvollen und längerfristigen Aufgabenstellungen (z.B. für Dissertationen) ist das aufgezeigte Vorgehen dringend zu empfehlen.

Abschnitt 3 bietet Ihnen Hilfestellung und Anregungen für alle Phasen der **Bearbeitung Ihrer wissenschaftlichen Aufgabenstellung** sowie für die **Gliederung** und **inhaltliche Gestaltung der Hauptabschnitte** Ihrer Arbeit.

Abschnitt 4 hilft Ihnen bei der **formal korrekten Gestaltung** Ihrer Arbeit. Es sind verschiedene Anforderungen an die **äußere Form** und das **Layout der Arbeit** als Ganzes zu beachten. Außerdem müssen Sie Ihre Arbeit mit verschiedenen formalen Bestandteilen ergänzen, für die ebenfalls bestimmte Gestaltungsanforderungen zu berücksichtigen sind.

Der Abschnitt 5 beinhaltet eine Vielfalt von **Anregungen für eine effektive Arbeitsweise** bei der Bearbeitung Ihres Themas und für die überzeugende Darlegung Ihrer Gedanken. Sie beruhen weitgehend auf den Erfahrungen aus der Betreuung von Diplomanden und Promovenden.

Die Ausführungen in den Abschnitten 3 bis 5 beleuchten alle wesentlichen inhaltlichen und formalen Kriterien, die von den Gutachtern geprüft und bewertet werden. Wer sie beachtet, beschreitet einen sicheren Pfad zu einem guten Ergebnis.

Anregungen zur Weiterentwicklung dieses Ratgebers werden jederzeit dankbar entgegen genommen.

Vorwort zur zweiten Auflage

Für die Neuauflage dieses Buches gibt es zwei Anlässe:

1. Der Prozess der Umsetzung der Beschlüsse der Kultusministerkonferenz hat zur Modifikation der Anforderungen an wissenschaftliche Abschlussarbeiten (Bachelor-, Master- und Diplomarbeit) geführt. Das erfordert eine Aktualisierung verschiedener Aussagen.

An den Universitäten und Hochschuleinrichtungen und selbst innerhalb dieser an deren Fakultäten bestehen noch recht unterschiedliche Regelungen, doch ist – ausgehend von den Vorgaben der Kultusministerkonferenz – ein *allgemeiner Trend* erkennbar.

Neben der **Differenzierung der Aussagen zur Bachelor-, Master- und Diplomarbeit** (insbesondere Anlage 1, Blatt 2 und Abschnitt 2.3.1) werden in der vorliegenden Auflage zugleich die **Anforderungen an die Dissertation stärker herausgearbeitet** (insbesondere Anlage 1, Blatt 3 sowie Abschnitte 2.3.2 und 5.1.4).

2. Die Neuauflage berücksichtigt verschiedene Hinweise und Vorschläge von Nutzern der ersten Auflage dieser Schrift, für die ich mich bedanke.

In diesem Zusammenhang sind einige Abschnitte neu eingefügt bzw. zugeordnet.

Neu aufgenommen oder ausgebaut werden Ausführungen

- zur **Anfertigung eines Exposés**, das zunehmend Bedeutung erlangt (Abschnitt 2.3),
- zum **Zeitgewinn durch „vorausschauendes Tun"** (Abschnitt 5.2.1),
- zur **rechtzeitigen Klärung der Arbeitsbedingungen** (Abschnitt 5.3.1) und
- zur **Wortwahl im Interesse der wissenschaftliche Sachlichkeit und präzisen, knappen Ausdrucksweise** (Abschnitt 7.1.3).

Im Hinblick auf den besonderen Nutzen der Informationen für den Absolventen werden

- die Aussagen zu den **Kriterien für die Bewertung einer Graduierungsarbeit** bereits im Hauptabschnitt 1 dargelegt (Abschnitt 1.5) sowie
- die Ausführungen zur **Verteidigung der Arbeitsergebnisse** mit Empfehlungen für die **gewissenhafte Vorbereitung auf die Verteidigung** erheblich erweitert und in einem neuen Hauptabschnitt 6 behandelt.

Die Empfehlungen beziehen sich vor allem auf das inhaltliche Gestalten des Vortrags, das überzeugende Auftreten vor dem Prüfungsausschuss, das Präsentieren der Ergebnisse und Erkenntnisse und das Vorbereiten auf zu erwartende Fragen.

Es gilt weiterhin, dass das Buch nicht vor Beginn der Arbeit am Thema durchgängig gelesen werden muss. Um sich vorweg über die zu bewältigenden Anforderungen zu orientieren, sollten Sie zunächst die Abschnitte 1, 5.1 und 5.2 lesen. Dort finden Sie jetzt konzentrierte Aussagen

- zu den **generellen Anforderungen** an eine wissenschaftliche Arbeit und zu den **Kriterien für deren Bewertung** (Abschnitt 1)
- zur **Entscheidung für ein Thema** und **Gewinnung eines Betreuers** (Abschnitt 5.1) sowie
- zum vorausschauenden, rationellen **Umgang mit der verfügbaren Zeit** (Abschnitt 5.2).

Das Buch soll als Ratgeber und Nachschlagewerk dienen. Deshalb werden wesentliche Fakten in Form von „Stabstrich-Aufzählungen" dargeboten und relevante Aussagen mit verschiedenen Symbolen (s. Seite 3) gekennzeichnet. Das soll dem Leser einen schnellen Überblick ermöglichen.

Vorwort zur dritten Auflage

Vor allem zwei Entwicklungen, die die Bedingungen für das Studium und den Studienabschluss verändern, erfordern eine weitere Aktualisierung und Ergänzung dieses Ratgebers. In diesem Zusammenhang werden zugleich verschiedene Hinweise und Vorschläge von Nutzern der zweiten Auflage dieser Schrift berücksichtigt, für die ich mich bedanke. Die Überarbeitung führte zur Erweiterung und Neuordnung des Inhaltes der bisherigen Abschnitte 5 und 6.

Zum einen hat die weitere Umsetzung der Beschlüsse der Kultusministerkonferenz und die damit verbundene **Internationalisierung des Studiums** in einem gemeinsamen Europäischen Hochschulraum auch zur Modifikation der Anforderungen und Gepflogenheiten bei der Abfassung wissenschaftlicher Abschlussarbeiten geführt.

Das betrifft vor allem

- das deutlich **unterschiedliche Anforderungsniveau und Zeitfenster** für Studium und Abschlussarbeit **zwischen Bachelor- und Masterabschluss** mit Auswirkungen auf die Zeit- und Terminplanung der Abschlussarbeit (Abschnitt 5.2.3) und
- einige bisher nicht oder kaum angewendete **Handhabungen bei der Abfassung und Verteidigung der Abschlussarbeit**, die an vielen Hochschuleinrichtungen noch „Kür", an anderen bereits Pflicht sind.
[Ausstatten der Arbeit mit **Abstract** (Abschnitt 4.5) und **Glossar** (Abschnitt 4.11), Nutzen eines **Handouts** bei der Verteidigung der Arbeit (Abschnitt 8.1.5).]

Zum anderen prägt die zunehmend allgemeine Verfügbarkeit der heutigen Informations- und Kommunikationstechnologie an den Hochschuleinrichtungen die geistig-schöpferische Tätigkeit und beeinflusst die *Art und Weise* **des Herangehens an die Erarbeitung einer wissenschaftlichen Abschlussarbeit** (Abschnitt 5.4).

Hierbei zeigen sich drei Anwendungsschwerpunkte:

- Die **rechnergestützte Literaturrecherche** und ggf. **Materialsammlung** über Untersuchungsobjekte (Abschnitt 5.4.3)
- Das Auswerten der Literatur mit **Erfassen des interessierenden Gedankengutes am Computer** (Abschnitt 5.4.4)
- Das **Verwerten der** aus dem erfassten Material **gewonnenen Erkenntnisse** für den Rohentwurf **am Computer** und Schreiben der Endfassung (Abschnitt 5.4.5)

Darüber hinaus wird die zunehmend geforderte **Abgabe der Abschlussarbeit auf einem Datenträger** erleichtert, wenn diese bereits auf einer eigenen Datei vorliegt (Abschnitt 5.4.6).

Um sich vorweg über die zu bewältigenden Anforderungen zu orientieren, sollten zunächst – neben den in den Vorworten enthaltenen inhaltlichen Orientierungen – die Abschnitte 1, 5.1 und 5.2 gelesen werden, welche konzentrierte und zum Teil erweiterte Aussagen enthalten

- zu den *generellen* **Anforderungen** an eine wissenschaftliche Arbeit und zu den **Kriterien für deren Bewertung** (Abschnitt 1),
- zur **Entscheidung für ein Thema** und **zur Gewinnung eines Betreuers** (Abschnitt 5.1) sowie
- zum vorausschauenden, rationellen **Umgang mit der verfügbaren Zeit** (Abschnitt 5.2).

Mai 2012   Lothar Wagner

1. Inhalt, Aufbau und Bewertung der Arbeit - ein Überblick

Um den Ansprüchen an eine wissenschaftliche Arbeit gerecht zu werden, muss Ihre Graduierungsarbeit bestimmte Anforderungen und Erwartungen erfüllen.

Sie müssen z.B. Ihre Auffassung, Ihre Vorschläge und Lösungen begründen (Warum so und warum nicht anders?). Sie sollen Varianten entwickeln, diese vergleichen und bewerten. Sie müssen Formvorschriften einhalten u.a.m.

Die Anforderungen und Erwartungen beziehen sich vor allem auf

- den **Inhalt der Ihnen gestellten Aufgabe**
- die **Art und Weise der Darlegung der von Ihnen zu entwickelnden Lösung**
- die zu **beachtenden Konventionen** und **verbindlichen Regeln**
  bei der Abfassung Ihrer Arbeit und schließlich
- den **formalen Aufbau** und die **Bestandteile der Arbeit**.

Dieser Abschnitt bietet Ihnen einen Überblick über die Dinge, auf die Sie von vornherein achten sollten, – und das beginnt bereits bei der Abfassung der Aufgaben- und Zielstellung.

Lassen Sie sich von den nachfolgend dazu angegebenen Beispielen nicht abschrecken. Sie sollen Ihnen lediglich Anregung zum Nachdenken über Ihre Aufgabenstellung sein.

1.1 Generelle Anforderungen

■ **Der Aufgabenstellung muss ein *Bedürfnis* zugrunde liegen**

Aus der Aufgabenstellung muss hervorgehen, **warum** das Thema bearbeitet werden soll, welches Anliegen damit verfolgt wird, z.B.:

- kritisches Auseinandersetzen mit bestehenden Theorien, Modellen, Methoden etc.
- entwickeln oder weiterentwickeln einer Theorie oder Methode, eines Modells etc.
- überprüfen und anwenden einer Theorie (Modell, Methode etc.) unter neuen, sich entwickelnden Bedingungen,
- entwickeln neuer Technologien, Vorgehensweisen oder Lösungsansätze für bekannte Aufgaben- bzw. Problemstellungen, gegebene Sachverhalte u.dgl.,
- erkunden des Einsatzes neuer technischer Mittel, Modelle, Methoden etc. zur effektiveren Lösung von Situationen, optimaleren Gestaltung von Prozessabläufen etc.

■ **Die Aufgabenstellung muss das Themengebiet eindeutig abgrenzen und mit einer klaren *Zielstellung* verbunden sein**

Die Zielstellung muss das **erwartete Ergebnis** eindeutig angeben:
- Welche Erkenntnis soll worüber gewonnen werden?
- Was soll geklärt werden?
- Welche Problemlösung soll erzielt werden?
- Was soll wodurch (z.B. eine Untersuchungsmethode, eine Vorgehensweise) oder womit (z.B. Modell, technisches Mittel) erreicht werden?
- Was soll erkannt werden (z.B. durch vergleichende Untersuchungen)?

■ **In der Arbeit muss die *eigenständige Leistung* erkennbar sein**

Gedankengänge, Argumentationen und Untersuchungsergebnisse anderer können in eigene Überlegungen einfließen oder kritisch verarbeitet werden, es muss jedoch stets das Neue, die schöpferische Eigenleistung des Autors der Arbeit ersichtlich und diese *nachvollziehbar* sein. Eine schöpferische Eigenleistung kann z.B. erzielt werden durch
- das Weiterführen vorhandener Auffassungen und Ergebnisse für neue Bedingungen,
- das Nachweisen von Zusammenhängen oder Widersprüchen zwischen bestehenden Auffassungen, erfassten Sachverhalten o.dgl.,
- das Ableiten von Schlussfolgerungen für bestimmte Bedingungen,
- das Aufzeigen und Bewerten von Lösungsvarianten, Alternativen u.dgl.

■ **Die Sprache muss einer wissenschaftlichen Arbeit angemessen sein**

Der sprachliche Stil soll von wissenschaftlicher Sachlichkeit geprägt sein, insbes. durch
- eine sprachlich klare und präzise Ausdrucksweise,
- das Verwenden der Fachbegriffe und eindeutiges Definieren selbst geprägter Begriffe
- das Vermeiden von umgangssprachlichen Redewendungen, Füllwörtern u.dgl.,
- eine fehlerfreie Grammatik, Interpunktion und Orthographie.

- **Die verwendete Literatur muss der Thematik entsprechen und angegeben werden**

  Bei der Auswahl und Verwertung der Literatur ist zu beachten:

  - sie muss in Umfang, Auswahl und Aktualität dem Thema angemessen sein,
  - internationale Literatur, vor allem englischsprachige, ist in den Text einzubinden,
  - alle in irgend einer Form für die Bearbeitung des Themas verwendete Schriften sind im Literatur- oder Quellenverzeichnis mit ihren bibliografischen Daten aufzuführen.

Im Ergebnis der **Umsetzung des Bologna-Prozesses** und des Beschlusses der Kultusministerkonferenz vom 10.10.2003 sind heute folgende wissenschaftliche Abschlussarbeiten zu unterscheiden, an die *unterschiedlich hohe Ansprüche* gestellt werden:

Bachelorarbeit – Masterarbeit/Diplomarbeit – Dissertation – Habilarbeit.

Parallel zu den Begriffen Bachelorarbeit und Masterarbeit werden an deutschen Hochschulen zunehmend die englischen, gleichbedeutenden Bezeichnungen „**Bachelor-Thesis**" und „**Master-Thesis**" verwendet (im Zuge der Internationalisierung und Anpassung der europäischen Studiensysteme).

Neben den **gemeinsamen Grundanforderungen** sind jeweils **spezifische Anforderungen** zu beachten, die aus den unterschiedlich hohen Ansprüchen an die verschiedenen Abschlussarbeiten resultieren (s. dazu Anlage 1, Blatt 1 bis 3).

1.2 Inhalt der Arbeitsaufgabe erfassen

Die zu lösende Aufgabenstellung wird Ihnen anfangs wie ein schwer durchdringbarer Aufgabenkomplex erscheinen. Sie wissen nicht recht, wie Sie den Einstieg finden und werden sich fragen:

- „**Wie gehe ich** an die Lösung der Aufgabenstellung **heran**?"
- „**Wie kann ich sie aufgliedern in besser überschaubare Teilaufgaben, auflösen in einfacher bearbeit- und lösbare Teilprobleme**?"

Mitunter wird Ihnen der Betreuer Ihrer Studieneinrichtung und ggf. der Praxisbetreuer helfen. Es ist jedoch **Ihre** Aufgabe, das zu bewältigen und sich zurechtfinden. Verantworten müssen Sie das Ganze schließlich selbst.

Die Systematische Heuristik bietet hierzu eine vielfach erprobte und bewährte **Vorgehensweise** (s. Abschnitt 2). Sie ermöglicht es,

- eine *komplexe Aufgabenstellung* **in Teilprobleme zu zerlegen** und
- mit den gewonnenen Erkenntnissen **zu präzisieren**.

Die Aufgabenstellung wird dadurch übersichtlicher und "griffiger". Sie erkennen erste Ansatzpunkte für eine grobe Gliederung Ihrer Arbeit und für eine Disposition der Ihnen verfügbaren Zeit bis zum Abgabetermin der Pflichtexemplare (s. Abschnitt 5.2.2). Dadurch können Sie den Inhalt Ihrer Arbeitsaufgabe zielstrebiger und somit auch schneller bewältigen.

1.3 Wissenschaftliche Darlegungen untergliedern

Bezüglich der Gliederung müssen Sie Entscheidungen treffen:

- zur **Untergliederung** des *Inhalts* **und** der *Reihenfolge* **Ihrer Ausführungen** sowie
- zur **Wahl einer** *Gliederungsart* **und damit zur** *formellen Gliederung* **der Arbeit**.

(1) Zur *inhaltlich* **folgerichtigen Untergliederung** Ihrer Arbeit.

Bei der inhaltlichen Untergliederung werden Sie Fragen bewegen wie:

- „**Nach welchen Gesichtspunkten** kann ich meine Ausführungen zum Thema sinnvoll in Teilschritte bzw. Teilprobleme **untergliedern?**"
- „**In welcher Reihenfolge** ordne ich diese Gliederungspunkte an?"
- „**Wie** lege ich meine **Gedanken folgerichtig** und **verständlich** dar?"
- „**Was** muss ich **beachten** und **was vermeiden?**" (z.B. beim Untergliedern von Abschnitten, beim Gestalten von Gliederungsüberschriften u.a.m.).

Grundsätzlich wird ein Thema abgehandelt (abhängig von der konkreten Aufgabenstellung):

- vom Allgemeinen zum Besonderen und Speziellen,
- vom Ganzen zum Detail,
- vom Gegebenen zum Künftigen.

Dabei ist auf eine logische Reihenfolge der Gliederungspunkte und auf einen annähernd ausgeglichen Umfang der untergliederten Textabschnitte zu achten.

Die von Ihnen entwickelte Gliederung bildet die strukturelle Grundlage für die Darlegung Ihrer Gedanken bei der Bearbeitung des Themas. Sie zeigt, wie Sie zur Lösung der Aufgabenstellung das Thema unterteilen und abarbeiten. Sie **bietet** daher dem Leser nicht nur einen inhaltlichen Überblick, sondern gewährt zugleich **einen Einblick in die Systematik und Logik Ihres Vorgehens** bei der Lösung Ihrer Aufgabenstellung. Hieraus können die Gutachter und ggf. Praxispartner Schlussfolgerungen auf ihre Leistungsfähigkeit ziehen.

Im Laufe der Arbeit am Thema wird es sich wiederholt zeigen, dass die Gliederung verändert, ergänzt oder gar vollständig umgestellt werden muss. Das kann z.B. erforderlich werden durch überraschende Ergebnisse der Ist-Zustands-Analyse des Untersuchungsobjektes oder eine unerwartete Fülle von Material zu Teilproblemen der Arbeit.
Mitunter werden Sie auch feststellen, dass bestimmte Gedanken besser in einem anderen Abschnitt als dem vorgesehenen abzuhandeln sind.

Im Prinzip wird die Gliederung parallel zur Bearbeitung des Themas ständig weiter entwickelt. Dieser Vorgang beginnt mit dem Entwurf eines Grobkonzepts und endet mit der detaillierten Feingliederung für die Endfassung. Mit dem Schreiben der Endfassung sollten Sie daher erst beginnen, wenn eine gesicherte Gliederung vorliegt, die den logischen Aufbau der Arbeit klar erkennen lässt.

Die Verständlichkeit Ihrer Gedankengänge und die Überzeugungskraft Ihrer Ausführungen hängt wesentlich von einer logisch folgerichtigen, übersichtlichen Gliederung der Arbeit ab.
Deshalb sollten Sie beim Entwurf und der schrittweisen Weiterentwicklung der Gliederung einige Gestaltungsanforderungen beherzigen.

- *Welche Grundsätze und Regeln der Gliederungsarbeit sind zu beachten?*

    - Die Gliederung der Arbeit muss einen logisch folgerichtigen „roten „Faden" erkennen lassen.
    - Die Untergliederung der Darlegungen sollte bei den auf gleicher Gliederungsebene stehenden Abschnitten zu annähernd gleichen Aussage-Proportionen führen.
    - Die (weitere) Untergliederung eines Abschnitts ist nur zulässig, wenn sich mindestens zwei Unterabschnitte ergeben. I.d.R. sollte jeder Gliederungspunkt wenigstens eine A4-Seite Text umfassen.
    - Jeder (untergeordnete) Gliederungspunkt muss sich hierarchisch in die Gesamtgliederung ein ordnen und jeweils etwas zur Klärung des übergeordneten Gesichtspunktes beitragen.
    - Zur Kennzeichnung der Abschnitte ist eine höchstens vierstellige Untergliederung vorzunehmen. Eine Mischung von arabischen mit römischen Ziffern oder Alphazeichen sollte vermieden werden.
    - Die Ausführungen in den Abschnitten müssen ihren Überschriften gerecht werden.
    - Die Überschriften müssen leicht verständlich sein und in knapper, aber treffender Form konkret auf den Inhalt des jeweiligen Abschnittes verweisen. Sie dürfen jedoch nicht schon Ergebnisse kund tun.
    - Überschriften sind möglichst in einem einheitlichen Sprachstil zu formulieren und Sie dürfen weder als Satz noch als Frage abgefasst sein.

Beispiele für gleichartigen knappen Stil der Überschriften:

Unterschiedlicher **Stil:**

5.3.1 Die Klärung der Arbeitsbedingungen/-möglichkeiten

5.3.2 Ergebnisorientierte Nutzung der Zeit

5.3.3 Das Aufbereiten des Arbeitsmaterials

5.3.4 Notwendigkeit der Begriffsklarheit

5.3.5 Die Auffassung des Betreuers erkunden

5.3.6 Gezielte Erfassung zuverlässiger Informationen beim Praxispartner

5.3.7 Diskutieren der Arbeitsergebnisse

Gleichartiger Stil:	**Noch knapper** (voranstellen, worum es geht)
5.3.1 Klärung der Arbeitsbedingungen	5.3.1 **Arbeitsbedingungen** klären
5.3.2 Ergebnisorientierte Nutzung der Zeit	5.3.2 **Zeit** ergebnisorientiert nutzen
5.3.3 Aufbereitung des Arbeitsmaterials	5.3.3 **Arbeitsmaterial** aufbereiten
5.3.4 Schaffung von Begriffsklarheit	5.3.4 **Begriffsklarheit** schaffen
5.3.5 Erkundung der Auffassung des Betreuers	5.3.5 **Auffassung des Betreuers** erkunden
5.3.6 Erfassung der Info beim Praxispartner	5.3.6 **Info** beim Praxispartner erfassen
5.3.7 Diskutieren der Arbeitsergebnisse	5.3.7 **Arbeitsergebnisse** diskutieren

(2) Zur *formellen* **Gliederung** der Arbeit

- *Welche Gliederungsart ist anzuwenden?*

Es stehen verschiedene Möglichkeiten zur Verfügung. Sofern nicht ausdrücklich etwas anderes gefordert, sollten Sie sich an die DIN 1421 „Gliederung und Benummerung in Texten ..." halten und eine **numerische Untergliederung mit arabischen Ziffern** verwenden.

Die Abschnittsnummern sind durch einen Punkt zu trennen, lediglich hinter der Abschnittsnummer von Hauptabschnitten steht ein abschließender Punkt.

Beispiel für eine numerische Untergliederung:

    1.   Hauptabschnitt
    1.1   Abschnitt
    1.1.1   Unterabschnitt
    1.1.2   Unterabschnitt
    1.2   Abschnitt
    2.   Hauptabschnitt

Alphanumerische Untergliederungen erschweren die Übersicht. Wenden Sie diese nur bei ausdrücklichem Verlangen des Betreuers nach dem von ihm vorgegebenen Muster an!

1.4 Formaler Aufbau und Bestandteile der Arbeit

Berücksichtigen Sie die Vorgaben Ihrer Studieneinrichtung! Meist werden sie von den Fakultäten herausgegeben. Sie sind überwiegend als Empfehlung, teilweise aber auch als verbindlich deklariert.

Die Vorgaben für die <u>Bestandteile einer Arbeit</u> entsprechen meist (bis auf einige Details) der DIN 1422-4 „Veröffentlichungen aus Wissenschaft, Technik, Wirtschaft und Verwaltung; Gestaltung von Forschungsberichten".

Für die <u>Reihenfolge ihrer Anordnung</u> in der einzureichenden Arbeit haben sich jedoch unterschiedliche Gepflogenheiten herausgebildet.

Wenn Sie keine zwingenden Vorschriften für den Aufbau Ihrer Arbeit erhalten, dann sollten Sie diese (in Anlehnung an DIN 1422-4) wie folgt gestalten:

Empfehlung zur <u>Seitennummerierung</u>:

(1) Titelblatt

(2) Auftragsblatt (ggf. mit Sperrvermerk)

(3) Bibliographische Beschreibung

(4) Abstract   Paginierung

(5) Inhaltsverzeichnis   mit *römischen*

(6) Verzeichnisse der Abbildungen, Tabellen und Anlagen   Ziffern

(7) Verzeichnis der verwendeten Abkürzungen, Symbole u.ä.

(8) Vorwort

(9) Wissenschaftliche Abhandlung des Themas   Paginierung

  - Einleitung   mit *arabischen*

  - Hauptabschnitte der Problemdarlegung   Ziffern

  - Zusammenfassung und Schlussfolgerungen

(10) Glossar (nicht zwingend)

(11) Literaturverzeichnis / Quellenverzeichnis   Paginierung mit

(12) Anlagen (ggf. gesonderter Band)   *römischen* Ziffern

(13) Eidesstattliche Erklärung (Selbständigkeitserklärung)   weiterführen

(14) Thesen (sind den Pflichtexemplaren lose beizufügen)

Um den Textteil der wissenschaftlichen Abhandlung von den formalen Bestandteilen der Arbeit abzuheben, hat es sich bewährt, eine getrennte Seitenzählung durch unterschiedliche Paginierung der Seiten vorzunehmen.

- Die Seitenzählung des Textteils (er beginnt mit der Einleitung) erfolgt mit *arabischen Ziffern*.

- Die vor und nach dem Textteil einzubindenden formalen Bestandteile der Arbeit werden mit *römischen Ziffern* nummeriert. (Das Titelblatt erhält keine Seitennummer, d.h. die Seite nach dem Titelblatt beginnt mit römisch II.)

Damit wird zugleich optisch die Einhaltung einer vorgegebenen maximalen Seitenzahl für den Textteil der wissenschaftlichen Abhandlung veranschaulicht.
Die formalen Bestandteile der Arbeit sind grundsätzlich jeweils mit einer neuen Seite beginnend darzustellen.

Über die Erfordernisse und Möglichkeiten zur formalen Gestaltung der Arbeit sollten Sie sich vorweg informieren, damit Sie bei der Bearbeitung Ihrer Aufgabenstellung einige Aspekte von vornherein berücksichtigen können (s. Abschnitt 4).

1.5 Beim Gutachter „punkten" – Das Wichtigste in Kürze

Mit Ihrer Graduierungsarbeit und deren Verteidigung legen Sie Zeugnis über Ihre **schriftliche und mündliche Kommunikationsfähigkeit** ab, insbesondere über

- die Begabung zum analytischen und abstrakten Denken,
- das Talent zum Argumentieren und Diskutieren und
- die Befähigung zum Ableiten von Schlussfolgerungen aus gewonnenen Einsichten.

Bei der Auswahl von Bewerbern wird von den Unternehmen der *Kommunikationsfähigkeit* zunehmend eine hohe Bedeutung beigemessen. Die Bewertung Ihrer Arbeit wird sich daher auch auf das Ergebnis Ihrer Bewerbung um einen guten Arbeitsplatz auswirken.

- *Was wird bewertet?*

  (1) **Die Qualität der Lösung der Aufgabe**

  (2) **Die Art und Weise der Darlegung der Gedanken**

  (3) Das Einhalten formaler Gesichtspunkte

  (4) Das allgemeine Erscheinungsbild der Arbeit

  (5) **Die Verteidigung der Arbeit**

- *Womit können Sie im Hinblick auf diese Kriterien beim Gutachter „punkten"?*

(1) Qualität der Lösung der Aufgabe

Die Bewertung einer Arbeit wird in erster Linie von der Qualität der Lösung bestimmt! Signifikante Kriterien hierfür sind:

- das **Erfüllen der Aufgabenstellung**,
- der erzielte **Erkenntnisfortschritt**,
- der Umfang der **schöpferischen Leistung** sowie
- die **Anwendbarkeit** und der **Nutzen** der Lösung.

■ Zum Nachweis der **Erfüllung der Aufgabenstellung** dienen

- die **Zusammenfassung und Schlussfolgerungen** (s. Abschnitt 3.3) mit Bezug auf
- die **Einleitung** (s. Abschnitt 3.1)

→ Stellen Sie im Abschnitt „Zusammenfassung und Schlussfolgerungen" die gewonnenen Ergebnisse und Erkenntnisse der Aufgaben- und Zielstellung im Sinne eines Erfüllungsnachweises gegenüber.

Ein versierter Gutachter verschafft sich nach dem Lesen der Einleitung zuerst anhand der Zusammenfassung und der Thesen einen Gesamteindruck über eine Arbeit. Auch der Praxisvertreter liest definitiv erst diese Teile der Arbeit und entscheidet sich erst danach, ob er noch mehr Zeit dafür verwendet.

- ■ Zum Veranschaulichen des erzielten **Erkenntnisfortschritts** dienen vor allem
  - die **Thesen** (s. Abschnitt 4.13) mit Blick auf
  - die Ausführungen zum **gegenwärtigen Erkenntnisstand von Theorie und Praxis** im untersuchten Themenbereich (s. Abschnitt 3.2.2).

→ Stellen Sie *eingangs* den **Stand von Wissenschaft und Praxis** im untersuchten Themenbereich dar. Weisen Sie *in den Thesen* nach, welchen **Erkenntnisfortschritt** Ihre Arbeit bringt!

Nennen Sie auch festgestellte **Möglichkeiten oder Erfordernisse einer generell weiterführenden Bearbeitung der Thematik**!
Verweisen Sie dabei auf erkannte weitere Frage- oder Problemstellungen. Insbesondere Dissertationen und Forschungsberichte sollten an dieser Stelle den weiteren Forschungsbedarf auf dem betreffenden Gebiet aufzeigen.

→ Sie beweisen damit, dass Sie über die Aufgabenstellung hinausgehend über die *Problematik* nachgedacht haben.

- ■ Der Umfang der **schöpferischen Leistung** wird deutlich
  - anhand der **zu neuen Erkenntnissen und Schlussfolgerungen führenden** und *nachvollziehbaren* **Darlegungen** zur Theorie und zur Praxis (z.B. anhand von Analysen, Argumentationen, Beweisführungen) sowie
  - durch eine **geschickte Gedankenführung** und die **richtige Wortwahl**.

Hierbei werden vielfach „Punkte" verschenkt, denn bewertet wird nur das, **was der Gutachter eindeutig als Eigenleistung des Autors erkennt** (s. Abschnitt 7.1.1).

→ Achten Sie darauf, dass aus Ihren Ausführungen eindeutig erkennbar wird, welche neuen (kreativen) **Gedanken von Ihnen stammen**!

- ■ Aussagen zur **Anwendbarkeit** und zum **Nutzen** der Lösung werden erwartet
  - in den **Hauptabschnitten der Problemlösung** (s. Abschnitt 3.2) und vor allem
  - in den **Zusammenfassungen und Schlussfolgerungen** (s. Abschnitt 3.3)

Grenzen Sie nicht stillschweigend das Anwenden Ihrer Lösung auf Ihr Untersuchungsobjekt ein (das durch die Aufgabenstellung eingegrenzte Gebiet, die dort definierten Bedingungen o.dgl.). Fassen Sie Ihre Betrachtungen weiter und **treffen Sie**, soweit gegeben, **auch Aussagen zum insgesamt möglichen Anwendungsbereich** Ihrer Gedanken!

→ Sie beweisen damit, dass Sie über die Aufgabenstellung hinausgehend über die *Anwendungsmöglichkeiten Ihrer Lösung* nachgedacht haben.

Arbeiten Sie den **Nutzen der entwickelten Lösung** deutlich heraus!
Vor allem in den im Bereich der Wirtschafts- und der Technikwissenschaften angesiedelten wissenschaftlichen Arbeiten sollte der potentielle *wirtschaftliche* Nutzen der erarbeiteten Lösung nachgewiesen werden (Abschnitt 3.3.2).

→ Die Arbeit gewinnt dadurch an Wert. Sie überzeugen damit die Gutachter und erhöhen das Interesse von Praxispartnern.

(2) Art und Weise der Darlegung der Gedanken

Einen hohen Einfluss auf die Bewertung einer Arbeit hat auch die Art und Weise der Darlegung der Gedanken. Diesbezüglich beeindrucken vor allem:

- das **logisch folgerichtige Abhandeln des Themas,**
- das **überzeugende Darlegen der Gedanken** und
- das **Unterstützen der Ausführungen mit aussagekräftigen Darstellungen**

■ Ausschlaggebend für die Beurteilung der **logisch folgerichtigen Abhandlung eines Themas** sind
- ein logisch **folgerichtiger Aufbau der Gliederung** („roter Faden" erkennbar?)
- die logisch **folgerichtige Gedankenführung bei der Behandlung der Teilprobleme** in den Abschnitten der Arbeit und
- das **Verdeutlichen von Gedankenfolgen** durch Bildung von Absätzen.

→ Das bietet dem Gutachter einen Einblick in die Systematik und Logik Ihres Vorgehens. Der Leser kann hieraus auch Schlussfolgerungen auf Ihre Kommunikationsfähigkeit ziehen.

> ■ Zur **überzeugenden Darlegung der Gedanken** führen (s. Abschnitt 7.1):
> - **klare, präzise Aussagen** in möglichst **kurzen, schnörkellosen Sätzen,**
> - ein überzeugendes **Argumentieren** sowie
> - das Nutzen der **Fachsprache** und **Klarstellen der verwendeten Fachbegriffe.**

→ Ein guter **Darlegungsstil** kann die Bewertung der Arbeit erheblich beeinflussen.

> ■ Das **Unterstützen der Ausführungen mit aussagekräftigen Darstellungen** trägt erheblich zum Verständnis und raschen Erfassen der Gedankengänge bei (s. Abschnitt 7.2). Gut bewertet und insbes. vom Praxispartner geschätzt werden:
> - **graphische Darstellungen** von Sachverhalten, Problemzusammenhängen, Prozessabläufen, Arbeitsschritten u.dgl. und
> - **Tabellen** zur übersichtlichen Auflistung und (vergleichenden) Gegenüberstellung von Zahlen, Regeln, Eigenschaften, Begriffen u.dgl.

→ **Viele Aussagen können dadurch knapp und übersichtlich dargeboten werden.**
Dem Leser ermöglicht das ein schnelleres und besseres Erfassen der Ausführungen. Vom Gutachter, insbes. von dem mit Tagesfragen beschäftigten Praxispartner, wird das meist hoch „honoriert".

(3) **Einhalten formaler Gesichtspunkte** (Abschnitte 4.1 bis 4.8)

Die Bewertung wird auch davon beeinflusst, ob und wie Sie **allgemeingültige Regeln** und die von Ihrer Studieneinrichtung **vorgegebene Formvorschriften einhalten** (s. Abschnitt 4.).

Das betrifft vor allem

- die **äußere Form** und das **Layout der Arbeit** sowie
- die notwendigen **formalen Bestandteile** und deren Gestaltung

→ Eine Arbeit, die den formalen Ansprüchen gerecht wird, erleichtert das Erfassen ihres Inhalts und begünstigt die Vergleichbarkeit. Damit erleichtert sie die Bewertung und erzeugt so eine positive „Grundstimmung" beim Gutachter.

Negative Auswirkungen auf die Bewertung Ihrer Arbeit haben wiederholte Verstöße gegen die **Orthografie, Grammatik und Interpunktion.**

→ Halten Sie sich an die aktuelle Ausgabe des Duden!

(4) Allgemeines Erscheinungsbild der Arbeit

Zu einem positiven Eindruck führt ein von gestalterischem Bemühen, Gewissenhaftigkeit und Sorgfalt zeugendes allgemeines Erscheinungsbild der Arbeit.
Über die bisher betrachteten Bewertungsgesichtspunkte hinausgehend tragen dazu bei:

- eine **übersichtliche und aufgelockerte Textgestaltung** und

- die **durchgängig einheitliche Handhabung** (s. insbes. Abschnitt 4.1.1)
    - Darstellung von Quellennachweisen, Fußnoten, Abkürzungen, Symbole u.dgl.,
    - der Nummerierung der Fußnoten, Abbildungen, Tabellen und Anlagen,
    - der Gestaltung der graphischen Darstellungen und Tabellen und
    - der Verwendung von Besonderheiten im Text
      (z.B. Textauszeichnungen, unterschiedliche Schriftgrößen und -arten)

  → Ersparen Sie sich eine unnötige Abwertung Ihrer Arbeit, indem Sie sich jeweils für ein bestimmtes Darstellungsprinzip entscheiden und dieses konsequent durchgängig anwenden. Der Gutachter zieht hieraus Rückschlüsse auf die von Ihnen aufgewendete Sorgfalt bei der Anfertigung der Arbeit.

(5) Verteidigen der Arbeit

Die **Bewertung der Verteidigung** der Arbeit **beeinflusst erheblich die Gesamtnote** Ihrer Graduierung. Deshalb werden diese Fragen im Abschnitt 8 explizit behandelt.

2. Analyse und Präzisierung der Aufgabenstellung

Bevor die endgültige Aufgabenstellung für Ihre Arbeit amtlich verbürgt ist, sollten Sie

- sich einen **Überblick über die für die Bearbeitung Ihres Themas gegebenen Bedingungen verschaffen** (z.B. Notwendigkeit und Zielstellung der Arbeit, erforderliche und vorhandene Voraussetzungen, förderliche und hinderliche Umstände) und
- die mit der Aufgabenstellung verbundenen **Teilprobleme erkunden**.

Das sollten Sie beherzigen, ganz gleich, ob

- Ihnen das Thema für Ihre Graduierungsarbeit vorgegeben wird,
- Sie sich ein Thema auswählen können oder
- selbst ein Thema suchen müssen.

Eine solche Analyse der Aufgabenstellung und ggf. deren Präzisierung, ist eine wesentliche Voraussetzung für eine erfolgreiche, zielstrebige Bearbeitung des Themas.

Zur Analyse und Präzisierung einer Aufgabenstellung hat sich die *Systematische Heuristik* bewährt. Heuristik ist die **Wissenschaft von den Methoden und Regeln zur Auffindung neuer wissenschaftlicher Erkenntnisse**. Diese Methoden und Regeln helfen bei der „Aufhellung" komplexer Probleme und Entscheidungssituationen. Deren Anwenden erweist sich daher sowohl bei der Problemformulierung als auch bei der Problemlösung als nützlich.

Die Analyse der Aufgabenstellung mit Hilfe der Systematischen Heuristik ermöglicht,

- eine komplexe **Aufgabenstellung in überschaubare Teilthemen zu zerlegen** und mit den gewonnenen Erkenntnissen die **Aufgabenstellung zu präzisieren**,
- eine (vorläufige) **Grobgliederung zu entwerfen**, deren Grundgerüst auf einer logischen Abarbeitungsfolge der erkannten Teilthemen beruht,
- die *insgesamt* notwendigen **Arbeitsschritte** für das Anfertigen einer wissenschaftlichen Arbeit **abzuleiten** sowie
- **Arbeitsschritte und Grobgliederung zur Disposition des Arbeitsablaufs zu nutzen**, wobei durch eine sinnvolle zeitliche Folge der Arbeitsschritte, Zeit gewonnen und der Arbeitsablauf insgesamt rationeller gestaltet werden kann (s. Abschnitt 5.2.2).

⇒ **Damit gewinnen Sie zugleich alle wesentlichen Informationen für das Anfertigen eines Exposés!**

2.1 Methodik der Systematischen Heuristik nutzen

- *Wie ist es möglich, eine Aufgabenstellung mit Hilfe der Systematischen Heuristik zu analysieren und zu präzisieren*
  (ohne dabei in große theoretische Betrachtungen zu verfallen)?

Durch ein gezieltes **kritisches Hinterfragen der Aufgabenstellung** gewinnen Sie neue Einsichten. Mit der aus Bild 2/1 hervorgehenden Fragetechnik wird die Aufgabenstellung unter verschiedenen Aspekten betrachtet und so schrittweise erkundet.

- *Wonach ist die Aufgabenstellung zu hinterfragen?*

  (1) nach ihrer Notwendigkeit

  (2) nach ihrem Ziel (welches Ergebnis wird erwartet?)

  (3) nach den für ihre Lösung benötigten und gegebenen Voraussetzungen

  (4) nach den Umständen, die den Bearbeitungsprozess beeinflussen

  (5) nach möglichen Nebenwirkungen und

  (6) nach den für die Erarbeitung der Lösung geeigneten Instrumenten.

Diese Fragen fordern zu einem zielgerichteten Durchdenken der Aufgabenstellung heraus!
Das führt zu einem erheblich besseren Überblick über den vorliegenden Aufgabenkomplex. Es werden Teilprobleme (z.B. Defekte, Nebenwirkungen), erforderliche Voruntersuchungen und Recherchen, Kenntnis- und Wissenslücken u.dgl.m. erkannt.
Bei der Analyse der Aufgabenstellung mit dieser Fragetechnik zeigt es sich meist, dass diese einer Präzisierung bedarf.

Wenn Sie eine solche Analyse vor Beginn des Bearbeitungszeitraums durchführen, können Sie einen effektiven zeitlichen Bearbeitungsablauf planen. So ist es möglich,

- Aktivitäten mit längeren Wartezeiten rechtzeitig einzuleiten (z.B. Beschaffen von Spezialliteratur/Fernleihe, Kontaktanbahnungen mit Gesprächs- bzw. Konsultationspartnern)
- zeitaufwendige Voraussetzungen für die Bearbeitung der Aufgabe möglichst vorweg zu erledigen (z.B. Aneignen von Spezialwissen, vergleichende Voruntersuchungen in verschiedenen Institutionen u.dgl.).

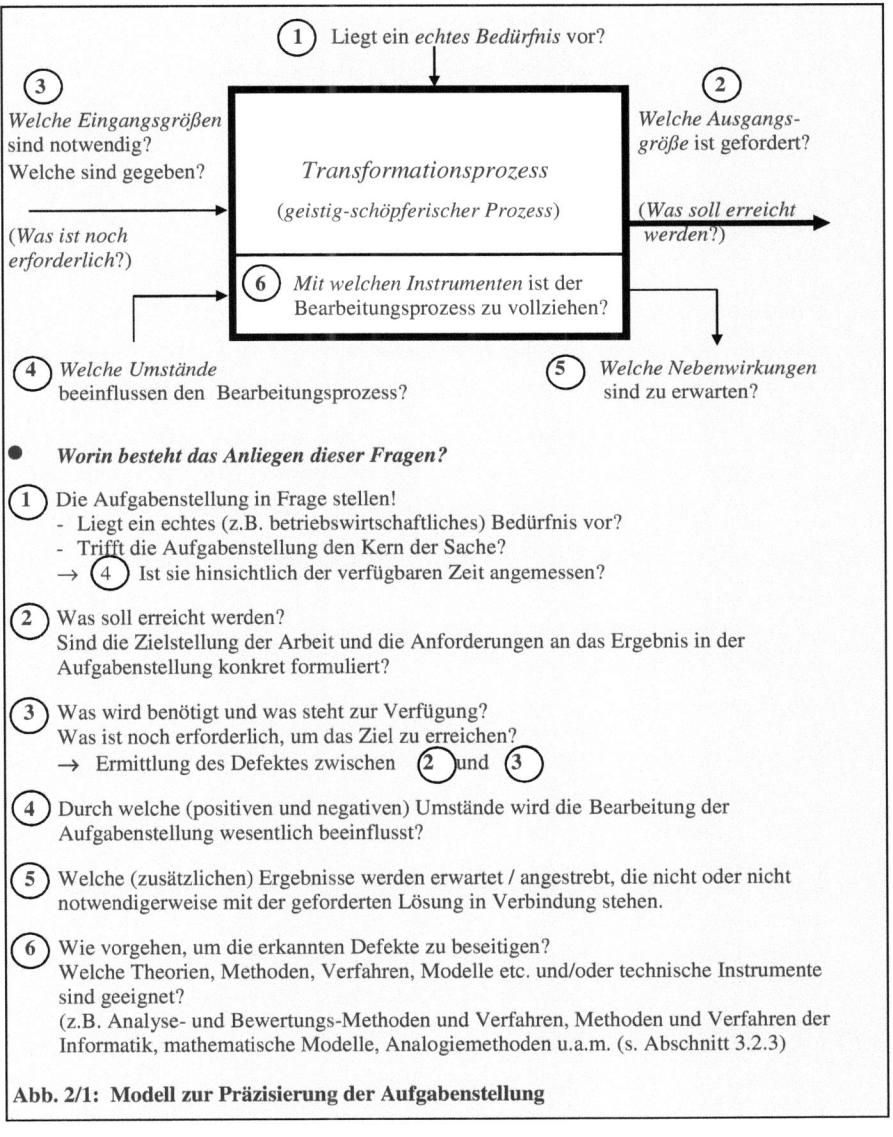

- **Worin besteht das Anliegen dieser Fragen?**

① Die Aufgabenstellung in Frage stellen!
  - Liegt ein echtes (z.B. betriebswirtschaftliches) Bedürfnis vor?
  - Trifft die Aufgabenstellung den Kern der Sache?
  → ④ Ist sie hinsichtlich der verfügbaren Zeit angemessen?

② Was soll erreicht werden?
  Sind die Zielstellung der Arbeit und die Anforderungen an das Ergebnis in der Aufgabenstellung konkret formuliert?

③ Was wird benötigt und was steht zur Verfügung?
  Was ist noch erforderlich, um das Ziel zu erreichen?
  → Ermittlung des Defektes zwischen ② und ③

④ Durch welche (positiven und negativen) Umstände wird die Bearbeitung der Aufgabenstellung wesentlich beeinflusst?

⑤ Welche (zusätzlichen) Ergebnisse werden erwartet / angestrebt, die nicht oder nicht notwendigerweise mit der geforderten Lösung in Verbindung stehen.

⑥ Wie vorgehen, um die erkannten Defekte zu beseitigen?
  Welche Theorien, Methoden, Verfahren, Modelle etc. und/oder technische Instrumente sind geeignet?
  (z.B. Analyse- und Bewertungs-Methoden und Verfahren, Methoden und Verfahren der Informatik, mathematische Modelle, Analogiemethoden u.a.m. (s. Abschnitt 3.2.3)

Abb. 2/1: Modell zur Präzisierung der Aufgabenstellung

Bei längerfristigen Arbeiten (wie z.B. Dissertationen, Forschungsaufgaben) ist eine **Analyse dieser Art in mehreren Schichten** (Betrachtungsebenen) sinnvoll. Erkannte Teilaufgaben erden dann jeweils eine Ebene tiefer nochmals durchleuchtet (s. hierzu Anlage 2, Fragestellungen 7 bis 9).

- *Wie ist vorzugehen?* (s. Abb. 2/1)

> ① Klären Sie grundsätzlich erst, ob für Ihr Thema ein **echtes gesellschaftliches Bedürfnis** vorliegt! Nur dann sollten Sie sich weitere Gedanken zum Thema machen.

> ② Formulieren Sie eine **eindeutige Zielstellung** mit einem messbaren Ergebnis (z.B. Erarbeiten einer Problemlösung, Entwickeln eines Modells, Erproben einer Methode, Überprüfen einer Theorie, Optimieren eines Prozessablaufs u.dgl.m.).

> ③ Bestimmen Sie die für das Erreichen des Zieles **benötigten Voraussetzungen** (SOLL) und erfassen Sie die dafür bereits **verfügbaren Voraussetzungen** (IST) (z.B. Literatur, Daten, Problemlösungen, Theorien, Erfahrungen etc.).

> ③ Stellen Sie die sich zeigenden Defekte und daher noch **zu schaffenden Voraussetzungen** fest. Bestimmen Sie die deshalb **zu lösenden Teilprobleme** und ordnen Sie diese nach ihrer Bedeutung für die Bewältigung der Aufgabenstellung!

> ④ Erfassen Sie die **Umstände**, die die Bearbeitung der Aufgabenstellung wesentlich beeinflussen
(z.B. verfügbarer Bearbeitungszeitraum, arbeitsteilige Gemeinschaftsarbeit, Umfang und Tiefe der Behandlung der Problematik im Studium, verfügbare Untersuchungsobjekte, Untersuchungs- und Befragungsmöglichkeiten, u.dgl.).

> ⑤ Denken Sie über mögliche **Nebenwirkungen** nach, die mit der Realisierung der Zielstellung zu erwarten sind.
(z.B. zusätzliche Ergebnisse, Auswirkungen auf andere Aufgabengebiete o.dgl.)

> ⑥ Sondieren Sie die Möglichkeiten zur **Lösung der Aufgabenstellung mit Hilfe bestimmter Instrumente**
(z.B. Anwenden von Erkenntnissen fachübergreifender Wissenschaften, von neuen Theorien, Verfahren, Methoden, Prinzipien, Modellen oder technischen Mitteln).

> ⑦ Präzisieren Sie - ausgehend von den gewonnen Einsichten - die **Aufgabenstellung** und untersetzen Sie diese mit konkreten Teilzielen.

> ⑧ Suchen Sie Möglichkeiten zum **Gedankenaustausch** über die gewonnen Einsichten.

> ⑨ Entwerfen Sie nunmehr eine erste **grobe Gliederung** für Ihre Arbeit.

2.2 Aufgabenstellung analysieren und Gliederung ableiten (Beispiele)

(1) Entwicklung einer rechnergestützten Objekt- und Hauptfristenplanung für ein Maschinenbauunternehmen mit einem hohen Anteil an kundenspezifischen Sonderkonstruktionen

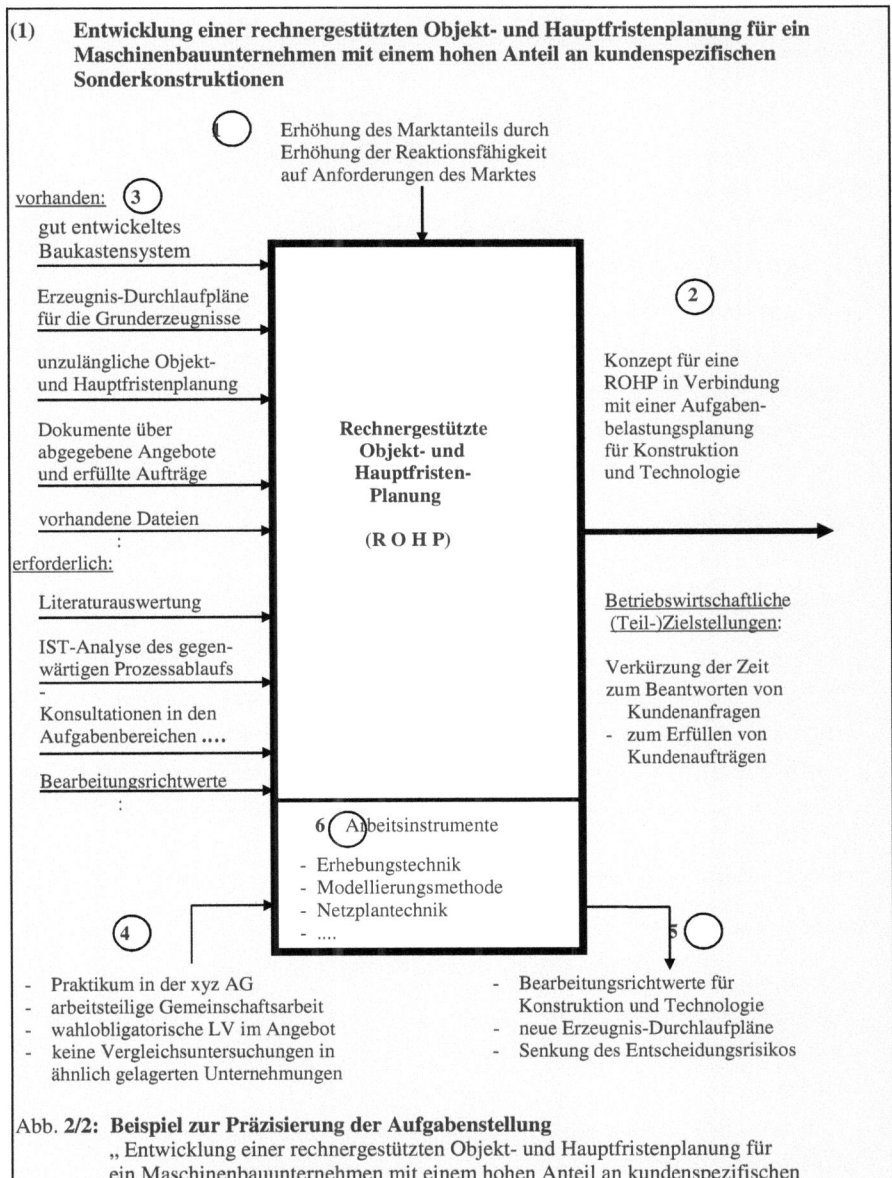

① Erhöhung des Marktanteils durch Erhöhung der Reaktionsfähigkeit auf Anforderungen des Marktes

vorhanden: ③
- gut entwickeltes Baukastensystem
- Erzeugnis-Durchlaufpläne für die Grunderzeugnisse
- unzulängliche Objekt- und Hauptfristenplanung
- Dokumente über abgegebene Angebote und erfüllte Aufträge
- vorhandene Dateien
  :

erforderlich:
- Literaturauswertung
- IST-Analyse des gegenwärtigen Prozessablaufs
- Konsultationen in den Aufgabenbereichen ....
- Bearbeitungsrichtwerte
  :

Rechnergestützte Objekt- und Hauptfristen-Planung (R O H P)

② Konzept für eine ROHP in Verbindung mit einer Aufgabenbelastungsplanung für Konstruktion und Technologie

Betriebswirtschaftliche (Teil-)Zielstellungen:
Verkürzung der Zeit
- zum Beantworten von Kundenanfragen
- zum Erfüllen von Kundenaufträgen

⑥ Arbeitsinstrumente
- Erhebungstechnik
- Modellierungsmethode
- Netzplantechnik
- ....

④
- Praktikum in der xyz AG
- arbeitsteilige Gemeinschaftsarbeit
- wahlobligatorische LV im Angebot
- keine Vergleichsuntersuchungen in ähnlich gelagerten Unternehmen

⑤
- Bearbeitungsrichtwerte für Konstruktion und Technologie
- neue Erzeugnis-Durchlaufpläne
- Senkung des Entscheidungsrisikos

Abb. 2/2: Beispiel zur Präzisierung der Aufgabenstellung
„ Entwicklung einer rechnergestützten Objekt- und Hauptfristenplanung für ein Maschinenbauunternehmen mit einem hohen Anteil an kundenspezifischen Sonderkonstruktionen"

Erläuterungen zum Beispiel 1:

1) Liegt ein Bedürfnis vor?

→ Ja, ein betriebswirtschaftliches:

Die Erhöhung des Marktanteils durch Erhöhung der Reaktionsfähigkeit auf Marktanforderungen.

2) Was soll erreicht werden? (Zielstellung für die Arbeit)

→ Eine Lösung für eine rechnergestützte Objekt- und Hauptfristenplanung (ROHP).

Sie soll (neben der vorhandenen technologischen Durchlaufplanung) auf einer fundierten Aufgaben-Belastungsplanung für die Bereiche Konstruktion und Technologie beruhen.

Die Belastungsplanung soll nach Grunderzeugnissen und typischen Sonderkonstruktionen für noch zu bestimmende kürzere Zeitabschnitte erfolgen (z.B. 5-Tagesabschnitte).

Mit der ROHP sollen folgende betriebswirtschaftliche **Teilziele** erreicht werden:
- Verkürzung der Reaktionszeit zwischen Kundenanfrage und Angebot.
- Verkürzung der Zeitspanne zwischen Auftragseingang und Lieferung.

Weitere hierarchisch untergeordnete Ziele, um das zu erreichen, sind:
- Statistisch gesicherte, spezifizierte Bearbeitungsrichtwerte für die Entwicklung von Grunderzeugnissen und für typische kundenspezifische Sonderkonstruktionen.
- Eine rechnergestützte Bereitstellung der Daten über das Baukastensystem und über die Belastung der an der Herstellung der Erzeugnisse beteiligten Bereiche.

3) Welche Eingangsgrößen sind erforderlich, um die Zielstellung zu erreichen?

Was ist vorhanden?
- Ein gut entwickeltes Baukastensystem.
- Eine fundierte technologische Durchlaufplanung.
- Erzeugnis-Durchlaufpläne für ausgewählte Grunderzeugnisse.
- Eine unzulängliche Objekt- und Hauptfristenplanung.
- Dokumente über die bisher abgegebenen Angebote und erfüllten Aufträge.
- Dateien über ... .

Was wird noch benötigt? (festgestellte Defekte)

- Der aktuelle Erkenntnis- und Erfahrungsstand, z.B.
  -- zur Objekt- und Hauptfristenplanung unter den Bedingungen einer weitgehend kundenspezifischen Sonderfertigung,
  -- zum Entwickeln und Nutzen von Bearbeitungsrichtwerten für die konstruktiv-technologische Entwicklung von Erzeugnissen,
  -- zur Belastungsplanung für die Bereiche Konstruktion und Technologie.
  → **Literaturstudium**

- Kenntnis des gegenwärtigen Ablaufs im Untersuchungsobjekt.
  → **Ist-Zustandsanalyse**

- Informationen über die bisherige Handhabung der Erzeugnis-Durchlaufplanung in den Funktionsbereichen Konstruktion, Technologie und Produktion.

- Kenntnisse über Möglichkeiten, z.B.
  -- zum Spezifizieren und Verfeinern der vorhandenen Erzeugnis-Durchlaufpläne,
  -- zum Ermitteln typischer Kunden-Sonderwünsche,
  -- zum Entwickeln von Erzeugnis-Durchlaufplänen für typische Sonderkonstruktionen,
  -- zum systematischen Erfassen des Bearbeitungszeitaufwands u.a.m.
  → **Konsultation der Fachkräfte in den Bereichen**

- Dokumente zum kontinuierlichen Erfassen des Zeitaufwands für die konstruktiv-technologische Entwicklung von Erzeugnissen, um Bearbeitungsrichtwerte (im Sinne von Werksnormen) bilden und kontinuierlich aktualisieren zu können.
  → **Entwicklung eines Erfassungsbogens**

4) **Welche Umstände beeinflussen die Bearbeitung der Aufgabenstellung?**
(und müssen deshalb bei der Präzisierung der Aufgabenstellung beachtet werden)

- Das Untersuchungsobjekt ist bereits durch ein dort absolvierten Praktikum gut bekannt.
  → **Zeitgewinn**

- Die Aufgabenstellung soll arbeitsteilig als Gemeinschaftsarbeit von zwei Absolventen gelöst werden. Das erfordert die Zuordnung klar abgrenzbarer Teilaufgaben.
  → **gute Teamarbeit erforderlich**

- Zur Problematik wird eine wahlobligatorische Lehrveranstaltung angeboten.
  → **ihr Besuch erleichtert die Literaturauswertung**
- Vergleichsuntersuchungen in anderen Unternehmen nicht möglich (Know-How-Schutz)
  → **erhöht das Gewicht der Literaturauswertung und**
  des Besuchs der angebotenen wahlobligatorischen Lehrveranstaltung

5) Welche Nebenwirkungen ("Nebenprodukte") sind zu erwarten?

- Fundierte (aktuelle) Bearbeitungsrichtwerte für die (Belastungs-)Planung der Arbeit in den Bereichen Konstruktion und Technologie.
- Eine Spezifizierung, Verfeinerung und Aktualisierung der Erzeugnis-Durchlaufpläne für alle Grunderzeugnisse.
- Erzeugnis-Durchlaufpläne für typische kundenspezifische Sonderfertigungen.
- Eine erhebliche Senkung des Entscheidungsrisikos bei der zügigen Abgabe von Angeboten auf Kundenanfragen und der Annahme von Kundenaufträgen.

6) Mit welchem Instrumentarium ist der Bearbeitungsprozess zu vollziehen?

Um die Gesamtzielstellung der Arbeit mit den notwendigen Teilzielen zu erfüllen und die erkannten Defekte zu beseitigen sollen folgende Verfahren und Methoden genutzt werden:

- Eine **Erhebungstechnik** zum Erfassen der benötigten Daten für die Entwicklung von Bearbeitungsrichtwerten
  (z.B. Erfassen der Daten aus vorhandenen Unterlagen und Befragen der Mitarbeiter anhand von Fragebogen, Multimomentaufnahme durch Beobachtung).

- Eine **Modellierungsmethode** zur Erfassung und Analyse des Ist-Zustandes und zur Entwicklung des künftigen Ablaufs (z.B. Datenflussdiagramm, SADT-Diagramm)

  -- des **Gesamtprozesses der Objekt- und Hauptfristenplanung** (0-Schicht)
  (betriebswirtschaftliche Funktionen und deren informationelle Kopplungen)
  und ggf. (nach Aufgliederung der Funktionen in deren Teilfunktionen)

  -- der **untergeordneten Teilprozesse** der Objekt- und Hauptfristenplanung (- 1-Schicht)
  (z.B. Erzeugnis-Durchlaufplanung, Aufgabenbelastungsplanung, Objektfristenplanung, Kontrolle und Aktualisierung des Hauptfristenplanes).

- Die **Netzplantechnik** zur Ermittlung kurzer Durchlaufzeiten für die zu fertigenden Objekte (Serienaufträge, kundenspezifische Aufträge).

Dieses Beispiel zeigt, dass das Beantworten der Fragestellungen dazu zwingt, die Aufgabenstellung tiefer zu durchdenken.
Die solche Analyse liefert zugleich Erkenntnisse für eine sinnvolle Gliederung des Themas.

● *Wie eine erste grobe Gliederung ableiten?*

Unter Berücksichtigung der im Abschnitt 3.2.1 gegebenen Gestaltungshinweise zu den Hauptabschnitten kann nun eine Grobgliederung entworfen werden.

1) Die Auseinandersetzung mit einer zu lösenden Aufgabenstellung beginnt mit der Erfassung und Auswertung der **Literatur** zum Thema. Bei praxisbezogener Aufgabenstellung folgt die Erfassung und Bewertung des IST-Zustandes des **Untersuchungsobjektes**.
Davon ausgehend können Sie schon mal ableiten:

   1.   Einleitung
   2.   Analyse des gegenwärtigen Standes in Literatur und Praxis
   2.1   Literaturauswertung
   2.1.1   Auswertung der deutschsprachigen Literatur
   2.1.2   Internationaler Erkenntnisstand
   2.2   IST-Zustandsanalyse in der xyz AG
   2.2.1   Erfasster Prozessablauf
   2.2.2   Ergebnis der Konsultationen
   2.3   Schlussfolgerungen (für die weitere Themenbearbeitung)

2) Nach dem Untersuchungsobjekt werden die **Arbeitsinstrumente** behandelt, die zur Lösung der Aufgabenstellung in Betracht kommen (Theorien, Methoden, Modelle etc.).

   - Die betreffenden Instrumente sind kurz zu beschreiben, zu vergleichen und im Hinblick auf ihre Eignung für die Lösung der Probleme zu bewerten.

   - Davon ausgehend ist eine **Auswahl** zu treffen und diese zu **begründen**. Ggf. werden die ausgewählten Instrumente in diesem Zusammenhang näher erläutert (abhängig von ihrem Bekanntheitsgrad, der speziellen Eignung für die Lösung der Aufgabe etc.).

Für das angeführte Beispiel könnte als weiterer Gliederungsteil abgeleitet werden:

3. Wahl der Arbeitsinstrumente
3.1 Geeignete Erhebungstechniken
3.1.1 Vor- und Nachteile geeigneter Erhebungstechniken
3.1.2 Vorschlag zur Erhebung der benötigten Daten
3.2 Geeignete Methoden zur Funktions- und Prozessmodellierung
3.2.1 Vergleich geeigneter Modellierungsmethoden
3.2.2 Auswahl einer Modellierungsmethode zur Erfassung, Analyse und Neugestaltung des Ablaufs der Objekt- und Hauptfristenplanung
3.3 Netzplantechniken zur Ermittlung kurzer Durchlaufzeiten
3.2.1 Vergleich CPM- und MPM-Methode
3.2.2 Auswahl einer Methode für die Ermittlung der Durchlaufzeiten

3) Es folgt die Beschreibung des Problemlösungsprozesses. Hier sind

- das **Anwenden der gewählten Arbeitsinstrumente auf das Untersuchungsobjekt** zu behandeln, in Verbindung damit
- die **Ideenfindung** und die **Entwicklung qualitativ neuer Lösungen** aufzuzeigen
- die **Ergebnisse der Arbeit zusammenzufassen** und Schlussfolgerungen zu ziehen.

Die Problemlösung kann in mehreren Hauptabschnitten abgehandelt werden, in denen jeweils der Lösungsprozess für ein Teilproblem dargestellt wird.

Für das betrachtete Beispiel könnte hierzu abgeleitet werden:

4. Rechnergestützte Objekt- und Hauptfristenplanung
4.1 Aufgabenbelastungsplanung
4.1.1 Entwicklung und kontinuierliche Aktualisierung von Bearbeitungsrichtwerten
4.1.2 Aufgabenbelastungsplanung für die Konstruktion
4.1.3 Aufgabenbelastungsplanung für die Technologie
4.2 Entwicklung neuer Erzeugnis-Durchlaufpläne
4.2.1 Ermittlung einer verfeinerten Planabschnittsgröße für die Durchlaufplanung
4.2.2 Spezifizierung und Verfeinerung der Durchlaufpläne für die Grunderzeugnisse
4.2.3 Entwicklung von Erzeugnis-Durchlaufplänen für typische Sonderkonstruktionen
4.3 Objektfristenplanung
4.3.1 Vorplanung nach Serien
4.3.2 Planung der kundenspezifischen Erzeugnisvarianten

4.4		**Hauptfristenplanung**
4.4.1		Erstellung des Hauptfristenplanes für die Serienvorfertigung
4.4.2		Einplanung kundenspezifischer Erzeugnisvarianten
4.4.3		Kontrolle und Aktualisierung der Hauptfristen
4.5		**Klärung der wichtigsten informationellen Schnittstellen**
4.5.1		Eingangsdaten von der Produktionsprogrammplanung
4.5.2		Informationsaustausch mit der Erzeugnisprojektierung
4.5.3		Informationsaustausch mit der Angebots- und Auftragsbearbeitung
4.5.4		Ausgangsdaten an die Erzeugnisdisposition
5.		**Zusammenfassung und Schlussfolgerungen**
5.1		Zusammenfassung der wichtigsten Ergebnisse
5.2		Ökonomischer Nutzen der Arbeit

Das sieht ziemlich „gewaltig" aus, obwohl es sich erst um eine Grobgliederung handelt. Ist es auch!

Die Analyse zeigt, dass die Aufgabenstellung die zumutbaren Anforderungen an eine einzelne Abschlussarbeit (Diplom-, Master- oder gar Bachelorarbeit) und deren Zeitrahmen erheblich übersteigen würde. Sie wäre für eine Dissertation geeignet oder sie müsste von mehreren Absolventen (mit einen hohen Koordinierungsaufwand) arbeitsteilig bearbeitet werden.

→ **Auch das kann eine wichtige Erkenntnis der Analyse der Aufgabenstellung sein!**

Eine zumutbare Aufgabenstellung für eine Studien-Abschlussarbeit ergibt sich, wenn wir eine Teilaufgabe aus der Aufgabenstellung „Rechnergestützte Objekt- und Hauptfristenplanung ..." herausgreifen und diese als Aufgabenstellung für eine einzelne Abschlussarbeit analysieren, z.B.:

"Entwicklung einer rechnergestützten Aufgabenbelastungsplanung für die Bereiche Konstruktion und Technologie" (s. Beispiel 2 mit Abb. 2/3).

→ Bezogen auf die Aufgabenstellung „Rechnergestützte Objekt- und Hauptfristenplanung ..." steigen wir mit der Teilaufgabe "Entwicklung einer rechnergestützten Aufgabenbelastungsplanung für die Bereiche Konstruktion und Technologie" in die Schicht −1 ein (s. Anlage 2, Fragestellungen 7 bis 9).

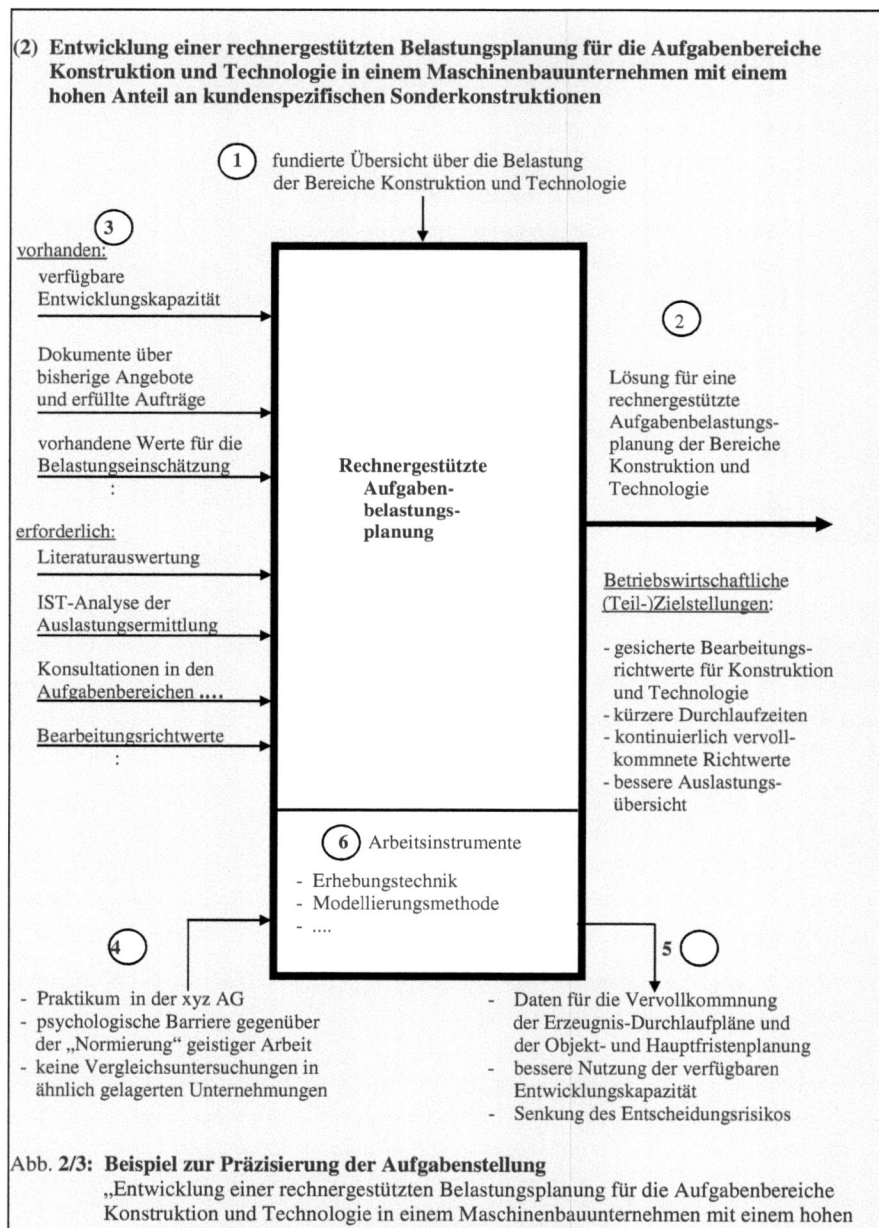

Abb. 2/3: **Beispiel zur Präzisierung der Aufgabenstellung**
„Entwicklung einer rechnergestützten Belastungsplanung für die Aufgabenbereiche Konstruktion und Technologie in einem Maschinenbauunternehmen mit einem hohen Anteil an kundenspezifischen Sonderkonstruktionen"

Erläuterungen zum Beispiel 2:

1) Liegt ein Bedürfnis vor?

→ Ja, ein betriebswirtschaftliches:
Eine fundierte Übersicht über die Belastung der Bereiche Konstruktion und Technologie, sicherer entscheiden zu können bei der Abgabe von Angeboten und Annahme von eng termingebundenen kundenspezifischen Aufträgen.

2) Was soll erreicht werden? (Zielstellung für die Arbeit)

→ Eine Lösung für eine rechnergestützte Aufgabenbelastungsplanung der Bereiche Konstruktion und Technologie:
Sie soll auf fundierten und hinreichend spezifizierten Richtwerten beruhen und insbesondere die operative Berücksichtigung des Aufwandes und der Durchlaufzeiten für kundenspezifische Sonderkonstruktionen ermöglichen.
Außerdem soll durch kontinuierliche Erfassung des Entwicklungsaufwandes eine ständige qualitative Verbesserung der Bearbeitungsrichtwerte erzielt werden.

Daraus ergeben sich folgende betriebswirtschaftliche **Teilziele**:
- Statistisch gesicherte, *spezifizierte* **Bearbeitungsrichtwerte** für die Entwicklung von Grunderzeugnissen und für typische kundenspezifische Sonderkonstruktionen.
- Kürzere und *exaktere* **Durchlaufzeiten** für die konstruktiv-technologische Entwicklung, die für die Objekt- und Hauptfristenplanung benötigt werden.
- Eine ständige **Entwicklung** neuer und **Vervollkommnung** der vorhandenen **Richtwerte**.
- Eine *bessere* **Übersicht über die Auslastung** der an der Entwicklung der Erzeugnisse beteiligten Bereiche.

3) Welche Eingangsgrößen sind erforderlich, um die Zielstellung zu erreichen?
Was ist vorhanden?

- Daten über verfügbare Entwicklungskapazität und aktivierbare Kapazitätsressourcen.
- Dokumente über die bisher abgegebenen Angebote und erfüllten Aufträge, aus denen der benötigte Entwicklungsaufwand abgeleitet werden kann.
- Bisher verwendete allgemeine Erfahrungswerte für die Belastungseinschätzung.

Was wird noch benötigt? (festgestellte Defekte)

- Der aktuelle allgemeine Erkenntnis- und Erfahrungsstand, z.B.
  -- zur gezielten Erfassung von Bearbeitungszeiten,
  -- zur Bildung von Richtwerten für geistig-schöpferische Tätigkeiten,
  -- zur Entwicklung und Nutzung von Bearbeitungsrichtwerten für die konstruktiv-technologische Entwicklung von Erzeugnissen,
  -- zur Belastungsplanung für die Bereiche Konstruktion und Technologie u.a.m.

  → **Literaturstudium**

- Kenntnis des betriebswirtschaftlichen Prozessablaufs im Untersuchungsbetrieb
  -- bei der Ermittlung der Auslastung in den Bereichen Konstruktion und Technologie für die Objekt- und Hauptfristenplanung und
  -- bei der Bestimmung der Zeitdauer für die Entwicklung von Erzeugnissen, insbesondere von Sonderkonstruktionen.

  → **Ist-Zustandsanalyse**

- Nähere Informationen über die gegebenen Möglichkeiten
  -- zur Typisierung der Sonderkonstruktionen,
  -- zur systematischen Erfassung des Zeitaufwands nach Grunderzeugnissen und typischen Sonderkonstruktionen,
  -- zur Bildung entsprechender Bearbeitungsrichtwerte (im Sinne von Werksnormen).

  → **Konsultationen in den Aufgabenbereichen**

- Dokumente zum kontinuierlichen Erfassen des Zeitaufwands für die konstruktiv-technologische Entwicklung von Erzeugnissen, um Bearbeitungsrichtwerte bilden und kontinuierlich aktualisieren zu können.

  → **Entwicklung eines Erfassungsbogens**

4) **Welche Umstände beeinflussen die Bearbeitung der Aufgabenstellung?**
(und müssen deshalb bei der Präzisierung der Aufgabenstellung beachtet werden)

- Das Untersuchungsobjekt ist bereits durch ein dort absolviertes Praktikum gut bekannt.

   → **Zeitgewinn**

- Vergleichsuntersuchungen in anderen Unternehmen sind nicht möglich (Know-how-Schutz).

   → **erhöht Gewicht der Literaturauswertung**

- Gegenüber der „Normierung" geistig-schöpferischer Tätigkeiten bestehen bei den Betroffenen Vorbehalte.

   → **erschwert die Erfassung der realen Bearbeitungszeiten**

5) **Welche Nebenwirkungen („Nebenprodukte") sind zu erwarten?**

- Statistisch gesicherte und spezifizierte Daten für die Vervollkommnung und Spezifizierung der Erzeugnis-Durchlaufpläne und der Objekt- und Hauptfristenplanung.
- Bessere Nutzung der verfügbaren Entwicklungskapazität.
- Senkung des Entscheidungsrisikos bei der Abgabe von Angeboten auf Kundenanfragen und der Annahme von Kundenaufträgen.

6) **Mit welchem Instrumentarium ist der Bearbeitungsprozess zu vollziehen?**

Um die Gesamtzielstellung der Arbeit mit den notwendigen Teilzielen zu erfüllen und die erkannten Defekte zu beseitigen sollen folgende Verfahren und Methoden genutzt werden:

- Eine **Erhebungstechnik** zum Erfassen der benötigten Daten für die Entwicklung von Bearbeitungsrichtwerten und die Bestimmung von Durchlaufzeiten
  (z.B. Erfassen der Daten aus vorhandenen Unterlagen und durch Befragen der Mitarbeiter anhand von Fragebogen, Multimomentaufnahme durch Beobachtung).
- Eine **Modellierungsmethode** zur Erfassung und Analyse des Ist-Zustandes und zur Entwicklung des künftigen Ablaufs der Belastungsplanung.
  (Eine solche Methode muss die betriebswirtschaftlichen Funktionen und deren informationelle Kopplungen veranschaulichen, wie das z.B. die Abb. 5/4 im Abschnitt 5.3.6 zeigt.)

- *Wie eine erste grobe Gliederung ableiten?*

1) Die Gliederung für die einleitenden Abschnitte des ersten Beispiels kann (unter Berücksichtigung des erheblichen geringen Umfangs der Untersuchungen) auch hierfür gelten:

1. Einleitung
2. **Analyse des gegenwärtigen Standes in Literatur und Praxis**
2.1 **Literaturauswertung**
2.2 **IST-Zustandsanalyse**
2.3 **Schlussfolgerungen** (für die weitere Themenbearbeitung)

2) Die Gliederung für die Behandlung der Arbeitsinstrumente könnte wie folgt aussehen:

3. **Wahl der Arbeitsinstrumente**
3.1 **Geeignete Erhebungstechniken**
3.1.1 Vor- und Nachteile geeigneter Erhebungstechniken
3.1.2 Vorschlag zur Erhebung der benötigten Daten
3.3 **Geeignete Methoden zur Funktions- und Prozessmodellierung**
3.2.1 Vergleich geeigneter Modellierungsmethoden
3.2.2 Auswahl einer Modellierungsmethode zur Erfassung, Analyse und Neugestaltung des Ablaufs Belastungsplanung

3) Der Problemlösungsprozess beinhaltet nur noch die Aufgabenbelastungsplanung

4. **Problemlösung**
4.1 **Aufgabenbelastungsplanung**
4.1.1 Entwicklung und kontinuierliche Aktualisierung von Bearbeitungsrichtwerten
4.1.2 Ableitung exakterer Durchlaufzeiten für Konstruktion und Technologie
4.1.2 Aufgabenbelastungsplanung für die Konstruktion
4.1.3 Aufgabenbelastungsplanung für die Technologie
4.2 **Auswirkungen auf die Objekt- und Hauptfristenplanung**
4.2.1 Objektfristenplanung
4.2.2 Hauptfristenplanung
4.3 **Klärung der wichtigsten informationellen Schnittstellen**
4.3.1 Informationsaustausch mit der Objektfristenplanung
4.3.2 Informationsaustausch mit der Hauptfristenplanung und –kontrolle
4.3.3 Informationsaustausch mit der Angebots- und Auftragsbearbeitung
5 **Zusammenfassung und Schlussfolgerungen**
5.1 Zusammenfassung der wichtigsten Ergebnisse
5.2 Ökonomischer Nutzen der Arbeit

Eine solcher **Grobentwurf der Gliederung,** welcher die geplante logische Struktur der Arbeit beschreibt, **ist lediglich als Leitfaden** für das weitere Vorgehen **aufzufassen.**
Während der Arbeit am Thema zeigen sich naturgemäß ständig Möglichkeiten und Erfordernisse zur weiteren Vertiefung und Präzisierung.

Eine derartige Gliederung bietet zugleich eine solide Grundlage für die Einteilung der verfügbaren Zeit und damit für die Disposition des zeitlichen Ablaufs der Themenbearbeitung (s. Abschn. 5.2, Abb. 5/1 und 5/2).

2.3 Ein Exposé erstellen

Das Exposé erlangt zunehmend an Bedeutung als erster Arbeitsschritt beim Anfertigen einer wissenschaftlichen Abschlussarbeit. An einigen Hochschuleinrichtungen wird das Verfassen eines Exposés empfohlen, an manchen ist es bereits Pflicht, – vor allem wenn es um ein Promotionsvorhaben geht.
Auch bezüglich der erwarteten bzw. als „normal" empfundenen Seitenzahl gibt es recht unterschiedliche Auffassungen. Beachten Sie deshalb die Orientierungen des Prüfungsamtes!

- *Was ist ein Exposé?*

Ein Konzept für die Bearbeitung eines Themas, das auf der Analyse und Präzisierung der Aufgabenstellung beruht. Es muss darlegen, **was** Sie **wie** und **warum untersuchen** wollen und **welches Ziel** Sie damit anstreben (s. Abschnitt 1.1).

- *Warum ein Exposé anfertigen, auch wenn es nicht explizit verlangt wird?*

Unabhängig davon, ob Sie das Thema selbst (aus-)gewählt haben oder ob es Ihnen vorgegeben wurde, es ist **stets sinnvoll schon** *vor* **Beginn der verfügbaren Bearbeitungszeit sich analytisch mit dem Thema auseinander zu setzen.** (Ein bewährtes Instrument hierfür ist die Methodik der Systematischen Heuristik (s. Abschnitt 2.1).

Für den Autor *jeder* wissenschaftlichen Abschlussarbeit ergibt sich daraus **unter zwei Aspekten ein greifbarer Nutzen:**

(1) Das Anfertigen eines Exposés zwingt Sie, Ihre Vorstellungen über die Bearbeitung des Themas zu überdenken und zu präzisieren. Sie können sich somit Klarheit verschaffen
- über die *konkrete* **Zielstellung** Ihrer Aufgabe, damit
- über die gegebenen **Erfordernisse** und **Bedingungen** zu Ihrer Lösung und
- über eine sinnvolle **Strukturierung** der Arbeit.

→ Erfordernisse: z.B. zu lösende Teilaufgaben, zu klärende Fragestellungen, Abgrenzung des Themas, methodisches Vorgehen.

→ Bedingungen: z.B. erforderliche Voraussetzungen; vorhandene und noch zu schaffende Voraussetzungen, den Bearbeitungsprozess beeinflussende Gegebenheiten.

Mängel und Unzulänglichkeiten der Aufgabenstellung werden erkannt (z.B. Aufgabe für verfügbare Zeit zu umfangreich, nicht hinreichende Problematik, unklare Zielstellung, nicht hin reichender Material- und/oder Literaturzugang) und Sie können rechtzeitig handeln.

→ Fertigen Sie deshalb das Exposé an, sobald Sie sich für ein Thema entschieden haben!
Das sollte frühzeitig vor Beginn des Startschusses für die Arbeit geschehen und nicht erst Innerhalb der für die Arbeit verfügbaren „Laufzeit".

(2) Das Exposé bietet Ihnen eine tragfähige **Grundlage für Beratungsgespräche** und **Diskussionen** mit dem (evtl. noch für eine Betreuung zu gewinnenden) Hochschul- und ggf. Praxisbetreuer.

Bei der Übernahme einer Aufgabenstellung aus der Praxis kann es als **Vorlage für eine vertragliche Vereinbarung** (Unternehmen/Praxisbetreuer, Hochschulbetreuer, Absolvent) mit dem betreffenden Unternehmen dienen.

Das Exposé zu einer **Dissertation** muss allerdings noch weitergehenden Ansprüchen gerecht werden (s. Abschnitt 2.3.2).

- *Zu welchen inhaltlichen Aspekten der Arbeit muss das Exposé einer wissenschaftlichen Abschlussarbeit grundsätzlich Aussagen bieten?*

  - Zur **wissenschaftliche Problemstellung**.
  - Zur **Notwendigkeit der Bearbeitung des Themas**.
  - Zu den **Arbeitsinstrumenten** (Theorien, Methoden, Verfahren, Modelle etc.), die zur Lösung der Aufgabenstellung angewendet werden sollen.
  - Zu den angestrebten, **nachvollziehbaren Ergebnissen der Arbeit**.

Darüber hinaus muss es noch *formalen* Ansprüchen genügen. Auch hierbei werden vom Exposé einer Dissertation i.d.R. mehr Aussagen erwartet als bei anderen Abschlussarbeiten.

2.3.1 Anforderungen an das Exposé für eine Bachelor-, Master- oder Diplomarbeit

I.d.R. erwarteter Umfang: 2 bis 3 Seiten

Formale Kriterien des Exposés

- Persönliche Daten:
  Name, Vorname; Postanschrift, Telefonnummer, E-Mail-Adresse;
  Matrikelnummer sowie die Studienrichtung des Verfassers

- Erstellungsdatum des Exposés

- angestrebter Abschluss (Bachelor / Master / Diplom)

Inhaltliche Aussagen werden i.d.R. zu folgenden Aspekten erwartet:

1. **Thema der Arbeit bzw. Themenvorschlag**

2. **Begründung des Themas**
   Welches Bedürfnis liegt warum vor? Aufzeigen der wissenschaftlichen Problemstellung. Verdeutlichen der Bedeutung des Themas.

3. **Gegenwärtiger Stand von Theorie und Praxis**
   - Kurzer Überblick über Forschungs- und Diskussionsstand zum Thema der Arbeit und ggf. der Situation in der Praxis.
   - Überblick über die relevante wissenschaftliche Literatur und andere Quellen (z.B. bereits vorliegende Untersuchungsergebnisse, amtliche Dokumente, Internet).

4. **Zielstellung der Arbeit**
   Geplante eigenständige Leistungen. angestrebte überprüfbare Ergebnisse.

5. **Untersuchungs- und Klärungsbedarf**
   - **Was** soll **warum untersucht/geklärt/behandelt** werden?
   - Kurze Darstellung der wesentlichen **Fragestellungen und Problemfelder**.

6. **Arbeitsinstrumente zur Lösung der Problemstellung**
   - Wie sollen die angestrebten Ergebnisse erreicht werden?
   - Welche Untersuchungsmethoden (Interviews, Umfragen, eigene Erhebungen u. dgl.) und/oder Instrumente (Theorien, Methoden, Verfahren, Modelle etc.) wollen Sie zur Informationserfassung und zur Lösung der Problemstellung(en) nutzen?
   - Kurze Darstellung der methodischen Vorgehensweise (s. Abschnitt 5.3.6.).

7. **Grobgliederung**

   Grobentwurf, aus dem u.a. die erkannten Teilaufgaben und zu klärenden Fragestellungen ersichtlich sind. (s. Abschnitt 2.2, Beispiele)

8. **Terminierter Arbeitsplan**

   Planen der wesentlichen Arbeitsschritte im Zeitablauf anhand der Grobgliederung (vgl. Abschnitt 5.2)

9. **Liste der gesichteten Literatur / des Materials**

   Kurzer Überblick über die wichtigsten Literatur- und anderen Informationsquellen (z.B. Vorarbeiten beim und/oder Dokumente vom Praxispartner)

2.3.2 Anforderungen an das Exposé für eine Doktorarbeit

I.d.R. erwarteter Umfang: 10 - 20 Seiten.

● *Warum ein Exposé zur beabsichtigten Dissertation anfertigen?*

Eine Dissertation beruht i.d.R. auf den Ergebnissen einer mehrjährigen Forschungstätigkeit. Daraus ergeben sich verschiedene Ansprüche an das Exposé, die über die im Abschnitt 2.3 genannten generellen Gründe hinaus gehen. Das betrifft vor allem

- die Gewinnung eines Betreuers und Erstgutachters und
- die finanzielle Absicherung des Vorhabens.

1. Betreuer und Gutachter gewinnen

- Mit Ihrem Exposé müssen Sie den potentiellen Erstgutachter und damit Betreuer von Ihrem Vorhaben überzeugen. Dazu ist es notwendig zu sagen, welche neuen Erkenntnisse bzw. welches neue Forschungsergebnis Sie erzielen wollen und was deshalb wie untersucht werden soll.
  → Prüfen Sie vorher, ob das Thema bereits in gleicher oder ähnlicher Weise bearbeitet wurde!

- Der potentielle Gutachter und Betreuer muss (ggf. in Absprache mit dem Forschungsauftraggeber) anhand des Exposés beurteilen können, ob das Vorhaben realistisch (Zielstellung, verfügbare Zeitspanne, gegebene Bedingungen) und einer Dissertation angemessen ist oder ob noch wesentliche Änderungen erforderlich sind.

  → Fertigen Sie das Exposé rechtzeitig an, wenn ein offizieller Bewerbungstermin einzuhalten ist! Der Betreuer benötigt Zeit für die Bewertung Ihres Vorhabens und Sie müssen ggf. Ihr Exposé noch fristgerecht überarbeiten können.

- Außerdem ist ein Exposé hilfreich, wenn Sie den Rat Dritter (z.B. externer Gutachter) einholen wollen.

2. Vorhaben finanziell absichern

- Darüber hinaus benötigen Sie das Exposé, wenn Sie sich um mögliche Sponsoren für die Dissertation bemühen (Stipendienorganisationen, Graduiertenkollegs, Unternehmen etc.). Ihre Argumente müssen die Gutachter davon überzeugen, dass Ihr Vorhaben förderwürdig ist. Es muss im Interesse der Wissenschaft und/oder Praxis notwendig und auch realisierbar sein und sollte sich gegenüber anderen Promotionsvorhaben her vor tun (z.B. durch Ideenreichtum, Innovation, originelle Vorgehensweise).

- Bei einem Antrag zur Förderung des Promotionsvorhabens sind unbedingt die jeweiligen formalen **Richtlinien der betreffenden Förderinstitution** zu **beachten** (Aufbau des Antrags, erwartete Belege/Nachweise, Schwerpunktaussagen u.a.)!

  Oft wird noch eine vorangestellte kurze Zusammenfassung des Forschungsvorhabens erwartet (z.B. für welche Anwendungsbereiche interessant, Forschungsstand, Fragestellungen und Hypothesen, terminierter Arbeitsplan).

  Falls zutreffend, sollten Sie auch Aussagen zu eigenen Vorarbeiten anfügen.

Bezüglich der formalen und der inhaltlichen Kriterien des Exposés einer Dissertation gibt es an den Hochschuleinrichtungen weitgehend übereinstimmende Auffassungen.

Formale Kriterien des Exposés

- Persönliche Daten:
  Name, Vorname, akademischer Grad
  Privatadresse, Telefon-/Faxnummer, E-Mail-Adresse,
  Lebenslauf / Geburtsdatum / Nationalität
  ggf. Dienststellung / Arbeitsstelle

- Angaben zum Forschungsvorhaben:
  Arbeitstitel der Dissertation / Promotionsgebiet
  geplante Dauer des Forschungsvorhabens (Beginn- und Endtermin)
  voraussichtlicher wissenschaftlicher Betreuer / Erstgutachter
  ggf. Aussagen zur Zusammenarbeit mit Forschungseinrichtungen / Praxispartnern

- Inhaltsverzeichnis des Exposés

- Erstellungsdatum des Exposés.

Inhaltliche Aussagen werden i.d.R. zu folgenden Aspekten erwartet,

die teilweise über die im Abschnitt 2.3.1 genannten hinausgehen. Vor allem, wenn Sie beabsichtigen einen Antrag zur Förderung des Promotionsvorhabens zu stellen, müssen Ihre Aussagen zu den einzelnen Punkten argumentativ überzeugen.

→ Die folgenden <u>Empfehlungen</u> entsprechen den allgemeinen Vorschriften eines LGFG (Landesgraduiertenförderungsgesetzes) und dazu erlassenen Durchführungsvorschriften.

1. **Thema der Arbeit** bzw. Themenvorschlag.

   Um Ihr Vorhaben erfolgreich zum Ziel zu führen, werden Sie über mehrere Jahre hinweg „Stehvermögen" und damit Motivation benötigen.

   Ausschlaggebend für die Wahl des Themas sollten deshalb zwei Gesichtspunkte sein:
   - Ihr besonderes **persönliches Interesse** an der Problematik (z.B. durch die Aussicht auf eine erfolgreiche Weiterentwicklung im Beruf, geleistete Vorarbeiten) und/oder
   - das besondere **Interesse des potentiellen Betreuers** an der Thematik (z.B. weil diese seinem Forschungsprofil entspricht) und Sie dadurch eine intensive Betreuung erwarten können.

2. **Begründung des Themas**

Begründen Sie das Thema mit Antworten auf folgende Fragestellungen:

- Welches echte gesellschaftliche Bedürfnis liegt vor?
- Welche für die Wissenschaft (und ggf. Praxis) interessante Problemstellung ergibt sich daraus?
- Welcher (abgegrenzte) Problembereich mit welchen Fragestellungen soll bearbeitet werden?
- In welcher Hinsicht stellt die Bearbeitung des Themas einen bedeutsamen Beitrag für die Wissenschaft und/oder Praxis dar?
- Warum ist das Vorhaben bearbeitungs- und förderungswürdig?

3. **Gegenwärtiger Stand von Theorie und Praxis**

- Geben Sie einen kurzen kritischen Überblick über den **aktuellen Forschungs- und Diskussionsstand** zum Thema Ihrer Arbeit (in Auswertung der relevanten wissenschaftlichen Literatur und ggf. der Situation in der Praxis).
- Weisen Sie nach, dass sich daraus ein **Bedarf für die Bearbeitung Ihres Themas** ergibt.
- Zeigen Sie auf, welchen **konkreten Beitrag zum Thema** Sie damit leisten wollen.
- Ist Ihr Dissertationsthema Teil eines Forschungsprojektes oder daraus abgeleitet?
- Stellen Sie ggf. den Stand eigener Vorarbeiten bzw. deren wesentlichste bisherige Ergebnisse vor.
  → Wichtig, wenn Sie sich Sie sich um die Förderung Ihres Promotionsvorhabens bemühen.

4. **Zielstellung der Arbeit**

Skizzieren Sie die Zielstellung mit dem Beantworten folgender Fragen:

- Was wollen Sie mit Ihrer Dissertation erreichen/lösen?
- Welche eigenständigen Leistungen sollen dazu beitragen?
- Welche überprüfbaren Ergebnisse streben Sie an?

5. Untersuchungs- und Klärungsbedarf

- Begründen Sie, was warum untersucht/geklärt/behandelt werden soll.
- Stellen Sie kurz die wesentlichen Fragestellungen und Problemfelder dar.
- Zerlegen Sie umfassende Fragen und Problemfelder in Teilfragen und untergeordnete Teilprobleme.
- Entwickeln Sie ggf. Arbeitshypothesen über vermutete Zusammenhänge.
- Sagen und begründen Sie auf welche Weise Sie die Klärung der Fragen erreichen wollen.

6. Arbeitsinstrumente zur Lösung der Problemstellung

Geben Sie Auskunft auf folgende Fragen:

- Wie wollen Sie die angestrebten überprüfbaren Ergebnisse erzielen?
- Welche Untersuchungsmethoden (Interviews, Umfragen, eigene Erhebungen u. dgl.) wollen Sie anwenden, um zuverlässige Informationen zu erfassen? (s. Abschnitt 5.3.6)
- Welche Instrumente (Theorien, Methoden, Verfahren, Modelle etc. wollen Sie zur Lösung der Problemstellung(en) nutzen? (s. Abschnitt 3.2.3)
  → Begründen Sie das im Hinblick auf die jeweilige Problematik.
- Wie wollen Sie methodisch vorgehen?
- Wollen Sie ggf. ein Arbeitsinstrument weiterentwickeln oder unter neuen Bedingungen überprüfen? Wollen Sie das Anwenden eines neuen Arbeitsinstruments erproben oder selbst ein neues entwickeln?

7. Grobgliederung

- Entwerfen Sie im Ergebnis der Analyse und Präzisierung Ihrer Aufgabenstellung eine (vorläufige) grobe Gliederung für Ihre Dissertation. (s. Abschnitt 2.2, Beispiele)
- Gehen Sie von der logischen Abarbeitungsfolge der erkannten Teilaufgaben/Teilprobleme aus, um das Grundgerüst der Gliederung zu bestimmen.

8. **Terminierter Arbeitsplan**

    - Entwerfen Sie (unter Einbeziehung der Grobgliederung) einen Terminplan, der
        - -- *alle* für die Erarbeitung der Dissertation notwendigen Arbeitsschritte in ihrer zeitlichen Reihenfolge bis zur Einreichung der Arbeit ausweist und
        - -- den veranschlagten Zeitbedarf für jeden einzelnen Arbeitsschritt angibt.

        Denken Sie auch an Archivaufenthalte, Praxisuntersuchungen etc. und abschließende Arbeitsschritte wie z.B. (End-)Überarbeitung, Endkontrolle (s. Abschnitt 5.2).
        → Den terminierten Arbeitsplan unbedingt mit dem (potentiellen) Betreuer abstimmen!

    - Falls Sie sich um die finanzielle Förderung Ihrer Dissertation bemühen, dann muss der terminierte Arbeitsplan den Stipendiengeber davon überzeugen, dass Sie Ihr Vorhaben innerhalb der beantragten Stipendienfrist gut bewältigen können.

9. **Verzeichnis der Informationsquellen**

    - Dieses Verzeichnis soll dem (potentiellen) Betreuer einen Überblick über Ihre informativen Vorleistungen vermitteln
        → Er kann daraus die Richtung und ggf. Schwerpunkte Ihres Vorhabens ableiten und eventuelle Informationslücken bzgl. der verwerteten Literatur erkennen.

    - Geben Sie einen Überblick über die relevante wissenschaftliche Literatur und andere Informationsquellen (z.B. Internet, Interviews, eigene Erhebungen; (Bild-)Dokumente, DIN-Blätter, Gesetzesausgaben o.dgl.) auf die Sie sich bei Ihren bisherigen Aussagen stützen.
    Haben Sie bereits Untersuchungen, Befragungen o.dgl. durchgeführt?

    - Geben Sie an, welche (wesentlichen) Quellen Sie noch für die für die Bearbeitung Ihres Themas nutzen wollen.

    - Wenn Interviews, Umfragen, Untersuchungen oder Beobachtungen in der Praxis u.dgl. ein wesentlicher Bestandteil Ihrer Informationsbeschaffung sind, dann sollten Sie die gewünschten Interviewpartner, Untersuchungsobjekte o.dgl. und den dafür vorgesehenen Zeitraum nennen.

3. Wissenschaftliche Abhandlung des Themas

Jede wissenschaftliche Arbeit soll zu einem Erkenntnisgewinn führen und den Weg zur gewonnenen Erkenntnis so aufzeigen, dass er nachvollzogen werden kann.

- *Wie kann das erreicht werden?*

  Welche Handlungen sind ausschlaggebend für das Entstehen eigener Ideen, das Entwickeln eigenständiger gedanklicher Leistungen?

■ **Vier grundlegende Arbeitsschritte kennzeichnen den Weg zu neuen Einsichten:**

(1) **Auswerten der wichtigsten Literaturquellen zum Thema** und Erfassen der für das Thema relevanten Aussagen. Bei praxisbezogenen Aufgabenstellungen kommt die **Analyse des Untersuchungsobjektes** hinzu.

(2) **Kritisches Werten**

  - **des** aus der Literatur **erfassten Erkenntnisstandes**
    (z.B. unterschiedliche Standpunkte, Widersprüche) und

  - **des ermittelten Ist-Zustandes** des Untersuchungsobjekts
    (z.B. Mängel, Schwachstellen).

(3) **Ableiten von zu klärenden Fragestellungen und Problemfeldern** aus den gewonnenen Erkenntnissen und **Ziehen von Schlussfolgerungen** für die weitere Forschung bzw. für den anzustrebenden Soll-Zustand beim Untersuchungsobjekt.

(4) **Entwickeln und begründen eigener Standpunkte und Lösungskonzepte**
  (incl. aufzeigen der Allgemeingültigkeit für bestimmte Bedingungen).

<u>Hinweis:</u>

Bei umfangreicheren wissenschaftlichen Aufgabenstellungen (z.B. für eine Dissertation oder einen Forschungsauftrag) wird vom Auftraggeber bzw. Sponsor oft gefordert, zunächst eine **Problemstudie** zu erarbeiten. Dazu werden diese Arbeitsschritte praktisch im „Schnellgang" vollzogen.

Die Problemstudie ist vergleichbar mit dem im Abschnitt 2.3 behandelten Exposé und dient dazu,

- den aktuellen Erkenntnisstand auf dem betreffenden Themengebiet und/oder den Ist- Zustand des Untersuchungsobjektes im Wesentlichen zu erfassen,
- die gewonnenen Erkenntnisse hinsichtlich der möglichen Nutzung für die Lösung der Aufgabenstellung kritisch zu bewerten und
- ein Konzept zur *prinzipiellen* Lösung der Aufgabenstellung zu entwerfen.

Eine solche Studie erfüllt für den Auftragnehmer bzw. Promovenden die gleiche Funktion wie das Exposé. Forschungsaufträge werden vom Auftraggeber oft erst nach erfolgreicher Verteidigung einer derartigen Problemstudie vergeben.

Im Rahmen der o.g. grundlegenden Arbeitsschritte stehen Ihnen verschiedene **Möglichkeiten** zur Verfügung, **um für andere *nachvollziehbar* zu neuen Erkenntnissen zu gelangen.**

Hierzu einige Anregungen:

- Betrachten und analysieren Sie einen erfassten Sachverhalt aus der Sicht „höher stehender", fachübergreifender Disziplinen, z.B. aus Sicht der Dialektik, der Kybernetik oder der Mathematik!

- Entwickeln Sie Modelle zur Veranschaulichung von erkannten Strukturen und ermittelten Zusammenhängen und leiten Sie Schlussfolgerungen ab.

- Wenden Sie wissenschaftlich begründete Verfahren, Methoden oder Modelle bei der Analyse von Untersuchungsobjekten an und ziehen Sie Schlussfolgerungen aus den gewonnen Erkenntnissen.

- Entwickeln Sie neue Verfahren, Methoden oder Modelle zur (effektiveren) Lösung von Problemsituationen und wenden Sie diese für die Lösung Ihrer Aufgabenstellung an.

- Stellen Sie Annahmen über erkannte Zusammenhänge auf und begründen Sie diese.

Auf diese Weise können Sie einen Beitrag zur Weiterentwicklung der Theorie leisten.

Jede wissenschaftliche Arbeit besteht im Prinzip aus einer Einleitung, einem Haupt- und einem Schlussteil.

- Die **Einleitung** soll in das Thema einführen (Abschnitt 3.1).

- Der **Hauptteil** beinhaltet die Auseinandersetzung mit dem gestellten Thema und somit die eigentliche wissenschaftliche Leistung (Abschnitt 3.2)

- Im **Schlussteil** werden die wesentlichen Erkenntnisse und Ergebnisse der Arbeit sowie deren Nutzen zusammenfassend dargestellt (Abschnitt 3.3).

3.1 Einleitung

● *Welche Informationen gehören unbedingt in die Einleitung?*

(1) Eine **Begründung der Wahl des Themas** mit Hinweis auf dessen Bedeutung.
(Warum soll das Thema bearbeitet werden? Welcher Anlass liegt hierfür vor? Welche Problem- und Fragestellungen sollen geklärt werden?)

Gründe für die Bearbeitung eines Themas können z.B. sein:

- die **Aktualität** und *wissenschaftliche* **Bedeutung** aufgrund aktueller <u>forschungsrelevanter Probleme</u>

- die **Aktualität** und *wirtschaftliche* **Bedeutung** aufgrund aktueller <u>praxisrelevanter Probleme</u> auf dem Untersuchungsgebiet, des Untersuchungsobjektes o.dgl.

(2) Aussagen zur **Aufgaben- oder Problemstellung** und zu **wesentlichen Fragestellungen** der Arbeit. (Worum geht es konkret?)

(3) Angaben zur wissenschaftlichen und ggf. technischen und/oder ökonomischen **Zielstellung** für die Bearbeitung des Themas (Was soll erreicht werden?)

- Neben dem **generellen Ziel** für das Thema als Ganzes sollte dieses im Sinne einer Zielhierarchie untersetzt sein mit

- **Detailzielstellungen** z.B. für die (Haupt-)Abschnitte der Problembehandlung.

- *Welche Aussagen können darüber hinaus zur Einführung in das Thema dienen?*

(4) Eine Begründung und kurze Erläuterung der **Vorgehensweise** bzw. der angewendeten Verfahren, Methoden o.dgl. **zur Lösung der Aufgabenstellung**. (Warum wird diese Vorgehensweise gewählt? Wie soll die Problemstellung damit gelöst werden?).

(5) Aussagen zur sachlich begründeten **Abgrenzung** des Themas, z.B.:

- Hinweise zur Einordnung des Themas in übergeordnete Themenkomplexe
  (in eine Dissertation, in ein Thema der Hochschulforschung etc.)

- Hinweise zum Zusammenhang mit anderen Themen und der Abgrenzung von ihnen

- Begründungen zur Eingrenzung des Untersuchungsfeldes/-objektes

Es ist deutlich zu machen, dass das Ausgegrenzte nicht zum zu bearbeitenden Problemfeld gehört. Die Abgrenzung des Themas muss *inhaltlich* begründet sein.

(6) Das Aufzeigen der **Schwerpunkte** der Arbeit (ggf. in Verbindung mit der Begründung der Abgrenzung)

(7) Hinweise auf die **Auswahl der Quellen** (Relevanz, Verfügbarkeit, Aktualität), sofern das für die Themenbearbeitung von Bedeutung ist.

(8) Bei Gemeinschaftsarbeiten können Sie an dieser Stelle angeben, **welche Abschnitte von wem erarbeitet wurden** und ggf. welche Abschnitte gemeinsam verantwortet werden.

Aus den genannten Möglichkeiten sollten Sie das für Ihre Arbeit Wesentliche auswählen und dabei darauf achten, dass die Ausführungen ca. fünf Seiten nicht überschreiten!

Die für die Einleitung benötigten und viele der darin möglichen Aussagen können durch die Präzisierung der Aufgabenstellung mit Hilfe der Systematischen Heuristik gewonnen werden (s. Abschnitt 2, Abb.1).

Empfehlungen:

> *Entwerfen* **Sie die Einleitung möglichst schon nach der Analyse und Präzisierung der Aufgabenstellung** und nicht erst am Ende der Arbeit am Thema unter Zeitdruck. Sie kann Ihnen Leitfaden für Ihr weiteres Vorgehen sein.

> **Überprüfen Sie von Zeit zu Zeit Ihren Arbeitsstand** anhand der in der Einleitung angegebenen Ziele und Vorhaben.

> **Formulieren Sie die *endgültige* Fassung erst nach dem Abschluss der Arbeit am Thema**
> Im Laufe der Bearbeitung einer Aufgabenstellung ergeben sich oft neue Einsichten zu den in der Einleitung notwendigen und möglichen Aussagen.

> **Stimmen Sie die Einleitung mit der Zusammenfassung ab!**
> Einleitung und Zusammenfassung werden oft zuerst gelesen, um den wesentlichen Inhalt und Wert der Arbeit rasch zu erfassen.

3.2 Hauptteil - die Problembehandlung

Der Hauptteil einer wissenschaftlichen Arbeit ist in mehrere Abschnitte zu untergliedern.
In diesen wird die Thematik unter verschiedenen Aspekten behandelt. Sie beinhalten die eigentliche Auseinandersetzung mit der zu erfüllenden Aufgaben- und Zielstellung. Die Gedankenführung muss ausschließlich dazu dienen, die gestellte Aufgabe zu lösen.
Innerhalb der Hauptgliederungspunkte werden weitere Untergliederungen erforderlich, um Teilprobleme zu betrachten. Die Untergliederung von Abschnitten ist jedoch nur zulässig, wenn sich mindestens zwei Unterabschnitte ergeben.

● *Zwischentext nach einer Überschrift?*

Grundsätzlich ist es möglich, die Abschnitte ohne Übergang (Zwischentext) nacheinander abzuhandeln. Bei Untergliederungen stehen dann oft zwei Überschriften hintereinander
(s. nachfolgend Beispiel 1).

Es ist jedoch sinnvoll, die untergliederten Abschnitte mit verbindenden Bemerkungen zu versehen und so (neben einer formal-logisch richtigen Gliederung) auch inhaltlich-logisch den „roten Faden" in der Arbeit zu verdeutlichen (Beispiel 2).

Die **Hauptabschnitte** sollten deshalb *generell* durch einen Zwischentext

- mit einer kurzen Darlegung ihres Grundanliegens eingeleitet werden und
- einen Überblick über die darin behandelten Teilprobleme geben
  (die in weiteren untergeordneten Abschnitten dargestellt werden).

Untergeordnete Abschnitte, die weiter untergliedert werden, sollten

- in einem „Vorspann" an die vorangegangenen Ausführungen anknüpfen und
- mit einigen Bemerkungen über das Anliegen des Abschnitts eingeleitet werden.

Beispiel 1:	Beispiel 2:
1. Einleitung	1. Einleitung
.....	.....
2. Analyse des gegenwärtigen Erkenntnisstandes	2. Analyse des gegenwärtigen Erkenntnisstandes
	..... *Zwischentext*
2.1 Literaturauswertung	2.1 Literaturauswertung
2.1.1 Auswertung der deutschsprachigen Literatur	..... *Zwischentext*
	2.1.1 Auswertung der deutschsprachigen Literatur
.....	.....
2.1.2 Internationaler Erkenntnisstand	2.1.2 Internationaler Erkenntnisstand
.....	.....
2.2 IST-Zustandsanalyse in der ... GmbH	2.2 Ist-Analyse in der ....GmbH
2.2.1 Erfasster Ist-Zustand	..... *Zwischentext*
	2.2.1 Erfasster Ist-Zustand
.....	.....
2.2.2 Ergebnis der Konsultationen	2.2.2 Ergebnis der Konsultationen
.....	.....
2.3 Schlussfolgerungen	2.3 Schlussfolgerungen
:	(für die weitere Themenbearbeitung)
	:

Ganz gleich, für welches Prinzip Sie sich entscheiden, wenden Sie es durchgängig für alle Abschnitte der Arbeit an!

Jede für die Bearbeitung der Aufgabenstellung herangezogene Literatur muss in den Ausführungen an der betreffenden Stelle angegeben und in das Literaturverzeichnis aufgenommen werden (s. Abschnitt 6.4). Dazu gehören auch nicht in Buchform vorliegende Quellen wie Vorlesungsaufzeichnungen, Lehr-Skripte, Beratungsprotokolle, Internetauskünfte u.dgl.m.

Es muss möglich sein, die in der Arbeit dargelegten Gedankengänge nachzuvollziehen und die getroffenen Aussagen zu überprüfen.

3.2.1 Hauptabschnitte gestalten

● *Wie die Hauptabschnitte bestimmen?*

Das Kernstück einer wissenschaftlichen Arbeit umfasst im Prinzip drei inhaltlich verschiedene Bestandteile. Analog der Produktionsfaktoren bei der Fertigung von Wirtschaftsgütern sind drei „Leistungsfaktoren" zu unterscheiden:

(1) Ein *Objekt* das zu untersuchen und weiter zu entwickeln oder zu verbessern ist

(eine *Theorie*, ein *Modell*, ein *Unternehmen*, ein *Produkt*, ein *Aufgabengebiet*, eine *Problemsituation* etc.),

→ nachfolgend als **Untersuchungsobjekt** bezeichnet (Abschnitt 3.2.2)

(2) *Instrumente* die zur „Veränderung" des Objektes genutzt werden

(*Theorien, Methoden, Modelle, Verfahren, technische Mittel* etc.),

→ nachfolgend als **Arbeitsinstrumente** bezeichnet (Abschnitt 3.2.3)

(3) Der *Prozess* der „Bearbeitung" des Untersuchungsobjekts mit Arbeitsinstrumenten, welcher zu dem geforderten Ergebnis führen soll.

→ nachfolgend als **Lösungsprozess** bezeichnet (Abschnitt 3.2.4).

Demzufolge muss jede wissenschaftliche Arbeit Aussagen beinhalten

- zum zu verändernden **Untersuchungsobjekt**
- zu den **Arbeitsinstrumenten,**   i. allg. jeweils ein Hauptabschnitt
  die verwendet werden und
- zum **Lösungsprozess** (Arbeitsergebnis)   → meist mehrere Hauptabschnitte

Diese Hauptabschnitte sollten in ihrem Umfang ausgewogen proportioniert sein!

- Sind z.B. zur Beschreibung des Untersuchungsobjekts und für die Vorstellung der zu nutzenden Arbeitsinstrumente jeweils nur wenige Ausführungen erforderlich, dann können diese in einem Hauptabschnitt mit zwei entsprechenden Unterabschnitten zu sammengefasst werden.

- Andrerseits kann die Behandlung von mehreren (unterschiedlichen) Instrumenten in getrennten Hauptabschnitten erfolgen, wenn deren Beschreibung und kritische Wertung eine umfangreichere Darlegung erfordert.

- Darüber hinaus kann es sinnvoll sein, die Darstellung des Lösungsprozesses in mehrere Hauptabschnitte zu unterteilen (z.B. Behandlung jeweils eines Teilproblems bzw. Teilziels).

Die Auseinandersetzung mit der zu lösenden Aufgabenstellung beginnt normalerweise mit einer **systematischen Auswertung der Literatur zur zu bearbeitenden Problematik**. Die in der Literatur gefundenen Aussagen, Argumente und Ergebnisse werden im Hinblick auf das Thema dargelegt, systematisiert und kritisch bewertet.

- Bei einer rein <u>theoretischen Arbeit</u>

    erbringt der Autor bereits in Verbindung mit der Literaturauswertung seine eigenständige wissenschaftliche Leistung. Er „verarbeitet" zunächst die in der Literatur gefundenen Aussagen, indem er diese erfasst, gruppiert, gegenüberstellt, interpretiert, sich mit ihnen auseinandersetzt, einen eigenen Standpunkt bezieht und unter Nutzung von Arbeitsinstrumenten (ggf. Erkenntnisse fachübergreifender Disziplinen) Lücken und Widersprüche aufdeckt. Davon ausgehend entwickelt er eigene Gedankengänge zur Klärung der in der Aufgaben- und Zielstellung aufgeworfenen Fragen und Probleme.

    Mit dem Aufzeigen neuer theoretischer Ansätze und Lösungen leistet der Autor einen Beitrag zur Weiterentwicklung der Theorie.

- Bei einer <u>praxisbezogenen Aufgabenstellung</u>

    dient die Auseinandersetzung mit der Literatur dazu, eine theoretische Ausgangsbasis für die Bewertung von Untersuchungsergebnissen zu schaffen, die aus der Analyse des Ist-Zustandes des Untersuchungsobjekts gewonnen werden.

    Auch in diesem Fall können sich bereits bei der Auseinandersetzung mit der Literatur eigenständige wissenschaftliche Leistungen des Autors ergeben.

- *Wie die Hauptabschnitte inhaltlich gestalten?*

Dafür gelten vor allem folgende Grundsätze:

> **Probleme und deren Lösung aufzeigen!** **Keine Fakten*sammlung*!**
> Fakten und Argumente behandeln, das Für und Wider abwägen, daraus Lösungsvorschläge ableiten und begründen!

> **Lösungs*varianten* anbieten und bewerten!**

> **Zwischenergebnisse fixieren**, auf die später zurückgegriffen und an die in der Argumentation angeknüpft werden kann.

Die Hauptabschnitte der Arbeit können jeweils mit einer kurzen Zusammenfassung des Inhalts und einem Ausblick auf die unmittelbar folgenden Inhalte enden. In einer solchen abschnittsweisen Zusammenfassung können auch Teilergebnisse herausgestellt werden.

3.2.2 Untersuchungsobjekt beschreiben

- *Welche Aussagen zum Untersuchungsobjekt werden erwartet?*

(1) Grundsätzlich eine Beschreibung der **allgemeinen Ausgangssituation** und der Problemlage des Untersuchungsobjekts.

Beispiele:
- eine umstrittene **Theorie**, zu deren Weiterentwicklung ein Beitrag geleistet werden soll,
- ein **Modell** oder **Verfahren**, das im Hinblick auf neue, sich entwickelnde Bedingungen überprüfen ist,
- eine volkswirtschaftliche, betriebswirtschaftliche, juristische etc. **Problemsituation**, die behoben werden soll,
- ein **Aufgabenbereich** oder ein **Prozessablauf**, der unter Nutzung moderner Mittel und Methoden neu zu gestalten bzw. zu vervollkommnen ist,
- ein **Produkt**, das höheren Anforderungen genügen soll
u.dgl.m.

(2) Ausführungen zum **theoretischen Erkenntnisstand** auf dem betreffenden Gebiet.

Beispiele:
- eine systematische **Auswertung** der aus dem Literaturstudium gewonnenen Erkenntnisse bezüglich der für die Aufgabenstellung signifikanten Theorien, Modelle, Methoden, Forschungsergebnisse o.dgl.,
- eine **kritische Auseinandersetzung** mit der Literatur durch Bewertung unterschiedlicher Auffassungen und Stellungnahme zu Widersprüchen,
- **Erkenntnisse und Schlussfolgerungen** aus dem Literaturstudium für die mit der Aufgabenstellung gegebenen Bedingungen.

(3) Darlegung der **durch Untersuchungen gewonnenen Erkenntnisse** über das Objekt.

Beispiele:
- **verbale und /oder grafische Darstellung** des Ergebnisses einer eigenen Ist-Zustandsuntersuchung,
- **Wiedergabe der Erkenntnisse** aus Interviews, Teilnahme an Beratungen, Fragebogenaktionen etc.,
- Aufzeigen festgestellter **Mängel und Schwachstellen**.

(4) **Erste Schlussfolgerungen** für die weitere Themenbearbeitung

Vor allem der Bereich der Wirtschaft bietet ein vielfältiges Spektrum an möglichen „Untersuchungsobjekten":

- **volkswirtschaftliche oder betriebswirtschaftliche Problemstellungen**
  z.B.: Marktsituationen, Standortsituationen, Infrastruktur, Transportsituationen u.dgl.

- **betriebswirtschaftliche Funktionsbereiche und Aufgabengebiete**
  z.B.: Absatz, Forschung und Entwicklung, Beschaffung, Fertigung, Rechnungswesen,
  Kostenrechnung, Personalwesen usw.
  Marketing, Angebots- und Auftragsbearbeitung, Objekt- und Hauptfristenplanung,
  Controlling, Beschaffungslogistik, Reklamationsanalyse u.dgl.

- **betriebswirtschaftliche Prozessabläufe**
  z.B.: Lagerhaltungsprozesse, Transportprozesse, Fertigungsprozesse, Informationszyklen in oder
  zwischen Funktionsbereichen u.dgl.; die Prozesskette „Beschaffung – Produktion – Absatz".

- **Managementaufgaben in Verbindung mit komplexen Entscheidungssituationen**
  z.B.: langfristige Unternehmensstrategie, Standortoptimierung, Outsourcing;
  Einführung von MIS, Controllingsystemen, Logistikkonzepten, PPS-Systemen;
  Bewertung alternativer Vertriebswege u.a.m.

3.2.3 Arbeitsinstrumente auswählen
(Theorien, Methoden, Vorgehensweisen, Modelle, Technik)

● *Welche Aussagen zu den Arbeitsinstrumenten interessieren?*

(1) Eine kurze **Beschreibung der Theorien, Methoden, Verfahren, Modelle etc.** oder **technischen Mittel** die zur Lösung der Aufgabenstellung in Betracht kommen.

(2) Die **Gegenüberstellung der Vor- und Nachteile** der geeigneten Instrumente **beim Anwenden für die Lösung der anstehenden Problematik**.

(3) Die **Begründung der** getroffenen **Auswahlentscheidungen**.

(4) Eine **Erläuterung der ausgewählten Instrumente**, die in der Arbeit zum Auffinden neuer Ideen, Entwickeln neuer Lösungsansätze etc. angewendet werden.

Bei betriebs- und volkswirtschaftlichen (z.T. aber auch bei geisteswissenschaftlichen und naturwissenschaftlich-technischen) Themenstellungen können z.B. als **Arbeitsinstrumente zur Ideenfindung und Problemlösung** dienen:

- Generell **Elemente und Erkenntnisse fachübergreifender Wissenschaften**, wie **Dialektik, Kybernetik, Mathematik** (z.B. Kategorien der Dialektik; Algorithmentheorie; Systemtheorie, Spieltheorie, Aussagenlogik, mathematische Funktionen)

- **Methoden, Modelle und Verfahren**, wie

  ● *Methoden der Datenerhebung*
    (gezielte Befragungen, Multimoment- oder Stichprobenverfahren, statistische Tests u.dgl.)

  ● *allgemeine Analyse- und Bewertungs-Methoden und Verfahren*
    (z.B. Portfolio-Analyse, Kapitalwertmethode)

  ● *mathematische Modelle und Methoden*
    (z.B. Netzplantechnik [CPM, MPM, PERT], lineare Optimierung, Reihenfolgeoptimierung)

  ● *statistische Methoden*
    (z.B. Korrelations- und Faktoren-Analyse zur Analyse von Zusammenhängen; Regressions- und Varianz-Analyse zur Analyse von Abhängigkeiten)

- *Methoden und Verfahren der Informatik*
  (z.B. Systemanalyse und Systemplanung, strukturierter Systementwurf, Entscheidungstabellentechnik, Entity-Relationship-Modellierung,)

- *Fragestellungen bzw. Fragetechniken,* die zur Lösung führen wie

  - Gibt es effektive Lösungen bei vergleichbaren Problemstellungen, Prozessen, Sachverhalten, Unternehmen etc.

  - Gibt es Lösungen oder Teillösungen, die durch Anpassung und/oder Verbindung mit anderen Lösungsansätzen genutzt werden können?

  - Welche Bedingungen sind zu schaffen, um die Lösung xyz anwenden zu können?

- **Technische Mittel** (z.B. Rechentechnik, Kommunikationstechnik, Automatisierungstechnik)

- **Softwarewerkzeuge** (z.B. Programmierwerkzeuge, Datenbanksysteme, Tabellenkalkulation)

Breit anwendbare Arbeitsinstrumente zur Ideenfindung und Problemlösung, insbesondere auch bei bestimmten *geisteswissenschaftlichen* **Themenstellungen**, sind z.B.:

- **explorative Untersuchungen**
  (empirische, begriffliche und theoretische Systematisierung eines noch relativ unbekannten Bereiches)

- **vergleichende Studien**
  (auf der Grundlage der Fall- und Materialauswahl nach bestimmtem Kriterien)

- **Inhalts- und Diskursanalysen**
  (systematische Analyse von Form und Substanz von Kommunikationsprozessen)

- **Szenarienbildung und experimentelle Untersuchungen**
  (z.B. zur Darstellung der Realität und deren Szenarienbildung in die Zukunft)

- **Brainstorming** oder **Mind-Mapping**
  (Sammeln und Strukturieren von spontanen und assoziativen Gedanken zu einem Thema unter verschiedenen Blickwinkeln)

- **Aufbereitungs- und Auswertungsverfahren**
  (Analyse von Quellen, Strukturierung von Sekundärliteratur, präzises Bibliographieren, Recherche in Bibliotheken, Archiven und Museen, etc.)

3.2.4 Problemlösung aufzeigen

In diesem Teil der Arbeit wird die eigentliche schöpferische Leistung erwartet:

> **Die Ideenfindung durch das Anwenden der gewählten Arbeitsinstrumente auf das Untersuchungsobjekt und das Darlegen qualitativ neuer Lösungen**

(**nicht** jedoch eine Beschreibung des eigenen Erkenntnisprozesses im Verlaufe der Bearbeitung der Aufgabenstellung!).

Meist ist es sinnvoll, die Problemlösung in mehreren Abschnitten abzuhandeln, in denen jeweils der Lösungsprozess für ein Teilproblem oder Teilziel dargestellt wird.

● *Welche Aussagen können diese Abschnitte der Problemlösung enthalten?*

(1) Das **Analysieren des Erkenntnisstandes bzw. vorgefundenen Zustandes**
aus der Sicht anderer Wissensdisziplinen, neuer Modelle, Methoden und Verfahren, aktueller Erkenntnisse und Erfahrungen u.dgl.m. Hierzu einige der Anregung dienende Beispiele:

- Nutzen von Elementen und Erkenntnissen interdisziplinärer, fachübergreifender Wissenschaften, um zu neuen Einsichten zu gelangen.
  <u>Beispiele:</u>
  - Untersuchung eines Management-Informationssystems aus der Sicht der Theorie der Steuerung großer komplexer Systeme.
  - Systemanalyse eines Unternehmens, eines Funktionsbereiches, einer Aufgabenstellung o.dgl.

- Anwenden wissenschaftlich begründeter Methoden, Modelle oder Verfahren bei der Analyse von Untersuchungsobjekten.
  <u>Beispiele:</u>
  - Aufbereitung der Deckungsbeitragsrechnung der xyz GmbH zur Entwicklung einer optimalen Sortimentsgestaltung.
  - Zuordnung von Optimierungsverfahren zu Modellen definierter transportlogistischer Problemstellungen.

- Analyse eines aktuellen Sachverhaltes aus der Sicht eines neuen Arbeitsinstruments (einer neuen Theorie, einer neuen Methode u.dgl.).
  <u>Beispiele:</u>
  - Rationalisieren eines Prozessablaufs nach Modellierung als ereignisgesteuerte Prozesskette.
  - Analyse der Anwendbarkeit der Transpondertechnik zur Kennzeichnung von Gefahrgutverpackungen.

- Entwickeln von Methoden, Modellen oder Verfahren zur Veranschaulichung von bestehen.
  den Zusammenhängen oder anzustrebenden Lösungen.
  Beispiele:
  - Erstellung einer Balanced Scorecard am Beispiel eines Großhandelsunternehmens.
  - Entwicklung eines Konzepts für die Markterschließung im Rahmen der Osterweiterung ... .
- Anwenden von Methoden, Verfahren oder Technik zur (effektiveren) Lösung von Problem- und Aufgabenstellungen.
  Beispiele:
  - Vor- und Nachteile der Nutzung des Internet als alternativen Vertriebsweg für ... .
  - Informationsmanagement als Mittel für einen optimalen Informationsfluss am Beispiel der xyz AG.
  - Einführung und Realisierung von E-Commerce in Klein- und Mittelbetrieben am Beispiel ... .
- Hinterfragen und vergleichen gegebener Sachverhalte.
  Beispiele:
  - Ist-Analyse zur Personalbemessung anhand von Vergleichswerten.
  - Welche Chancen und Risiken entstehen durch Outsourcing nach Auflösen des eigenen Fuhrparks?
  - Analyse des Umsatzverlustes eines großflächigen Einzelhandelsunternehmens anhand der Parameter Standort und Sortiment.

(2) Das **Werten gewonnener Erkenntnisse und/oder Ergebnisse**
   - Diskutieren, interpretieren und werten von gewonnenen Einsichten.
   - Auswerten und Wichten von Ergebnissen anhand theoretischer Grundlagen, anhand von Vergleichswerten oder von analogen Beispielen/Sachverhalten.
   - Ableiten und/oder aufstellen von Annahmen über bestimmte Zusammenhänge.
   - Ableiten von Erkenntnissen für die zu lösende Aufgabenstellung.
   - Begründen von abgeleiteten Erkenntnissen.

(3) Das **Entwickeln eigener Ideen und Lösungen**
   - Formulieren und begründen eigener Auffassungen.
   - Ableiten von Lösungskonzepten.
   - Entwickeln, diskutieren und bewerten von Lösungsvarianten (Variantenvergleich).
   - Begründen von Auswahlentscheidungen (z.B. mit gegebenen Bedingungen).
   - Ziehen von Schlussfolgerungen aus den Erkenntnissen für die Theorie.
   - Ableiten von Schlussfolgerungen für die praktische Nutzung der Ergebnisse.

(4) Das **Zusammenfassen der wichtigsten Ergebnisse des Abschnitts**

- Verdeutlichen der eigenen Leistung: Erkenntnisse, Lösungen, Vorschläge.
- Aufzeigen von Auswirkungen, die sich aus der vorgeschlagenen Lösung für andere (nicht zu untersuchende) Aufgabengebiete, Prozesse u.dgl. ergeben.

Empfehlungen:

> **Unterstützen Sie Ihre Ausführungen weitgehend durch graphische Darstellungen und Tabellen!**
> (z.B. durch das Veranschaulichen von Sachverhalten, Zusammenhängen, Prozessabläufen, Entwicklungstendenzen, Bildschirmanzeigen u.a.m.)
> (s. Abschnitt 7.2 „Darlegungen anschaulich gestalten").

> **Kennzeichnen Sie bereits hier thesenwürdige Ergebnisse und Erkenntnisse**
> und formulieren Sie diese möglichst schon hier „thesenwürdig". Sie sparen dadurch Zeit!
> (s. Abschnitt 7.3 „Thesen anfertigen").

3.3 Zusammenfassung und Schlussfolgerungen

Dieser Abschnitt dient dem „Erfüllungsnachweis" der Aufgabenstellung! Hier fassen Sie die in den Hauptabschnitten gewonnenen Ergebnisse und Erkenntnisse zusammen.
Das bietet Ihnen zugleich **eine gute Möglichkeit zu kontrollieren**, ob

- zwischen den Gliederungspunkten ein ausgewogenes Verhältnis besteht,
- die Ausführungen einen „roten Faden" erkennen lassen und
- die in der Einleitung dargelegte Aufgaben- und Zielstellung erfüllt wird.

Außerdem sollten Sie an dieser Stelle den (gesellschaftlichen, wissenschaftlichen und/oder wirtschaftlichen) Nutzen Ihrer Arbeit aufzeigen.

■ **Eine wissenschaftliche Arbeit ist gut gestaltet, wenn es genügt, Einleitung und Zusammenfassung zu lesen, um den wesentlichen Inhalt der Arbeit und damit ihren Wert zu erfassen.**

Zumindest bei praxisbezogenen Aufgabenstellungen sollte der Schlussteil untergliedert werden in:

(1) Eine **zusammenfassende Darlegung** der wesentlichsten Ergebnisse mit Schlussfolgerungen und

(2) Ausführungen zum **Nutzen der Arbeit**, der durch das Verwerten der erzielten Erkenntnisse bzw. Anwenden der erarbeiteten Lösung zu erwarten ist.

3.3.1 Wichtigste Ergebnisse zusammenfassen

- *Was wird hier erwartet? Was gehört in diesen Teil der Arbeit?*

Die Zusammenfassung soll knapp und übersichtlich die **gewonnenen Erkenntnisse** und **erzielten Ergebnisse** veranschaulichen. Dabei sind insbesondere der *Neuigkeitsgehalt* und der *Erkenntnisfortschritt* hervorzuheben.

■ **Weisen Sie in der Zusammenfassung nach** (soweit zutreffend),

- wie die in der Einleitung dargelegte **Aufgaben- und Zielstellung erfüllt** wird,
- welcher **Erkenntnisgewinn** sich **für die Weiterentwicklung der Theorie** ergibt,
- welche **Erkenntnisse bzgl. der angewandten Arbeitsinstrumente / Forschungsmethoden** gewonnen wurden (Vorgehensweise, Verfahren, Methoden, Modelle, technischen Mittel etc.),
- welche **Fragen offen geblieben** sind und warum (z.B. über das Thema hinausgehende oder vorausschauende Betrachtungen),
  → Sie zeigen damit, dass Sie über die Aufgabenstellung hinausgehend schon weiter gedacht haben.
- welche **Schlussfolgerungen** gezogen werden (z.B. für das Untersuchungsobjekt bzw. den Praxispartner, für bestimmte darüber hinausgehende Bedingungen, für die Wirtschaftspraxis allgemein, für die Theorienentwicklung).

■ **Weitere relevante Aussagen** *können* sein:

- Vorschläge zur **Realisierung der entwickelten Lösung** in der Praxis und
- Anregungen zur möglichen **Weiterentwicklung der vorgeschlagenen Lösung** (ggf. mit Hinweisen auf noch ungelöste Probleme).
- Bei einer *theorieorientierten* wissenschaftlichen Arbeit sollten eingangs **die wichtigsten Theorien**, auf die sich die Arbeit bezieht, nochmals kurz angeführt werden.

Des weiteren können Sie hier auch festgestellte **Möglichkeiten oder Erfordernisse einer *generell* weiterführenden Bearbeitung der Thematik** darlegen. Dabei ist auf erkannte Frage- oder Problemstellungen zu verweisen.

Insbesondere in Dissertationen und Forschungsberichten sollte der weitere Forschungsbedarf auf dem betreffenden Gebiet oder für angrenzende Problemstellungen aufgezeigt werden.

Achten Sie darauf, dass Sie Ihre Leistung überzeugend „verkaufen"!
Ein versierter Gutachter wird sich zuerst hier einen Gesamteindruck über den Wert Ihrer Arbeit verschaffen. Der Geschäftsführer des Untersuchungsbetriebes, von dem Sie sich evtl. einen Arbeitsplatz erhoffen, liest garantiert zuerst diesen Teil der Arbeit und entscheidet erst dann, ob er noch mehr Zeit dafür verwendet.

- *Aus welchen Abschnitten der Arbeit müssen bzw. können sich wesentliche Aussagen für die Zusammenfassung ergeben?*

(1) Naturgemäß enthalten die **Abschnitte des Problemlösungsteils** die o.g. Aussagen zum Erkenntnisgewinn und zu den Schlussfolgerungen.
Beachten Sie: der **Nachweis, dass etwas nicht geht, ist ebenfalls eine Erkenntnis**!

(2) Oft können aus den Betrachtungen zum **Untersuchungsobjekt** und zu den **Arbeitsinstrumenten** ebenfalls Erkenntnisse und Schlussfolgerungen abgeleitet werden,
  - Vergleich Praxis (Ist-Zustand) und Stand der Theorie.
  - Eignung von Instrumenten für bestimmte Problemstellungen oder unter bestimmten Bedingungen.

(3) Auch im Abschnitt **Zusammenfassung** können sich mitunter *weitere* Schlussfolgerungen ergeben, die aus den konzentriert aufgelisteten Erkenntnissen und Ergebnissen der Arbeit resultieren (z.B. Schlussfolgerungen für Anwendungsmöglichkeiten, die über das zu untersuchende Gebiet oder die zu untersuchenden Bedingungen hinausgehen).

Wenn möglich, dann sollten Sie die Zusammenfassung mit einer optischen **Gesamtdarstellung** unterstützen. Eine solche „**zentrale Abbildung**" beeindruckt nicht nur die Gutachter, sie bietet auch eine ausgezeichnete Bezugsbasis für das freie Sprechen bei der Verteidigung der Arbeit.

3.3.2 Nutzen der Arbeit ausweisen

Für die im Bereich der Wirtschafts- und der Technikwissenschaften angesiedelten wissenschaftlichen Arbeiten sollte es eine Selbstverständlichkeit sein, neben dem Erkenntnisfortschritt den potentiellen *wirtschaftlichen* Nutzen der Arbeit nachzuweisen.

Doch auch bei Graduierungsarbeiten auf anderen Gebieten der Geistes- oder Naturwissenschaften tut der Autor gut daran, mit dem Verdeutlichen des (gesellschaftlichen, wissenschaftlichen, ökonomischen) Nutzens seiner Arbeit, den Gutachter zu beeindrucken.

Vor allem praxisbezogene Arbeiten auf den Gebieten der Betriebswirtschaftslehre, der Organisations- und Arbeitswissenschaften, des Ingenieur- und Wirtschaftsingenieurwesens, der Wirtschaftsinformatik u.dgl. sollten **den wirtschaftlichen Nutzen** der erarbeiteten Lösung so **konkret wie möglich aufzuzeigen**. Das erhöht den Wert der Arbeit, überzeugt die Gutachter und weckt das Interesse von Praxispartnern für eine evtl. Nachnutzung.

Wenn irgend möglich, dann führen Sie einen *quantifizierten* Nutzensnachweis!

<u>Beispiele</u>:

- <u>Einsparung pro Vorgang</u>: Aufwand je Vorgang alt und neu,
- <u>jährliche Einsparung</u>: ∅ Anzahl der Vorgänge im Jahr * Einsparung/Vorgang
- <u>Verbesserung von Kennzahlen</u>: ∅-Werte bisher → zu erwartende Werte

Außerdem können Sie den Nutzensnachweis mit *qualitativen* Bewertungskriterien (schneller, höher, weiter ...) im Sinne einer Nutzwertrechnung unterstützen.

<u>Beispiele</u>:

- **Optimierung** der Transportwege, des Produktionsprogramms u.dgl.,
- **Verkürzung** der Durchlaufzeit der Erzeugnisse,
- **Beschleunigung** des Fertigungsablaufs,
- **Erhöhung** des Umsatzes, der Produktivität, der Nutzungsdauer u.dgl.,
- **Senkung** des Verwaltungsaufwandes, der Beschaffungskosten, der Vertriebskosten u.dgl.,
- **aktuellere und detailliertere Bereitstellung** von Informationen.

3.4 Von der Aufgabenstellung bis zur Verteidigung der Arbeit – die kreativen Arbeitsschritte im Überblick

(1) **Aufgabenstellung** klären, analysieren und präzisieren

  + Ableiten einer (vorläufigen) **Grobgliederung** und
  + Entwerfen eines **Arbeitsplanes**

(2) **Fachliteratur** beschaffen und auswerten

  + Exzerpte/Konspekte anfertigen und mit ersten Gedanken für die Auswertung des erfassten Gedankengutes ergänzen
  + das Material den Gliederungspunkten zuordnen

(3) **Untersuchungsobjekt** analysieren

  + Klären von Fragen durch weitere Untersuchungen, Interviews etc. (incl. Anfertigung von Berichten, Protokollen, Mitschriften u.dgl.)
  + Ableiten von Schlussfolgerungen für die Themenbearbeitung
  + Zuordnen des Materials zu den Gliederungspunkten

(4) **Untersuchungsobjekt** beschreiben

  + Darstellen der bestehenden Theorien und Auffassungen zur Problematik
  + Kritische Betrachtung der Untersuchungsergebnisse aus theoretischer Sicht
  + Ableiten von Schlussfolgerungen für die Bearbeitung der Aufgabenstellung

(5) **Arbeitsinstrument(e)** vorstellen und auswählen

  + Bewerten der Eignung für die Lösung der Aufgabenstellung
  + Darstellen der/s ausgewählten Instrumente/s und begründen der Auswahlentscheidung
  + Ableiten von Schlussfolgerungen für die Bearbeitung der Aufgabenstellung

(6) **Lösungsprozess** darstellen

(Anwenden der/s gewählten Instrumente/s zur Lösung des Problems *oder* Erprobung und Weiterentwicklung eines Instruments für neue Bedingungen)

+ Entwickeln und Begründen eigener Ideen und neuer Lösungen,

+ Ableiten von Schlussfolgerungen für die Theorie und/oder für die praktische Nutzung der Ergebnisse

+ Aufzeigen von Auswirkungen der Lösung(en) auf andere (nicht zu untersuchende) Aufgabengebiete und ggf. Vorschläge zu deren Überwindung

(7) **Erfüllung der Aufgabenstellung** nachweisen

+ Erkenntnisfortschritt herausstellen

+ Ausblick geben zur weiterführenden Bearbeitung des Themas

+ den Nutzen der Arbeit aufzeigen

(8) **Thesen formulieren**

(9) **Verteidigung vorbereiten**

4. Anforderungen formaler Art an eine wissenschaftliche Abschlussarbeit

Die Qualität einer wissenschaftlichen Arbeit wird in erster Linie von der schöpferischen Leistung des Autors und der überzeugenden Darlegung seiner Gedanken bestimmt. Bei ihrer Bewertung fällt jedoch auch die Einhaltung formaler Anforderungen und Erwartungen ins Gewicht. Eine Arbeit, die den formalen Ansprüchen gerecht wird, erleichtert das Erfassen ihres Inhalts und unterstützt die Vergleichbarkeit. Damit erleichtert sie die Bewertung und erzeugt so eine positive „Grundstimmung" beim Gutachter.

Die formalen Ansprüche zielen vor allem auf
- einen im Wesentlichen einheitlichen, bewährten Aufbau der Arbeiten
- die Eindeutigkeit und Übersichtlichkeit der Darlegungen und
- die Einhaltung rechtlicher Anforderungen (z. B. Beachtung von Urheberrechten).

Zur formalen Gestaltung einer Graduierungsarbeit gibt es partiell unterschiedliche Auffassungen. Das betrifft sowohl die *Art* der als auch den *Verbindlichkeitsgrad* der Anforderungen.

Bei den Vorgaben der Studieneinrichtungen handelt es sich meist um Interpretationen und Ergänzungen der hierfür allgemeingültigen Regeln.
Den Empfehlungen dieses Leitfadens werden die Regelungen der DIN zugrunde gelegt.

Empfehlungen zum Handeln vor Beginn der Arbeit an der Aufgabenstellung:

> Verschaffen Sie sich einen **Überblick über die Formvorschriften.**
> Informieren Sie sich unbedingt über eventuelle **Vorgaben Ihrer Studieneinrichtung.**
> Stimmen Sie die Gestaltung der Arbeit **mit Ihrem Betreuer bzw. Themensteller ab.**

4.1 Richtlinien für die formale Gestaltung der Arbeit

Die formalen Anforderungen und Erwartungen beziehen sich
- *einerseits* auf die **äußere Form und das Layout der Arbeit**
- *andrerseits* auf die notwendigen **formalen Bestandteile und deren Gestaltung.**

Für beides haben sich allgemeingültige Regeln und Richtlinien herausgebildet. Meist sind sie in den DIN verankert. Doch es gibt oft noch abweichende Erwartungen an den Studieneinrichtungen. Sie sind von ihnen teils als verbindlich, teils als Empfehlung deklariert.

Die folgenden Ausführungen bieten einen Überblick über die allgemein üblichen Anforderungen und Regeln.

4.1.1 Äußere Form und Layout der Arbeit

Bezüglich der *Art der Anforderungen* besteht eine weitgehende Übereinstimmung, hinsichtlich der *detaillierten Vorgaben* dafür gibt es jedoch z.T. recht unterschiedliche und oft überholte Auffassungen, – mitunter selbst zwischen Lehrstühlen der gleichen Studieneinrichtung.

Für die äußere Form der Arbeit und die Gestaltung des Schriftbildes sollten deshalb die in den DIN-Blättern enthaltenen Regeln beachtet werden. Die folgenden **Empfehlungen** berücksichtigen die DIN 1422-1/2/3, 5008 und 55 301:

- **Äußere Beschaffenheit der Arbeit**
    - Maschinenschriftlich erstellt (möglichst Laser- oder Tintenstrahldrucker).
    - Gebunden, DIN A4-Papier, weiß, Seiten einseitig bedruckt.
    - Allgemein übliche Seitenzahl (Text ohne Gliederung, Verzeichnisse, Anlagen u.dgl.)
       -- Bachelorarbeiten ca. 30 – 40   /   -- Masterarbeiten ca. 60 – 100
       -- Diplomarbeiten ca. 60 – 100   /   -- Dissertationen ca. 100 – 120

An den Bildungseinrichtungen existieren zzt. recht unterschiedliche Richtwerte für die Bachelor- und Masterarbeiten bzgl. möglicher Seitenzahl und verfügbarer Bearbeitungszeit. Außerdem führte die fächerspezifische Umsetzung der Orientierungen der Kultusministerkonferenz auch innerhalb der Bildungseinrichtungen zu verschiedenartigen Regelungen (s. Anlage 1).

→ **Unbedingt Absprache mit dem Betreuer erforderlich!**

- **Satzspiegel** (Randbreiten)
    - Links 3 bis 3,5 cm für Binderand, rechts 2 bis 3 cm, unten 2 cm, oben 3 cm.
    - Bei Seitennummerierung oben: 2 cm bis Seitenzahl und 2 cm bis zur ersten Textzeile
    - Falls anwenden von Fußnoten: 2 cm bis Ende der Fußnote(n) von unten.
    - Keine Kopfzeilen anwenden.

- **Zeilenabstand**
    - 1,5-zeilig: Fließtext (Grundzeilenabstand).
    - 1-zeilig: längere wörtliche Zitate und Aufzählungen, mehrzeilige Überschriften, mehrzeilige Fußnoten und Angaben im Literatur- und Quellenverzeichnis.

- **Typographie**
  - <u>Schriftart</u>: **Times New Roman** (oder eine ähnliche Schrift), ggf. **Arial**,
    maximal zwei Schriftarten verwenden!
    (Beispiel: Fließtext **Times New Roman**, Überschriften **Arial**)
  - <u>Schriftgröße</u>: Fließtext **12 pt**, Hauptüberschriften **14 pt**,
    Fußnoten und ggf. längere wörtliche Zitate **10 pt**
    (bei anderen Schriftarten sind vergleichbare Schriftgrößen zu wählen).

- **Textgestaltung**
  - **bilden** zur optischen und gedanklichen Strukturierung des Textes und durch eine zusätzliche Leerzeile voneinander trennen.
  - **Blocksatz** und **Silbentrennung** anwenden (bessere Ausnutzung des Schriftfeldes).
  - **Zitate**, **Formeln** und längere **Aufzählungen** können **eingerückt oder zentriert** und durch Leerzeilen vom Fließtext abgesetzt werden.
  - Mit **Hervorhebungen im Text** den Blick auf wichtige Aussagen oder Begriffe lenken durch **Fettdruck**, *Kursivschrift* oder <u>Unterstreichungen</u>.
    Das sollte jedoch sparsam und nach einem einheitlichen Prinzip angewendet werden.
    <u>Nicht anzuwenden sind</u>: g e s p e r r t e Schrift und GROSSSCHREIBUNG.
  - **Zahlenangaben bis zehn** sind im Text **in Worten** ausschreiben.

- **Überschriften**
  - Die Überschriften der Gliederungspunkte sind **linksbündig** zu schreiben.
  - Mehrzeilige Überschriften werden **engzeilig** geschrieben.
  - Nach jeder Überschrift folgt eine Leerzeile.
  - **Überschriften und Text gehören zusammen**, deshalb:
    -- **Hauptabschnitte** (einstellige Nummer) stets auf einer neuen Seite beginnen.
    -- **Untergeordnete Abschnitte** auf einer neuen Seite beginnen, wenn die laufende Seite nicht ausreicht, um neben der Überschrift und einer Leerzeile nicht mindestens noch drei Textzeilen darauf unterzubringen.
    -- Der Text vor einer Überschrift sollte einen größeren Abstand zur Überschrift haben als der Text danach.
  - **Überschriften** *fett* und **Hauptüberschriften** zusätzlich mit einer *größeren Schrift* hervor heben; das Unterstreichen ist zulässig, aber möglichst zu vermeiden.
    <u>Nicht erlaubt sind</u>: Kursivschrift, gesperrte Schrift und Großschreibung (Versalien).
  - In den Überschriften **keine Satzzeichen** nutzen, auch kein abschließender Punkt.
  - **Keine Fragen** als Überschrift verwenden.

- **Fußnoten**
  - Nur für Quellenangaben und sachliche Randbemerkungen nutzen, die den Gedankenfluss im Text stören würden, möglichst jedoch ganz vermeiden!
    (z.B. für Quellenangaben das numerische System nutzen, s. Abschnitt 6.4.2)
  - Durch einen kurzen Strich vom Text der Seite abgrenzen.
  - Einzeilig und in kleinerer Schrift schreiben als den Text (i.allg. 10 pt).
  - Fortlaufend nummerieren, im Text durch hochgestellte Zahlen kennzeichnen.

- **Abbildungen, Tabellen, Anlagen u.a.**
  - Auf alle Abbildungen (Zeichnungen, Diagramme, Fotos u.dgl.), Tabellen, Anlagen, Gleichungen und Literaturangaben ist im Text Bezug zu nehmen.
  - Abbildungen und Anlagen erhalten entsprechend DIN 1422-2 eine <u>Unterschrift</u>.
  - Tabellen erhalten nach DIN 55 301 eine Tabellen-<u>Überschrift</u>.
  - Alle Abbildungen, Tabellen und Anlagen müssen für sich lesbar sein! Für Abkürzungen, Formelzeichen u.dgl. ist deshalb in einer <u>Legende</u> deren Bedeutung anzugeben.
  - Ein bibliographischer Nachweis wird an die Unter- bzw. Überschrift angefügt, er kann jedoch auch der Legende zugeordnet werden.
  - Abbildungen, Tabellen und Anlagen sind jeweils für sich zu nummerieren, entweder durchgängig in der Arbeit oder (haupt-)abschnittsweise.

- **Paganierung**
  - Die Seiten der Arbeit sind in der Reihenfolge ihrer Einbindung **fortlaufend mit arabischen Ziffern** zu paginieren.
    <u>Ausnahmen</u>: die Titelseite, die Seite mit der bibliographischen Beschreibung und die eidesstattlichen Erklärung erhalten keine Seitenangabe, sind jedoch mitzuzählen.
  - Die nicht zum Textteil gehörenden **formalen Bestandteile** der Arbeit können auch mit römischen Ziffern bezeichnet werden (um z.B. die Einhaltung der maximalen Seitenzahl zu verdeutlichen; s. Abschnitt 1.4).
  - Seitenzählung und Nummerierung der lose beizulegenden Thesen erfolgt gesondert.
  - Die Seitenzahlen werden **unten rechts** angegeben (*oben mittig* gilt als überholt).

Soweit zutreffend sind noch folgende DIN-Regeln zu beachten:

- **Technische Zeichnungen, Symbole und Sonderzeichen**
  Hierfür gelten vor allem folgende Bestimmungen:
    - Technische Zeichnungen; Maßeintragung (DIN 406-10/11/12),
    - dto.   ; Ausführungsregeln; Vervielfältigungsgerechte Ausführung (DIN 6774-1)

- dto ; Beschriftungen; Schriftzeichen (DIN 6776-1)
- Zeichen für physikalische und technische Einheiten (DIN 1301-1),
- allgemeine mathematische Zeichen und Begriffe (DIN 1302),
- Formelzeichen (DIN 1304-1) und Formelschreibweise (DIN 1338,
- Physikalische Größen und Gleichungen; Begriffe, Schreibweisen (DIN 1313).

Fremde Schriftzeichen oder Formeln, die maschinenschriftlich nicht ausgeführt werden können, sind mit schwarzer Tusche zu schreiben.

- **Darstellung mathematischer Zusammenhänge** (DIN 1338)
  - Es ist auf eine eindeutige Schreibweise der Formeln zu achten. Formeln dürfen nicht mehrdeutig auslegbar sein.
  - Gleichungen sind fortlaufend zu nummerieren. Sie werden innerhalb des Textes nicht wiederholt. Bei mehrfachem Anwenden ist auf die Gleichungsnummer Bezug zu nehmen.

4.1.2 Formale Bestandteile der Arbeit

Für eine wissenschaftliche Arbeit sind weitere Bestandteile verbindlich vorgeschrieben. Die folgende Auflistung berücksichtigt die Orientierungen der DIN 1422-4:

leeres Deckblatt	
(1)	Titelblatt
(2)	Auftragsblatt (ggf. mit Sperrvermerk)
(3)	Bibliographische Beschreibung
(4)	Abstract
(5)	Inhaltsverzeichnis (mit Seitenangaben)
(6)	Verzeichnisse der Abbildungen, Tabellen und Anlagen (mit Seitenangabe)
(7)	Abkürzungs- und Symbolverzeichnis
(8)	Vorwort
(9)	Text der wissenschaftlichen Abhandlung (mit arabischer Seitenzählung)
(10)	Literaturverzeichnis / Quellenverzeichnis
(11)	Glossar (optional)
(12)	Anlagen (ggf. gesonderter Band)
(13)	Eidesstattliche Erklärung
leeres Deckblatt	
(14)	Thesen (lose beigelegt, mit Seitenangabe)

Nachfolgend werden diese Bestandteile der Arbeit näher betrachtet.

4.2 Titelblatt

Das Titelblatt soll folgendes ausweisen:
- die staatliche Institution (Studieneinrichtung) und ggf. den Praxispartner
- die Art der wissenschaftlichen Arbeit (Bachelorarbeit, Masterarbeit, ... Dissertation, ...)
- das Thema
- den Vor- und Nachnamen des Verfassers (ggf. mit Geburtsdatum)
- die Namen der Betreuer bzw. Gutachter (mit akademischem Titel)
- den Bearbeitungszeitraum (Tag der Themenübergabe, Tag der Einreichung).

→ Beispiele für verschiedentlich angewendete Darstellungen der Titelseite enthält Anlage 3.

4.3 Auftragsblatt mit Sperrvermerk (falls zutreffend)

Um die Vertraulichkeit interner Informationen zu wahren, wird bei wissenschaftlichen Arbeiten mitunter ein Sperrvermerk vom Praxispartner gefordert. Dieser sollte zweckmäßigerweise in der Aufgabenstellung enthalten sein. Steht der Sperrvermerk auf einem Blatt für sich, dann wird er nach dem Blatt mit der Aufgabenstellung eingeordnet (s. auch DIN 34).

⇒ **Klären Sie von vornherein die Freizügigkeit der Verwendung Ihrer Arbeitsergebnisse bzw. den Grad der Vertraulichkeit Ihrer Arbeit!**

Ein Sperrvermerk hat verschiedene Konsequenzen und kann die zügige Bearbeitung des Themas beeinträchtigen. So sind z.B. Fragen zu klären wie:

- „Welche Daten des Unternehmens dürfen in der wissenschaftlichen Arbeit nicht oder nur in einer besonders vertraulichen Anlage genannt werden?"
- „Wer darf Gutachter sein?"
- „Wer darf die Arbeit unter welchen Bedingungen noch einsehen?"
- „Wie ist die Arbeit aufzubewahren?"

Art und Umfang derartiger Forderungen sind unbedingt zu beachten!

4.4 Bibliographische Beschreibung

Für die bibliographische Beschreibung der Arbeit gilt (nach DIN 1505-1) folgende Regel:

NAME, Vorname: Thema der Arbeit, Institution (z.b. Technische Universität ...., Fachbereich ....), Art der Arbeit (z.B. Bachelor-, Masterarbeit, Dissertation), Erscheinungsjahr bzw. Jahr der Arbeit, Anzahl der Seiten, Anzahl der Literaturquellen, Anzahl der Anlagen.

<u>Beispiel</u>:

KUNZE, Karl: Entwicklung eines ... am Beispiel eines mittelständischen Unternehmens der ...-Industrie, Westsächsische Hochschule Zwickau, Fachbereich Wirtschaftswissenschaften, Studienrichtung ..., Bachelorarbeit, 2011. 38 Seiten, 28 Literaturstellen, 4 Anlagen.

4.5 Abstract (einer wissenschaftlichen Arbeit nach DIN 1426)

Von den Hochschuleinrichtungen im deutschsprachigen Raum und deren Fakultäten wird zunehmend ein Abstract (oft als Kurzreferat bezeichnet) als Bestandteil einer wissenschaftlichen Abschlussarbeit (Bachelor-, Master-, Diplomarbeit; Dissertation, Habilitation) erwartet. Es ersetzt das traditionelle Autoreferat (auch Autorreferat) bzw. die Kurzzusammenfassung und hebt sich davon durch klare inhaltliche und formale Gestaltungsanforderungen ab.

An einigen Hochschuleinrichtungen und deren Fakultäten ist das (oder auch der) Abstract noch freiwillig, an anderen bereits Pflicht. Mitunter wird für die in deutscher Sprache verfasste Arbeit zusätzlich ein Abstract in Englisch (auf einer eigenen Seite) gefordert.

Die inhaltlichen und formalen Anforderungen an das Abstract sind allerdings von Hochschule zu Hochschule und innerhalb dieser von Fakultät zu Fakultät gegenwärtig noch sehr verschieden. Das betrifft vor allem **Inhalt** und **Umfang** des Textes, aber auch die Stelle des Einfügens des Abstracts in die Abschlussarbeit.

→ **Bei Unklarheiten,** sollten Sie **die in der Studienordnung** bzw. **Promotionsordnung** Ihrer Fakultät **enthaltenen Bestimmungen** und ggf. die spezifischen Regelungen für die verschiedenen Studienrichtungen der Fakultät **beachten** oder hierzu Ihren Betreuer fragen!

Trotz der gegenwärtig noch gegebenen Unterschiede ist eine Grundlinie erkennbar, die Orientierung sein kann:

- Das Abstract soll knapp, aber exakt den wesentlichen Inhalt der betreffenden wissenschaftlichen Arbeit darstellen; ohne besondere Details und ohne Wertung der darin enthaltenen Aussagen.
- Es muss (auch ohne Kenntnis der Ausführungen in der Arbeit) verständlich sein und dem Leser ermöglichen, daraus Schlussfolgerungen bzgl. der Bedeutung dieser Arbeit für sein eigenes Anliegen zu ziehen.

→ In DIN 1426 wird es als Kurzreferat deklariert, das kurz und klar den Inhalt wiedergibt.

- *Welche signifikanten Aussagen werden vom Abstract einer wissenschaftlichen Abschlussarbeit erwartet?*

Es sollte mit einer Aussage eingeleitet werden, die das zentrale Anliegen der Arbeit aufzeigt und dann vor allem Folgendes skizziert (betrachten Sie die Stabstrich-Hinweise als Anregung):

1. Die **Aufgabenstellung**
    - Welche Problemstellung/Ausgangssituation liegt der Arbeit zugrunde?
    - Welches Problem soll gelöst werden?
    - Welche Fragen/Fragestellungen sind zu beantworten?

2. Das **Ziel der Arbeit**
    - Was soll erreicht werden? Welche Zielstellung liegt vor?

3. Das **methodische Vorgehen**
    - Von welchen Theorien, Thesen, Modellen, Argumenten und/oder Behauptungen wird ausgegangen?
    - Welche Untersuchungsmethoden und/oder -techniken werden angewendet?
    - Ggf. welche Daten bzw. für die Lösung der Aufgabe *wichtigen* Quellen werden ausgewertet? Art der Datenerhebung.

4. Die **Ergebnisse** und **Schlussfolgerungen**

    - Zu welchen (wesentlichen) Ergebnissen führen die Untersuchungen?
    - Welche Schlussfolgerungen/Thesen resultieren daraus?
    - Welche **Bedeutung** hat die Arbeit **für die (weitere) Forschung** auf dem betreffenden Themengebiet?

→ **Scheuen Sie nicht den Aufwand,
den Wert Ihrer Arbeit anhand dieser Kriterien** (*kommentarlos!*) **herauszustellen,
denn das Abstract wird oft bei der Abfassung des Gutachtens herangezogen.**

Darüber hinaus sollten **Schlagwörter** (wichtige Schlüsselwörter des Themas) angegeben werden, die für das Thema der Arbeit signifikant sind. Dadurch wird die Aufnahme in Bibliothekskataloge (insbes. Fachbibliographien und Literaturdatenbanken) und das Auffinden durch Suchmaschinen erleichtert.

- *Was darf das Abstract <u>nicht</u> enthalten?*

    - **Interpretationen** und **Wertungen** des Inhalts der Arbeit,
    - neue, **in der Arbeit nicht enthaltene Gedanken** oder **zusätzliche Ergebnisse,**
    - **Namen von Unternehmen** und **Informationen mit denen** evtl. **ein Sperrvermerk verletzt** wird,
    - **Abbildungen, Tabellen, Zitate, Begriffsdefinitionen** oder sonstige **Textergänzungen** und
    - auf keinen Fall **fehlerhafte Zahlenangaben.**

- *Welcher Umfang des Abstracts wird erwartet?*

Die z. Zt. recht unterschiedlichen Anforderungen an die Länge eines Abstracts sind oft variabel gehalten. Zumeist werden verlangt

- entweder   100 bis 150 Wörter bzw. eine halbe Seite DIN A4
- oder   200 bis 250 Wörter bzw. maximal eine Seite DIN A4.

Trotz dieser Einschränkungen sind vollständige Sätze zu bilden, um die Verständlichkeit zu gewährleisten.

Diese Vorgaben gelten auch für ein ggf. in englischer Sprache gefordertes Abstract. Ein solches wird vor allem erwartet, wenn die Fachdisziplin stark internationalisiert ist. Außerdem wird es zunehmend für Dissertationen verlangt.

- *Wo einfügen?*

Das Abstract ist i.allg. nach dem Titelblatt und der Aufgabenstellung der Arbeit auf einer separaten Seite einzufügen, danach folgt das Inhaltsverzeichnis.
Verschiedene Hochschulen erwarten, dass das **Abstract zusätzlich als** Word-**Datei** (oder auch PDF-Datei) auf einem Datenträger (mit dem Namen des Verfassers und des Titels der Arbeit versehen) eingereicht wird.

- *Wann abfassen? Wie dabei Vorgehen?*

Grundsätzlich sollten Sie erst **nach Abschluss Ihrer wissenschaftlichen Arbeit** mit der Abfassung des Abstracts beginnen.

Es hat sich bewährt, zunächst die **Kernaussagen** der Arbeit **in einer Art** *Checkliste* **zu erfassen** und diese dann in eine logische Reihenfolge zu ordnen.
Prädestiniert für die Auswahl dieser signifikanten Informationen sind die Thesen und der Abschnitt „Zusammenfassung und Schlussfolgerungen" der Abschlussarbeit. Die entstandene Rohfassung sollten Sie anschließend schrittweise auf die geforderte maximale Länge des Abstracts verdichten.
Versuchen Sie hierbei **kurze, präzise Sätze** zu bilden, welche zusammenhängend die gewählte logische Abfolge wiederspiegeln. Nutzen Sie Fachwörter und sprachliche Gliederungsmittel und vermeiden Sie Füllwörter.

4.6 Inhaltsverzeichnis

Das Inhaltsverzeichnis beginnt mit der Bezeichnung „Inhalt" als Überschrift. In ihm sind alle Bestandteile der Arbeit mit Seitenangabe in der Reihenfolge ihrer Einheftung aufzuführen. Nicht genannt werden Titelseite, Auftragsblatt, bibliographische Beschreibung, Abstract und Inhaltsverzeichnis.

Bei der Angabe der Gliederung des Textteiles im Inhaltsverzeichnis ist zu beachten:

(1) Das Inhaltsverzeichnis muss alle Haupt- und Unterpunkte der wissenschaftlichen Abhandlung wie folgt enthalten

- in vollem Wortlaut,
- mit Abschnittsnummerierung (dekadische Nummerierung nach DIN 1421) und
- mit Seitenangaben.

(2) Als Seitennummer ist die jeweilige Startseite des Gliederungspunktes anzugeben.

(3) Unterstreichungen sind im Inhaltsverzeichnis unzulässig.

(4) Das Inhaltsverzeichnis muss mit den Überschriften des Textes unter Angabe der betreffenden Seitenzahlen übereinstimmen.

Werden die formalen Bestandteile der Arbeit mit römischen Ziffern paginiert, dann sind sie im Inhaltsverzeichnis in der Reihenfolge ihrer Einheftung *vor* bzw. *nach den Seitenangaben für den Textteil* aufzuführen (s. Beispiel).

Beispiel: **Inhalt**

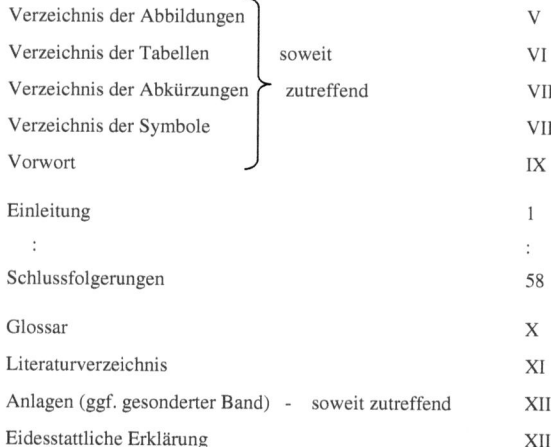

4.7 Verzeichnisse der Abbildungen, Tabellen und Anlagen

Die in der Arbeit enthaltenen und jeweils für sich nummerierten **Abbildungen, Tabellen** und **Anlagen** (s. hierzu Abschnitt 4.1.1) werden in getrennten Verzeichnissen mit Angabe ihrer Nummer, ihrer Bezeichnung und der Seite, auf der sich die Darstellung befindet, aufgelistet:

<u>Beispiel:</u>

Lfd. Nr.	Bezeichnung	Seite
......	....	....

Enthält die Arbeit nur wenige Abbildungen und Tabellen, so können diese gemeinsam fortlaufend nummeriert in einem Verzeichnis (z.B. „Darstellungen") ausgewiesen werden.

(Zur inhaltlichen Ausgestaltung der Arbeit mit graphischen und tabellarischen Darstellungen und deren Gewicht für den Wert und die Bewertung einer wissenschaftlichen Arbeit s. Abschnitt 7.2).

4.8 Abkürzungs- und Symbolverzeichnis

Alle <u>selbst festgelegten</u> oder <u>der Fachliteratur entstammenden</u> *Abkürzungen* und *Symbole* (z.B. Formelzeichen) sind

- beim erstmaligen Gebrauch im Text zu erläutern und
- in Verzeichnissen (mit Angabe der Bedeutung) alphabetisch geordnet aufzulisten.

<u>Im Duden ausgewiesene Abkürzungen</u> (z.B. ABS, DIN, HTML) und Symbole (z.B. @, ®) gehören nicht in diese Verzeichnisse!

Sind nur wenige Abkürzungen und Symbole zu nennen, so werden diese in einem gemeinsamen Verzeichnis nacheinander aufgeführt.

Hinweis zu Abkürzungen (s. auch DIN 1502, DIN 2340 und DIN 3166):

Bilden Sie nur Abkürzungen für *themenspezifische längere Begriffe*, die Sie in Ihren Aus-führungen *wiederholt verwenden*. Nutzen Sie dabei die Mnemotechnik, d.h. bilden Sie "selbstsprechende" Abkürzungen.

Beispiele:			
	AGB	-	Allgemeine Geschäftsbedingungen
	CMS	-	Content-Management-System
	RAA	-	rechnergestützte Angebots- und Auftragsbearbeitung

Bei erstmaliger Verwendung eines derartigen Begriffs im Text ist er auszuschreiben und dahinter die Abkürzung in eckigen Klammern anzugeben. Danach sollte konsequent nur noch die Abkürzung genutzt werden.

Hinweis zu Symbolen / Formelzeichen (entsprechend DIN 1301, 1302 und 1338):

Auch Symbole bzw. Formelzeichen sollten Sie sinnvoll von dem Begriff ableiten, für den sie stehen, z.B. für *Zeit* → **t** oder **zt**.
Achten Sie dabei auf eine **eindeutige *inhaltliche* Zuordnung**! Wenn z.B. die Kategorie *Zeit* in unterschiedlichen Zusammenhängen einen unterschiedlichen Bedeutungsinhalt besitzt, so müssen Sie auch unterschiedliche Formelzeichen dafür verwenden.

Formelzeichen sind ebenfalls (möglichst) alphabetisch aufzulisten. Werden Zeichen verschiedener Alphabete verwendet, dann sind diese wie folgt zu ordnen:

- lateinisches, griechisches, deutsches, kyrillisches Alphabet
- lateinische Ziffern, römische Ziffern, sonstige Zeichen.

Bei jeder Verwendung solcher Abkürzungen und Zeichen in Abbildungen oder Formeln ist ihre Bedeutung in einer Legende zur Abbildung bzw. zur Formel anzugeben

4.9   Vorwort (ein wichtiges taktisches Instrument)

- *Warum Vorwort? Was gehört in ein Vorwort?*

Das Vorwort steht **ausschließlich für persönliche Bemerkungen des Verfassers** zur Verfügung. Es sollte möglichst den Umfang einer Seite nicht übersteigen.

Prinzipiell können Sie alles in das Vorwort aufnehmen, was Sie *über* **die Bearbeitung Ihrer Aufgabenstellung** sagen möchten (jedoch nicht zum Problem selbst, nicht zum wissenschaftlichen Inhalt der Arbeit gehört). Das *können* sein:

a) Der Dank für *besondere* Unterstützung/Hilfe durch Personen und/oder Institutionen (z.B. bei der Themenfindung, der Abfassung der Arbeit, der Literaturbeschaffung u.dgl.). Berücksichtigen Sie in der Danksagung alle relevanten Personen.

   Danken Sie – soweit zutreffend – **auch dem Praxisbetreuer** und/oder Mitarbeitern des Untersuchungsbetriebes, die Sie unterstützt haben. Das Anerkennen ihrer Leistung ist wichtig für eine evtl. künftige Tätigkeit im oder eine weitere gute Zusammenarbeit mit dem Untersuchungsbetrieb, denn die Praxispartner müssen *zusätzliche* Arbeit neben ihren eigentlichen Aufgaben leisten. Außerdem erfahren so auch deren Vorgesetzte von den besonderen Bemühungen Ihrer Praxisberater.

Machen Sie jedoch keine formale Verbeugung, wenn es an echter Hilfe mangelte.

b) Hinweise auf **ausgegrenzte,** *bewusst* **nicht behandelte** Teilprobleme oder Teilgebiete, **die mit der Aufgabenstellung zusammenhängen.**

Das sollten Sie kurz *sachlich* begründen. Es geht darum, deutlich zu machen, dass Sie das Ausgegrenzte „gesehen" haben. Damit begegnen Sie **aktiv** eventuellen kritischen Bewertungen der Gutachter und des Prüfungsausschusses.

c) Hinweise auf *außergewöhnliche* und /oder *unvorhergesehene* Probleme und Schwierigkeiten bei der Bearbeitung Ihrer Aufgabenstellung (z.B. bei der Erfassung von Daten, der Einsicht in Dokumente des Untersuchungsobjektes, der Literaturbeschaffung).

Das sollten Sie **hier** anbringen, jedoch nicht bei der Verteidigung der Arbeit oder gar in der Arbeit selbst (auch nicht in der Einleitung)!

Während der Verteidigung der Arbeit darüber beklagen, hinterlässt keinen guten Eindruck und verkürzt nur die für die Darlegung der Arbeitsergebnisse verfügbare Zeit.

d) Bemerkungen zur Entstehungsgeschichte der wissenschaftlichen Arbeit, falls diese Kenntnis z.B. für die Einschätzung der Bedeutung der Arbeit und deren Ergebnisse von Interesse ist.

Nicht in das Vorwort aufnehmen sollten Sie erkannte, aber ausgegrenzte Fragen und Probleme, die sich aus der von Ihnen entwickelten Lösung ergeben, Ihre Aufgabenstellung jedoch überschreiten. **Diese Erkenntnisse können Sie als (weitere) eigene Leistung in den Schlussfolgerungen „verkaufen".**

Empfehlungen:

> Nutzen Sie das Vorwort, um **ein gutes Klima für die Beurteilung und Verteidigung** Ihrer Arbeit zu schaffen, indem Sie die Ihnen gebotenen Hilfe und Unterstützung bei der Lösung der Aufgabenstellung würdigen!

> Verwenden Sie das Vorwort als **taktisches Hilfsmittel zur Verteidigung der Arbeit** gegenüber eventuellen Vorwürfen der Gutachter und/oder des Prüfungsausschusses, indem Sie hier zu erwartenden Einwänden vorbeugend begegnen und sich damit **aktiv verteidigen.**

4.10 Literatur- und Quellenverzeichnis

Alle zur Einarbeitung in das Thema und zur Lösung der Aufgabenstellung verwendeten Materialien müssen bibliographisch erfasst und aufgelistet werden. Die dafür geltenden Regeln enthält die DIN 1505, insbes. DIN 1505-2.

Im **Literaturverzeichnis** sind die in der Arbeit *direkt oder indirekt zitierten Materialien* nachzuweisen. Dazu gehören z.B. auch unveröffentlichte Texte, Archivunterlagen, Vortrags- und Gesprächsnotizen, im Untersuchungsbetrieb eingesehene interne Dokumente, Rundfunk- und Fernsehsendungen und Internetquellen.

Im **Quellenverzeichnis** werden die *darüber hinaus genutzten Informationsquellen* aufgeführt.
Eine solche Trennung ist vor allem sinnvoll, wenn Sie zur Einarbeitung in die Problematik eine Vielzahl von Veröffentlichungen genutzt haben, die zwar Aussagen zum zu bearbeiten- den Thema enthalten, auf die Sie sich jedoch in Ihrer Arbeit nicht beziehen.
Bei geringem Umfang können diese Verzeichnisse zu einem gemeinsamen Literatur- und Quellenverzeichnis zusammengefasst werden.

Beide Verzeichnisse können *alphabetisch* oder *numerisch* geordnet sein. Das nicht an die Ausführungen in der Arbeit gebundene **Quellenverzeichnis** wird sinnvollerweise alphabetisch geführt.

Zu den im Literatur- und Quellenverzeichnis aufzuführenden bibliographischen Daten gibt es seitens der Studieneinrichtungen unterschiedliche Vorgaben und Erwartungen. Sie beziehen sich sowohl auf die Vollständigkeit als auch auf die Reihenfolge der Angaben.
Außerdem hängt die Art der anzugebenden Daten von der Art der Quelle und anderen Besonderheiten ab, auf die nachfolgend verwiesen wird.

In einem **alphabetisch geordnetem Verzeichnis** sind z.B. für Monographien folgende bibliographische Angaben für den Literaturnachweis DIN-gerecht:

- Name(n), Vorname(n): Titel. Auflage, Verlag, Erscheinungsort und -jahr

Prinzip-Beispiel für ein *alphabetisch* geordnetes Literatur- oder Quellenverzeichnis:

Alisch, K.: Gabler Wirtschaftslexikon. 17. Aufl., Gabler Verlag, Wiesbaden 2010

Arndt, H.; Burkhardt, St.: Erfolgreich mit eigenen Handelssystemen: Modularer Aufbau, Equity Trading, Position Sizing, Finanz Buchverlag, München 2005

Bea, F.X.; Dichtl, E.; Schweitzer, M.: Allgemeine Betriebswirtschaftslehre, Bd. 1: Grundfragen, 9. Aufl., Lucius und Lucius Verlag, Stuttgart 2004

Bräutigam, P.; Leupold, A.: Online-Handel, Beck Juristischer Verlag, München 2003

:

Die **numerische Ordnung des Literaturverzeichnisses** hat sich bei Graduierungs- und anderen Schriften bewährt, in denen vielfach auf die Literatur Bezug genommen wird. Vor allem in natur- und ingenieurwissenschaftlichen Arbeiten wird diese rationelle Form des Literaturnachweises überwiegend verwendet. **Die Nummerierung der zitierten Literatur geschieht in der Reihenfolge, in der Sie sich im Text erstmalig darauf beziehen.**
Bei wiederholter Bezugnahme auf eine Veröffentlichung genügt es dann, im Text die betreffende Nummer zu nennen.

Prinzip-Beispiel für ein *numerisch* geordnetes Literaturverzeichnis:

---
[1]   Wöhe, G.: Einführung in die Allgemeine Betriebswirtschaftslehre, 24. Aufl., Vahlen Verlag, München 2010

[2]   Corsten, H.; Gössinger, R.: Produktionswirtschaft, 12. Aufl., Oldenbourg Verlag, München 2009

[3]   Wildemann, H.: Just-in-Time in Forschung, Entwicklung und Konstruktion, 13. Aufl., TCW, München 2005

[4]   Hauschildt, J.: Innovationsmanagement, 5. Aufl., Vahlen Verlag, München 2011

[5]   Heyde, W.; Pleschak, F.; Sabisch, H.: Innovationen in Industrieunternehmen, Gabler Verlag, Wiesbaden 2005

:

Literaturnachweis im Text bei numerisch geordnetem Verzeichnis:

direktes Zitat: ... ([4] S. 34) ...   oder   ... (s. [4] S. 34)

indirektes Zitat: ... (vgl. [4] S. 34 ...) oder ... (nach [4] S. 36) oder ...(in Anlehnung an [4] S. 34)

Beachten Sie die folgenden Orientierungen zur Angabe der bibliographischen Daten!

(1) Die Informationsquellen sollten ohne Trennung nach Literaturarten (z.b. Bücher, Internet, Zeitschriften) aufgeführt werden.

(2) Die bibliographischen Angaben zu den einzelnen Literaturstellen sind durch eine Leerzeile voneinander zu trennen. Mehrzeilige Angaben werden einzeilig geschrieben.

(3) In einem alphabetischen Verzeichnis werden mehrere Titel eines Autors chronologisch (vom ältesten zum jüngsten Titel) aufgelistet.
Sind von einem Autor sowohl allein als auch mit anderen Autoren verfasste Titel anzugeben, so werden zuerst die allein verfassten Titel genannt.

(4) **Selbständig erschienene Veröffentlichungen** (z.B. Bücher, Broschüren, Graduierungsarbeiten u.dgl.) sind mit folgenden bibliographische Angaben auszuweisen:

Name(n), Vorname(n) (abgekürzt): Sachtitel (vollständig), Nummer der Auflage (bei mehreren Auflagen), (erstgenannter) Verlag (bzw. Herausgeber, Institution o.dgl.), (erstgenannter) Erscheinungsort und -jahr.

Beispiel: Martin Kornmeier „Wissenschaftlich schreiben leicht gemacht" (4. Auflage), UTB-Reihe, Haupt Verlag Bern-Stuttgart-Wien 2011.

Wird zu einer Literaturstelle kein Autor (oder Herausgeber) genannt, so ist anstelle des Autornamens anzugeben: o. V. (ohne Verfasser).
In alphabetisch geführten Verzeichnissen sind diese Quellen nach dem Titel zu ordnen.

(4.1) Bei mehreren Verfassern sind nach DIN 1505 alle anzugeben und durch ein **Semikolon** zu trennen.

Es ist jedoch verbreitet üblich, die Namen mit einem **Schrägstrich** oder **Komma** zu trennen. Darüber hinaus hat sich bezüglich der Nennung mehrerer Autoren folgende Regelung durchgesetzt:

- Sind zwei oder drei Autoren zu nennen, so werden **alle Namen** angegeben.
    Beispiel: Stahlknecht, P., Hasenkamp, U.: Einführung in die Wirtschaftsinformatik, 11. Aufl., Springer Verlag, Berlin 2005

- Sind mehr als drei Autoren beteiligt, so wird **nur der zuerst genannte** Name mit **dem Zusatz „u.a." oder „et.al." genannt.**
    Beispiel: Mertens, P. u.a.: Grundzüge der Wirtschaftsinformatik, 10. Aufl., Springer Verlag, Berlin 2010

(4.2) Wird ein <u>Herausgeber oder eine Institution</u> (z.B. REFA) genannt, so ist deren Name bzw. Bezeichnung mit dem Zusatz (Hrsg.) anstelle des Autors anzugeben.

Beispiele:
Schumann, O. (Hrsg.): Grundlagen und Techniken der Schreibkunst, Gondrom Verlag, Bindlach 2004

REFA (Hrsg.): Standard-Methoden des Organisierens für Verwaltung und Dienst leistung, Carl Hanser Verlag, Leipzig 2005

(4.3) Bei <u>Graduierungs- und anderen Hochschulschriften</u> ist auch die Fakultät anzugeben an der die Arbeit verteidigt wurde und das Jahr der Verteidigung zu nennen.

Der bibliographische Nachweis dieser Dokumente muss, wenn sie als Buchtitel von einem Verlag veröffentlicht sind, mit einem entsprechenden Hinweis versehen werden.

Beispiel: Kunz, K.: Zur Anwendung mathematischer Modelle im Marketing, Marketing-Management; Essen 2003 (zugl. Diss. rer. nat. Univ. Dresden 2002)

(5) **Unselbständig erschienene Veröffentlichungen** (z.B. Zeitschriften- und Zeitungsartikel, Beiträge in Handbüchern oder Tagungsdokumenten) sind anzugeben mit:

- Name(n), Vorname(n) (abgekürzt), Sachtitel.

Anschließend ist, nach einem Punkt hinter den dem Sachtitel, die Angabe der Herkunft einzuleiten mit „In:". Es folgen (soweit zutreffend):

- Titel der Zeitschrift bzw. Zeitung,
- Unterreihe
- Band
- Erscheinungsjahr bzw. Erscheinungsdatum (in Klammern)
- Heftnummer (Nr.)
- Seitenzählung (erste und letzte Seitenzahl, z.B. 21-35 oder bei unterbrochener Paginierung Anfangs- und Endseite der Teile, z.B. 1,5).

Ort und Verlag werden i.allg. nicht aufgeführt.

Beispiele:
Mitlacher, L.: Christopher, P..: Strategisch orientiertes Personalrisikomanagement.
In: Der Betriebswirt (2005), Nr.4, S. 19-24

Körper, J.: Mit Funktionsetiketten können wir Millionen Sparen.
In: Frankfurter Allgemeine Zeitung (07.03.2006), Nr. 56, S.17

6) Bei **Gesetzestexten** sind anzugeben:

Titel des Gesetzes, Datum der Verabschiedung (in Klammern), Nummer und Datum des Gesetzblattes, Kennzeichnung (z.B. § 554, Abs. II oder §§ 554 ff.)

Beispiele: BGB (idF v. Okt. 2005) § 554, Abs. II
HGB (idF v. Jan. 2006) §§ 12-18.

(7) Bei **Internetquellen** sollten angegeben werden (Sonderfälle s. Abschnitt 6.4.5 Abs. (1)):
- Nachname, Vorname des Autors (falls auf der Webseite genannt)
- der Informations- bzw. Diensteanbieter
  (bei Zeitschriften: Angabe der Zeitschrift, in der der Artikel erschienen ist)
- Titel der Seite oder des Artikels, Untertitel
- Ort und Datum der Erstellung bzw. letzten Aktualisierung
- die vollständige URL (mit Pfad- und Dateiname),
- der Zeitpunkt des letzten Abrufs.

Beispiele:
- Deutsche Börse Group, Market Data & Analytics,
  http://deutsche-boerse.com/dbag/dispatch/de/kir/gdb_navigation/mda, Abruf am 29.02.2012
- Peter R. Schreiner, Giessen, Chemische Stabilität mit der Kraft des Geckos, 15.09.2011,
  http://www.uni-giessen.de/cms/ueber-uns/pressestelle/pm/pm244-11, Zugriff 29.02.2012
- Strömer Rechtsanwälte, Düsseldorf, Urteil Aktenzeichen: 34 O 188/02, 29.01.2003,
  http://www.netlaw.de/urteile/lgd_47.htm, (29.02.2012).

4.11 Glossar (engl. glossary)

- *Was ist ein Glossar (einer wissenschaftlichen Abschlussarbeit)?*

- *Warum ein Glossar? Was gehört in ein Glossar?*

Das Glossar ist ein **alphabetisch geordnetes Verzeichnis** der in der Arbeit verwendeten erklärungsbedürftigen (Fach-)Begriffe und Fremdwörter.
Es dient dazu, deren Bedeutung zu erläutern. Bei mehrfach belegten, nicht einheitlich genutzten Begriffen ist klarzustellen, in welchem Sinne sie in der Arbeit verwendet werden. Selbst geprägte Begriffe sind eindeutig zu definieren.

Die Ausstattung der Arbeit mit einem Glossar ist i.allg. nicht zwingend vorgeschrieben. Sie kann jedoch themenabhängig als Verständnishilfe wichtig sein.

Das ist vor allem der Fall, wenn

- es sich um eine **interdisziplinäre Arbeit** handelt,
- die Arbeit viele **erklärungsbedürftige Fachbegriffe** enthält,
- viele **Bezeichnungen aus einer Fremdsprache** übernommen sind,
- es darum geht, den richtigen Gebrauch und ein **eindeutiges Verständnis von Fachbegriffen** sicher zu stellen,
- die Arbeit **selbst definierte Begriffe** enthält (die Quelle der Definitionen ist anzugeben).

Enthält Ihre Arbeit wenige erklärungsbedürftige Begriffe, dann sollten Sie diese unmittelbar im Text erläutern (in Klammern oder als Fußnote).
Das Glossar steht am Ende der Arbeit, i.allg. vor oder nach dem Literaturverzeichnis,

Beispiel:

Datenabgleich
Aktualisieren eines Datenbestandes, wenn aus mehreren Fassungen des Bestandes die jeweils neu hinzugekommen Werte eines Datensatzes zusammengeführt werden (z.B. wenn eine Datenbank in mehreren Kopien auf nicht vernetzten geführt wird).

E-Business
Oft nur synonym für E-Commerce (Elektronischer Geschäftsverkehr) genutzt.
Hier im erweiterten Sinne sowohl für den elektronischen Geschäftsverkehr als auch für die unternehmensinterne Kommunikation und Interaktion mit Hilfe elektronischer Netze (Intranet) verwendet.

E-Commerce
Über Datennetze, insbesondere das Internet, abgewickelter elektronischer Geschäftsverkehr (Kontakte zwischen Firmen, Warenbestellungen über das Internet u.a.)

Intranet
Ein Rechnernetzwerk in Unternehmen, das die Internetstandards verwendet. Es ermöglicht den problemlosen Informationsaustausch zwischen einer festgelegten Gruppe von Nutzern.
In Unternehmen können z.B. die betreffenden Mitarbeiten direkt miteinander kommunizieren und Daten austauschen, ohne dass Interna nach außen dringen. Außerdem kann es zum Informationsaustausch mit Kunden und Partnerfirmen genutzt werden.

Metadaten
Daten, die verschiedene Eigenschaften von Datensätzen beschreiben und den inhaltlichen Kontext herstellen („Daten über Daten").

Multiuser-System
Betriebssystem, das die Fähigkeit besitzt, mehrere Nutzer gleichzeitig an einem Rechner zu betreuen.

Replikation
Mehrfache Speicherung der Daten an verschiedenen Stellen.

....

4.12 Eidesstattliche Erklärung/Selbständigkeitserklärung

Der Verfasser einer wissenschaftlichen Arbeit muss eine Erklärung darüber abgeben, dass er diese selbständig und ohne Nutzung anderer als der angegebenen Hilfsmittel und Quellen angefertigt hat. Bei mehreren Autoren sind die Anteile der einzelnen Autoren an der Arbeit (Abschnitte, Seiten, Anlagen) eindeutig nachzuweisen.

Die eidesstattliche Erklärung ist (nachdem die Arbeit vervielfältigt wurde) **handschriftlich** mit Ort und Datum zu versehen und mit vollständigem Vor- und Nachnamen zu unterschreiben. Sie wird als letztes Blatt in die wissenschaftlichen Arbeit eingebunden.
Für die eidesstattliche Erklärung gibt es - außer der Überschrift „Eidesstattliche Erklärung" - keine allgemeingültige Textvorschrift.

<u>Textbeispiele:</u>

Ich (Wir) erkläre(n) hiermit an Eides statt, dass ich (wir) die vorliegende Arbeit (entsprechend der ausgewiesenen Verantwortlichkeit) selbständig und ohne Benutzung anderer als der angegebenen Hilfsmittel angefertigt habe(n).
Die aus fremden Quellen direkt oder indirekt übernommenen Gedanken als solche kenntlich gemacht.
Die Arbeit wurde bisher in gleicher oder ähnlicher Form weder veröffentlicht noch einer anderen Prüfungsbehörde vorgelegt.

Ort, Datum, Unterschrift(en)

Ich erkläre hiermit an Eides statt, dass ich die vorliegende Arbeit selbständig und nur unter Verwendung der angegebenen Hilfsmittel und Quellen und angefertigt habe.
Die Zustimmung des Untersuchungsbetriebes zur Verwendung betrieblicher Unterlagen habe Ich eingeholt.
Die Arbeit wurde bisher in gleicher oder ähnlicher Form keiner anderen Prüfungsbehörde vorgelegt und auch noch nicht veröffentlicht.

Ort, Datum, Unterschrift

> Ich erkläre hiermit, dass ich zur Anfertigung der vorliegenden Arbeit keine anderen als die angegebenen Quellen und Hilfsmittel und keine nichtgenannte fremde Hilfe in Anspruch genommen habe. Mir ist bekannt, dass eine unwahrheitsgemäße Erklärung als Täuschung gilt.
>
> Ort, Datum, Unterschrift

4.13 Thesen

Thesen sollen in präziser und knapper Form die Kernaussagen zum wissenschaftlichen Neuheitswert (den Erkenntnisfortschritt) einer Graduierungsarbeit aufzeigen. Sie widerspiegeln einen persönlichen Standpunkt des Verfassers, der auf den in der Arbeit dargestellten Untersuchungen und Beweisführungen beruht.

Die Thesen sollten nicht mehr als zwei (z.B. Masterarbeit) bis ca. vier Seiten (Dissertation) umfassen. Ist es möglich, Kernaussagen der Arbeit in einer (zentralen) graphischen Darstellung zu veranschaulichen, dann kann diese den Thesen hinzugefügt werden.

Im Kopf des Thesenpapiers werden die bibliographischen Daten zur Arbeit (entsprechend Abschnitt 4.4) angegeben. Die Thesen sind den Pflichtexemplaren lose beizulegen.

<u>Vom **Inhalt** her</u> sind Thesen eng verwandt mit Aussagen, wie sie im zusammenfassenden Abschnitt der Arbeit erwartet werden (s. Abschnitt 3.3). In den Thesen sind die erzielten Ergebnisse und Erkenntnisse jedoch in einer weitaus <u>gedrängteren **Form**</u> zu formulieren.

Hinweise zur Abfassung von Thesen und Anregungen für thesenwürdige Aussagen enthält der Abschnitt 7.3.

5. Anregungen zur effektiven Arbeitsweise

5.1 Ein Thema wählen - oder akzeptieren

Die Wahl eines Themas impliziert i.d.R. zugleich die Wahl eines Betreuers, zumindest jedoch eines begrenzten Personenkreises, der für die Betreuung des Themas infrage kommt. Im Hinblick auf eine gute Betreuung ist es wichtig, dass das Thema auch den fachlichen Interessen Ihres Betreuers entspricht.

Im Vordergrund sollte allerdings für Sie die Wahl eines *Ihren* Interessen entsprechenden Themas stehen. Nur wenn die zwischenmenschliche Ebene absolut nicht übereinstimmt oder andere Faktoren gegen den fachlich kompetenten Betreuer sprechen (z.B. Überlastung, Unzuverlässigkeit) sollte Sie Ihre Themenwahl im Hinblick auf einen Ihnen genehmen Betreuer treffen.

Benötigen Sie ein Thema für eine externe Promotion, dann sind noch weitere Gesichtspunkte zu beachten (s. Abschnitt 5.1.4).

5.1.1 Wenn Sie das Thema wählen dürfen

Dürfen Sie sich Ihr Thema frei auswählen *oder* aus einer Angebotsliste entnehmen, dann sollten Sie sich bei der Wahl von folgende Aspekten leiten lassen:

- Welches Themengebiet oder welche Theorie interessiert Sie in besonderer Weise?
- Liegt Ihnen die Bearbeitung praxisbezogener Probleme oder neigen Sie eher zu theoretischen Betrachtungen?
- Können Sie persönliche Stärken und Fertigkeiten bei bestimmten Themen ausspielen? (z.B. Beherrschung von Fremdsprachen, Umgang mit kommerziellen, mathematischen oder statistischen Berechnungen, Fähigkeiten im Umgang mit dem Computer)
- Mit welchem Themengebiet sind Sie schon etwas vertraut, weil Sie sich bereits früher damit befasst haben (z.B. im Praktikum, in einem Beleg)?
- Gibt es eine allgemein interessierende, *aktuelle* Problematik durch deren Bearbeitung die Chancen auf einen Arbeitsplatz steigen?

- Können Sie bei der Bearbeitung einer bestimmten Problematik die Unterstützung bestimmter Unternehmen erwarten (z.B. des ehemaligen Praktikumsbetriebes oder des evtl. künftigen Arbeitgebers)?

> ⇒ **Bevorzugen Sie ein Thema bzw. Themengebiet**
> - **welches Ihren besonderen Interessen und Stärken entspricht und/oder**
> - **mit dem Sie einen Einstieg in Ihre künftige Tätigkeit vorbereiten.**

Bei völlig freier Themenwahl sollten Sie
- zunächst anhand der o.g. Aspekte ein **Themengebiet auswählen** und
- danach einen dafür kompetenten und daran interessierten **Betreuer suchen**.
  - → Erkunden Sie die Arbeits- bzw. Forschungsgebiete Ihrer Hochschullehrer (z.B. im Dekanat; sichten betreuter Graduierungsarbeiten, Dissertationen und Fachveröffentlichungen zum Themengebiet).
  - → Sprechen Sie mit verschiedenen möglichen Betreuern über das Thema und die evtl. Betreuung.

Ausgehend von der Vorauswahl des Themengebietes sollten Sie dann zielgerichtet vorgehen und sich durchaus auch einmal Ratschläge anderer einholen.

Es gilt, innerhalb des Themengebietes ein konkretes, in einer absehbaren Zeit bearbeitbares Thema zu finden, es als **Arbeitsthema** zu formulieren und möglichst **präzise abgrenzen**.

Bewährte Möglichkeiten zum Finden eines konkreten Themas sind:

- **Potentielle Betreuer nach Themenvorschlägen** auf dem ausgewählten Themengebiet **fragen**.
  - → Sie gewinnen an Entgegenkommen, wenn Sie selbst gleich Themenvorschläge anbieten.
- Durch den **Besuch von themenbezogenen Veranstaltungen** (z.B. Kolloquien, Tagungen) Anregungen holen.
- **Veröffentlichungen** zum gewählten Themengebiet nach Anregungen **durchforsten**:
  - -- Fachbücher und frühere Abschlussarbeiten in der Bibliothek sichten.
  - -- Aktuelle Artikel in der (Fach-)Presse lesen.
  - -- Im Internet mit entsprechenden Stich- und Schlagwörtern nach einschlägigen Veröffentlichungen suchen.

- **Eigene Praxiserfahrungen** (durch Praktikum oder berufliche Tätigkeit) **nutzen** und neue Ideen entwickeln (z.B. zur Gewinnung, Gestaltung oder Weiterentwicklung von Produkten, zur Gestaltung von Prozessabläufen, für neuartige Problemlösungen).
- **Beziehungen zu Unternehmen oder Institutionen nutzen** oder über Bekannte (z.B. Absolventen) knüpfen, um eine Aufgabenstellung für die Abschlussarbeit zu erhalten oder bei Unternehmen bzw. Institutionen nach Problemstellungen einfach fragen.
- Gemeinschaftliche **Ideensuche mit Brainstorming** oder **Mind-Mapping** (zusammen mit hilfsbereiten Seelen).

Haben Sie eine Auswahl getroffen, dann sollten Sie vor der endgültigen Entscheidung

- sich anhand der aktuellen Fachliteratur einen groben Überblick über den „Stand der Dinge auf dem betreffenden Gebiet verschaffen,
  (Welche Probleme stehen an? Worüber wird diskutiert? Wer führt die Diskussion?)
- klären, ob Sie Zugang zu evtl. benötigten Praxispartnern, Daten, Spezialliteratur u.dgl. haben und
- mit der Aufgabenstellung das Thema so eingrenzen, dass es für Sie „fassbar" ist und in der verfügbaren Zeit erfüllt werden kann.

  → Analysieren und spezifizieren Sie Ihr Thema mit Hilfe der Systematischen Heuristik (Abschnitt 2).

Generell gilt:

- **Das Thema muss der betreffenden Graduierungsarbeit würdig sein und**
- **Ihr Betreuer muss der Themenwahl zustimmen.**

5.1.2 Wenn Sie ein zugewiesenes Thema akzeptieren müssen

Wird Ihnen ein Thema zugeteilt, so haben Sie mitunter ein Problem, ein psychologisches, – wenn Sie nicht besonders begeistert davon sind. Ihre vorrangigste Aufgabe besteht dann darin, sich mit dem Thema anzufreunden, es zu akzeptieren und sich innerlich damit zu identifizieren. Nur so können Sie es mit Erfolg bearbeiten.

- *Doch wie damit „anfreunden"?*

Bemühen Sie sich schnellstmöglich um ein **zunächst unverbindliches Kontaktgespräch** mit dem Themensteller (der Studieneinrichtung oder des Praxispartners), um seine Vorstellungen zur Themenbearbeitung, zu den Schwerpunkten und der Zielstellung der Arbeit zu erkunden. Sicher werden Sie bei dieser Gelegenheit auch Hinweise zur Literatur und zu evtl. Gesprächspartnern erhalten.

Solange die Aufgabenstellung nicht „amtlich" sanktioniert ist, haben Sie noch Möglichkeiten auf das Thema Einfluss zu nehmen.

- Wird Ihnen zunächst **nur ein Themengebiet oder ein grob umrissenes Thema** vorgegeben, das noch einzugrenzen ist, dann besteht Spielraum für das Festlegen der Aufgabenstellung.
- Handelt es sich jedoch um **eine bereits ausformulierte Aufgabenstellung**, so ist es schwierig aber nicht unmöglich, diese in eine Richtung zu spezifizieren, die Ihnen mehr zusagt. Das wird Ihnen allerdings nur gelingen, wenn Sie sich mit der Aufgabenstellung eingehend auseinandergesetzt haben und dadurch den Themensteller mit sachlichen Argumenten von Ihren Vorstellungen überzeugen können.

Auch wenn es mitunter schwer fällt, machen Sie sich – gestützt auf die „eingefangenen" Informationen – mit der Problematik vertraut, bevor die Aufgaben- und Zielstellung „amtlich" festgelegt wird. Meist finden Sie doch noch interessante Aspekte des Themas.

<u>Empfehlung</u>:

> **Erkunden Sie die aktuellen Auffassungen** zum Themengebiet und den Standpunkt ihres Betreuers!
> (Gibt es dazu aktuelle Veröffentlichungen, Diskussionsbeiträge im Internet, abgeschlossene Graduierungsarbeiten, spezielle Lehrveranstaltungen, Vortragsskripte etc.?
> Was wissen Mitarbeiter und Fachkollegen Ihres Betreuers? Welche Literatur nutzt er?)

> **Analysieren Sie das Thema** bzw. die schon formulierte Aufgabenstellung mit Hilfe der Systematischen Heuristik (s. Abschnitt 2)!

> **Sammeln Sie Argumente** für die Spezifizierung der Aufgabenstellung nach Ihren Vorstellungen.

> **Entwickeln Sie eine erste Gliederung** für Ihre Arbeit, die auf den gewonnenen Erkenntnissen beruht. Sie zeigt dem Betreuer, wie tief Sie sich bereits mit der Thematik befasst haben und wie Sie an die Lösung der Aufgabenstellung herangehen wollen.

Wenn Sie so vorbereitet in die Diskussion mit Ihrem Betreuer gehen, in der die Aufgaben- und Zielstellung „amtlich" festgelegt wird, dann können Sie mit Sicherheit noch eigene Vorstellungen einbringen.

- Wird Ihnen die **Aufgabenstellung zugeteilt, ohne dass Sie darauf Einfluss nehmen können**, dann sollten Sie sich so schnell und so gut wie möglich mit dem Thema vertraut machen. Eine ablehnende Haltung schadet nur dem Ergebnis Ihrer Arbeit.

Die interessanten Seiten eines Themas zeigen sich meist erst mit dem tieferen Eindringen in eine Problematik und dem Verfolgen der dazu geführten aktuellen Diskussionen.

5.1.3 Wenn es Meinungsverschiedenheiten gibt

Unabhängig davon, wie Sie zu Ihrem Thema gekommen sind, können Meinungsverschiedenheiten mit dem Betreuer zur Art und Weise der Lösung der Aufgabenstellung entstehen. Wenn Sie sich mit Ihrem Betreuer nicht einigen können, Sie sich aber der Richtigkeit Ihrer Auffassung sicher sind, dann lassen Sie sich nicht verbiegen!

Vertreten und begründen Sie in Ihrer Arbeit den Standpunkt, von dem Sie überzeugt sind!
Es sind *Ihre* Arbeitsergebnisse und *Sie* müssen sie vor dem Prüfungsausschuss verteidigen.
Jeder Gutachter erkennt normalerweise das mutige Vertreten eines eigenen **begründeten** Standpunktes an und bewertet es ggf. sogar höher als das „sichere" Einlenken in eine vor gegebene Richtung.

5.1.4 Wenn Sie als Externer promovieren möchten

Als externer – und damit arbeitsrechtlich vom Doktorvater unabhängiger – Promovend können Sie zwar relativ frei agieren und sich Ihrem Thema widmen. Dafür müssen Sie jedoch weitgehend selbst die Bedingungen für die Promotion klären und mit einigen, gegenüber dem internen Promovenden bestehenden, Nachteilen zurechtkommen.
Nachteilig sind meist der fehlende Kontakt zu „Mitstreitern" und Fachkollegen, das recht lose Betreuungsverhältnis zum Doktorvater und die begrenzten Gelegenheiten, an wissenschaftlichen Veranstaltungen auf dem Fachgebiet (z.B. Kolloquien, Tagungen, Verteidigungen) teilzunehmen.

Im Prinzip sind Sie als Externer ein „Einzelkämpfer", der weitgehend alles im Alleingang bewältigen muss. Es ist wichtig, sich darüber von Anfang an im Klaren zu sein!

Neben dem privat und beruflich abzusichernden Freiraum für die Arbeit an der Dissertation muss der Promotionswillige sich um die **Klärung von drei Voraussetzungen** bemühen:

- ein dissertationswürdiges **Thema**,
- einen kompetenten **Doktorvater** und
- die **Finanzierung** des Vorhabens.

Außerdem sollte der „Einzelkämpfer" über mögliche **Arbeitserleichterungen** nachdenken.

Grundsätzlich sollten Sie zuerst das Thema bzw. ein Themengebiet wählen und erst dann dafür den Doktorvater suchen (und sich nicht von einem Doktorvater ein Thema aufdrücken lassen das Ihnen nicht liegt und mit dem Sie sich dann jahrelang herumquälen müssen).

(1) Thema finden

Der Wille zur Promotion entsteht normalerweise aus dem Bestreben zur beruflichen Weiterentwicklung. Um dabei Ihre beruflichen Kenntnisse und Erfahrungen einbringen zu können sollten Sie sich unbedingt für **eine Thematik aus Ihrem beruflichen Umfeld entscheiden**.

Das bietet Ihnen zwei Vorteile:

a) Sie können in Ihrem Beruf weiter tätig sein.
b) Sie erhöhen Ihre Chancen, einen Doktorvater zu finden, denn der Hochschulprofessor ist i.d.R. daran interessiert, seine Forschungsergebnisse mit fundiertem praxisbezogenen Wissen zu vervollkommnen.

Die Chancen auf die Übernahme einer Betreuung sind daher groß, wenn Ihre Thematik mit den Interessen bzw. dem Forschungsgebiet eines Hochschullehrers harmoniert.
Die im Abschnitt 5.1.1 enthaltenen Anregungen zur Themenfindung gelten im Prinzip auch für den Externen. Darüber hinaus können Sie ein interessantes Thema finden, wenn Sie
nach Fördermöglichkeiten für eine Dissertation suchen (s. hierzu **(3) Finanzierung**).

(2) Doktorvater finden

⇒ **Nutzen Sie Ihre Kontakte – oder schaffen Sie welche!**

- *Welche Kontaktpersonen existieren in Ihrem Umfeld? Wer könnte Ihnen helfen?*
  - Der ehemalige Betreuer Ihrer Diplomarbeit/Masterarbeit.
    Er hilft Ihnen sicher; entweder selbst oder mit einer nützlichen Empfehlung.
  - Ehemalige Kommilitonen,
    die jetzt an irgend einem Lehrstuhl einer Hochschule arbeiten.
  - Professoren/Dozenten,
    die als (wissenschaftliche) Berater irgend einem Gremium angehören, das in irgend einer Weise mit der Einrichtung (Unternehmen, Institut) Ihres Chefs zu tun hat.
  - Beruflich Vorgesetzte, Geschäftspartner, Mitglieder Ihres Sportclubs o.dgl.,
    die Beziehungen zu einer Hochschule besitzen bzw. an einer lehren.

- *Wo und wie Kontakte neu schaffen?*
  > Erkunden Sie das Forschungsprofil der Ihrem Thema entsprechenden Lehrstühle an den Hochschulen (über Internet, Bücher, Fachveröffentlichungen etc.).
  Im Prinzip können Sie bei jedem Lehrstuhl anfragen, in dessen Aufgabenbereich Ihr Thema fällt. Mehr als eine Absage kann Ihnen nicht widerfahren.

  > Machen Sie beim Besuch einer wissenschaftlichen Veranstaltung in der anschließenden Diskussion den Referent auf sich aufmerksam.

  > Suchen Sie bei der Teilnahme an einem Lehrgang das Gespräch mit dem vortragenden Wissenschaftler/Fachmann.
  u.dgl.m.

⇒ **Zaghaftigkeit hilft Ihnen nicht weiter und Anfragen kostet nichts – bestenfalls eine Absage, mitunter aber auch eine nützliche Weitervermittlung**

Darüber hinaus können Sie im Internet mit Suchsystemen wie Google Institutionen finden, die Ihnen bei der Suche eines Doktorvaters helfen.

→ Hüten Sie sich jedoch vor obskuren Anbietern von „Promotionsberatungen", die oft ins Ausland führen und/oder auf einen Titelhandel hinauslaufen. Überprüfen Sie die Informationen anhand anderer Quellen.

Ist der Draht zu einem potentiellen Doktorvater hergestellt, dann sollten Sie sich gewissenhaft auf das erste Gespräch vorbereiten. (s. Abschnitt 2.3 Exposé)
Notwendig für ein erstes Gespräch sind klare Vorstellungen darüber,

- **welche Problematik Sie mit welchem Ziel bearbeiten wollen**
- in welchem **Zeitraum** das geschehen soll und
- wie das ganze **finanziell abgesichert** werden soll.

(3) Finanzierung

Als Externer müssen Sie i.d.R. sich selbst um die finanzielle Absicherung Ihres Vorhabens kümmern. Das erfordert zunächst einige Mühe und Aufwand, doch es gibt reale Chancen. Eine Vielzahl von Förderinstitutionen können Sie im Internet finden. Die folgenden Adressen stellen nur eine Auswahl dar. Über Suchsysteme wie Google können Sie weitere Förder-möglichkeiten aufspüren.
Wenn Sie etwas Passendes finden und sich bewerben, dann sollten Sie sich allerdings darüber im Klaren sein, dass Sie ein Bewerber von Tausenden sind.
Ihre Chancen stehen jedoch gut, wenn Sie etwas zu bieten haben und das in Ihrem Exposé überzeugend verkaufen (s. hierzu Abschnitt 2.3, insbes. 2.3.2).
Beachten Sie dabei unbedingt die jeweiligen Richtlinien der betreffenden Förderinstitution!

Internetadressen von Förderinstitutionen (Stand Mai 2012)

- Bundesverband Deutscher Stiftungen   http://www.stiftungen.org/index.php?strg=87_124&baseID=129
  - → Überblick über in Deutschland tätige Stiftungen
- Deutscher Akademischer Austauschdienst (DAAD)
  http://www.daad.de/deutschland/foerderung/02055.de.html
  - → Überblick über die Stipendien vergebenden Institutionen
- Deutsche Forschungsgemeinschaft (DFG)   http://www.dfg.de/gk
  - → Info über die Einrichtung von Graduiertenkollegs
- Friedrich-Ebert- Stiftung / FES in Deutschland   http://www.fes.de
  - → Info zum Bewerbungsverfahren (http://www.fes.de/sets/s_stuf.htm)
- Hanns-Seidel-Stiftung   http://www.hss.de
  - → Info über Bewerbung zur Promotionsförderung
- Hans-Böckler-Stiftung   http://www.boeckler.de/459.html
  - → Info zur Promotionsförderung

- Heinrich-Böll- Stiftung / Suchwort: Promotion http://www.boell.de
  → Info zur Bewerbung um ein Promotionsstipendium
- Hildegardis-Verein http://www.hildegardis-verein.de
  → Info zur Förderung von Frauenstudien in Deutschland
- Konrad-Adenauer-Stiftung http://www.kas.de/wf/de/42.36
  → Info zur Graduiertenförderung
- Stiftung der Deutschen Wirtschaft (SDW) http://www.sdw.org/studienfoerderwerk
  → Info zur Initiativbewerbung von .... Promovierenden aller Fachbereiche und Hochschularten
- Studienstiftung des deutschen Volkes http://www.studienstiftung.de/selbstbewerbung.htm
  → Info über die Möglichkeit zur Selbstbewerbung für bestimmte Stipendienprogramme

(4) Arbeitserleichterungen

● *Wie die Arbeit erleichtern? Was ist erlaubt, was nicht?*

Erlaubt ist alles, **was den Inhalt Ihrer Arbeit *nicht* unmittelbar beeinflusst**, z.B.:

- Beratungen und Hinweise bei der Themensuche, der Literaturauswahl, der Zeit- und Terminplanung des Arbeitsablaufes, zur Gestaltung von Tabellen und Abbildungen,
- Hilfe bei der Literaturrecherche und -beschaffung, bei Datenbankrecherchen, statistische Berechnungen,
- Diskussionen/Gedankenaustausch zu Entwürfen, Gliederungen, Zwischenergebnissen,
- „Technische" Unterstützung bei der Erstellung der Dissertation, wie Schreiben der Arbeit, Zusammenstellung der Exemplare zum Binden etc.,
- Hilfestellung bei der Präsentation der Ergebnisse.

Nicht erlaubt ist alles, was den Inhalt der Arbeit beeinflusst, z.B.:

- das Auswerten der Literatur,
- das Be- oder Überarbeiten von Inhalten,
- das Auswerten von Untersuchungsergebnissen,
- das Ableiten von Schlussfolgerungen.

<u>**Empfehlung**</u>: Bei Unsicherheit über erlaubte/unerlaubte Inanspruchnahme von Hilfen mit dem Doktorvater abstimmen.

5.2 Verfügbare Zeit einteilen

Es hat sich bewährt, nach Kenntnis der Aufgabenstellung, die Verwendung der verfügbaren Zeit grob zu disponieren. Dabei sind alle wesentlichen Arbeitsschritte – von der Präzisierung der Aufgabenstellung bis zum Abgabetermin der Pflichtexemplare – zu berücksichtigen. Das Ergebnis wird in einem **terminierten Arbeitsplan** ausgewiesen (s. Abb. 5/12).

Außer dem Zeitaufwand für die „kreativen Arbeitsschritte" (s. Abschnitt 3.4), muss hinreichend Zeit für die sachlich-logische und formelle Endbearbeitung (Abschnitt 7.4) eingeplant werden. Unterschätzt wird oft der Zeitaufwand für

- das abschließende inhaltliche Überprüfen des Textes,
- eine gründliche Endkontrolle auf Einhaltung der formalen Anforderungen und
- das körperliche Fertigstellen abgabereifer Exemplare der Arbeit.

⇒ **Um Zeit zu gewinnen, sollten Sie sich *nicht* erst dann mit Ihrer Aufgabenstellung näher beschäftigen, wenn die dafür vorgesehene Bearbeitungszeit „läuft".**
Vieles können Sie schon vorher klären bzw. einleiten!

5.2.1 Durch „Vorarbeiten" Zeit gewinnen

Die Bearbeitungszeit für Graduierungsarbeiten ist begrenzt. Dadurch sind diese meist unter hohem Zeitdruck zu bewältigen. Überlegen Sie deshalb, was Sie schon **vor Beginn des** Ihnen vorgegebenen **Bearbeitungszeitraums** (und ggf. auch noch während der Arbeitsphase am Thema **vorausschauend**) erledigen können!

● *Was können und sollten Sie vorausschauend tun?*
Überprüfen Sie Ihre Aktivitäten anhand der folgenden Checkliste!

☐ Haben Sie sich **mit den generellen Anforderungen** an eine wissenschaftliche Arbeit **vertraut** gemacht? (s. Abschnitt 1.1)

☐ Haben Sie sich einen allgemeinen **Überblick über Ihr Themengebiet verschafft**?

☐ Sind Ihnen effiziente **Suchstrategien im Internet vertraut** und haben Sie die wichtigsten Informationsquellen für das Themengebiet aufgespürt?

☐ Haben Sie bereits **Material zum Themengebiet gesammelt** und katalogisiert?

- ☐ Sind Sie mit den ggf. anzuwendenden **Untersuchungsmethoden vertraut**?
- ☐ Ist geklärt, **wo** Sie (wann) **konzentriert arbeiten** können:
  zu Hause bzw. im Internat / in der Bibliothek / im Untersuchungsbetrieb?
- ☐ Steht die benötigte **Hard- und Software zur Verfügung**?
  (Computer, Drucker; Office-Paket incl. Datenbank; Internetzugang)
- ☐ Wird deren **Nutzung** hinreichend **beherrscht**? (insbes. Textsystem, Grafik, Datenbank)
- ☐ Stehen Duden, (Fach-)Lexika, Fremdwörterbuch und Synonymwörterbuch zur Verfügung?
- ☐ Ist das benötigte Büromaterial beschafft?
  (Ordner, Notiz- und Druckerpapier; Stifte, Textmarker; ggf. Karteikarten)
- ☐ Sind die **Nutzungsmöglichkeiten der Bibliothek(en)** hinreichend bekannt?
  (Öffnungszeiten, Ansprechpartner, Ausleihebedingungen usw.)
- ☐ Sind Sie mit der Handhabung der zur Verfügung stehenden **Recherche-Werkzeuge vertraut?** (Kataloge, elektronischen Medien)
- ☐ Wurden die *Literaturbeschaffungsmöglichkeiten (incl. Fernleihe, Internet) erprobt*?
- ☐ Haben Sie auszuleihende **Literatur rechtzeitig bestellt**? (z.B. Vormerkung für spezielle Fachliteratur, Fernleihe)
- ☐ Wurden **Kontakte mit Praxispartnern**/Forschungseinrichtungen aufgenommen?
  Sind Kontaktmöglichkeiten, Untersuchungsbedingungen und Arbeitsmöglichkeiten geklärt?
- ☐ Haben Sie **vorausschauend Termine vereinbart**? (für Befragungen und Untersuchungen in Unternehmen, Teilnahme an Beratungen, Übernahme von Dokumenten etc.)
- ☐ Wurde die Möglichkeit einer (Vor-)**Absprache mit dem Themensteller** (Praxis- und/oder Hochschulbetreuer) genutzt?
- ☐ Haben Sie einen groben **Zeitablaufplan entworfen**?

→ Darüber hinaus können Sie anhand einer Grobgliederung mit der inhaltlichen Bearbeitung Ihrer Aufgabenstellung beginnen, noch bevor die Materialbeschaffung (Literatur, Dokumente, Analyseergebnisse u.dgl.) vollständig abgeschlossen ist.

5.2.2 Bedingungen für Zeit- und Terminplanung beachten

An die verschiedenen wissenschaftlichen Abschlussarbeiten werden unterschiedlich hohe *inhaltliche* und *qualitative* Anforderungen gestellt, die von den Hochschulbetreuern der Graduierungsarbeiten bei der Themenvergabe bzw. -annahme zu verantworten sind. Diese unterschiedlichen Ansprüche spiegeln sich wider in den jeweils verfügbaren Bearbeitungszeiten und zulässigen Seitenzahlen für die verschiedenen Abschlussarbeiten (s. Anlage 1).

Im Ergebnis der Umsetzung der des Beschlusses der Kultusministerkonferenz von 2003 sind gegenwärtig Graduierungsarbeiten möglich, für die i. allg. folgende Bearbeitungszeiten als **Orientierung** gelten:

- Bachelorarbeit   i.d.R. 2 bis 3 Monate   - Masterarbeit   i.d.R. 6 Monate
- Diplomarbeit   i.d.R. 6 Monate   - Dissertation   i.d.R. 3 bis 4 Jahre

Vor allem die Zeitvorgaben für die Bachelor- und Masterarbeiten variieren von Hochschule zu Hochschule und innerhalb dieser zwischen den Fakultäten und Studiengängen. Beachten Sie deshalb die in der Studienordnung der Fakultät bzw. die vom Betreuer genannte Bearbeitungszeit bei der Terminplanung!

I.d.R. sind das frei verfügbare Zeiträume. Mit der Einführung der Bachelor- und der Masterstudiengänge gibt es allerdings auch Zeitvorgaben die für die Anfertigung der Abschlussarbeit bei *fortlaufendem* Studienbetrieb gelten.
Damit entstehen ähnliche Bedingungen wie für den Promovenden, der „nebenher" seinen
Beruf ausübt und/oder ein Doktoratsstudium absolviert.

Die nachfolgend aufgeführten Arbeitsschritte sind allgemeingültig. Die symbolisch dargestellten Arbeitspläne (Abbildungen 5/1 und 5/2) veranschaulichen

- eine **allgemeingültige Struktur des Bearbeitungsablaufs** und

- **allgemeine Relationen des Zeitaufwandes**, der für die wesentlichsten Arbeitsschritte benötigt wird.

Sie müssen den gegeben Bedingungen angepasst werden.

- *Wann „lohnt" sich eine Zeit- und Terminplanung?*

Für die Anfertigung von **Masterarbeiten** (mit verfügbarer Bearbeitungszeit > 3 Monate) und **Dissertationen** sollte unbedingt der Bearbeitungsablauf geplant und der Arbeitsfortschritt kontrolliert werden, um rechtzeitig reagieren zu können.

Von Nutzen ist die Planung des Arbeitsablaufs auch

- wenn „nebenher" andere Aufgaben wahrzunehmen sind (bei fortlaufendem Studienbetrieb, berufliche Tätigkeit) und
- wenn das Thema bereits im Laufe des Studiums (Orientierung bei Bachelor- und Masterstudiengängen) gewählt werden kann bzw. soll.

⇒ **Grundsätzlich lohnt sich eine Zeit- und Terminplanung ab einer verfügbaren Zeitspanne von etwa 3 Monaten.**

5.2.3 Arbeitsschritte im Zeitablauf planen

⇒ Beginnen Sie mit der **Terminplanung für Ihre Abschlussarbeit so früh wie möglich**, spätestens jedoch, wenn das Thema bestätigt ist und die „Uhr läuft".

- *Welche Arbeitsschritte sind für eine Terminplanung signifikant?*
  Was ist jeweils zu tun?

Betrachten Sie die folgenden Auflistungen im

- Absatz (1) **für umfangreichere Abschlussarbeiten** (Master-, Diplom-, Doktorarbeit) und
- Absatz (2) **für Bachelorarbeiten**

als Orientierung und Anregung!

Nicht alles trifft für jede Aufgabenstellung zu. Außerdem hängt das Gewicht einiger Schritte von Art und Umfang der Arbeitsaufgabe ab. **Wählen Sie das aus, was Ihnen weiterhilft!** Durch

- rechtzeitiges Einplanen von Aktivitäten, die einen längeren Zeitvorlauf erfordern (z.B. Auslösen von Fernleihen, Anbahnen von Konsultationen, Vereinbaren von Praxisuntersuchungen u.dgl.) und
- das Nutzen von Möglichkeiten zur zeitlich parallelen Bearbeitung von Aufgaben,

können Sie „Totzeiten" vermeiden und den Arbeitsablauf insgesamt rationeller gestalteten.

Im Absatz (1) wird zunächst die Terminplanung im umfassenden Sinne für Abschlussarbeiten mit einer verfügbaren Bearbeitungszeit von mind. 6 Monaten (**Master-, Diplom-, Doktorarbeit**) behandelt.
Eine Hilfestellung zur Disposition des zeitlichen Arbeitsablaufs bieten Ihnen das in Abb. 5/1 dargestellte Beispiel.

Im Absatz (2) wird ein mögliches Vorgehen bei der Abfassung einer **Bachelorarbeit** dargestellt. Obwohl dafür in der Regel nur zwei bis drei Monate zur Verfügung stehen, sollte nicht auf eine zumindest vereinfachte Terminplanung verzichtet werden. Betrachten Sie die im Absatz (2) und Abb. 5/2 enthaltenen Hinweise als Orientierung für diese Bedingungen.

Beachten Sie folgende Hinweise bei der Terminplanung:

> Das Verwenden der verfügbaren Zeit wird **ausgehend vom verbindlichen Abgabetermin** geplant!
> Anhand einer solchen Übersicht können Sie stets erkennen, wie Sie „in der Zeit liegen"!

> Die „geistig-schöpferischen Phasen" der Themenbearbeitung erfordern oft einen iterativen Arbeitsablauf und deshalb mitunter ein **Anpassen der Termine an den Arbeitsfortschritt**.

> Es ist sinnvoll, vor der abschließenden Überarbeitung und Endkontrolle des Manuskripts eine **Atempause** einzulegen, um Abstand zu gewinnen.
> Außerdem können **technisch-organisatorische Pannen** im Arbeitsablauf eintreten, wie Verzögerungen bei der Literatur- und/oder Datenbeschaffung (z.B. Interviewpartner verschieben den Termin), technische Probleme beim Schreiben, Kopieren oder Binden der Arbeit.
> Deshalb sollten Sie unbedingt eine **Zeitreserve berücksichtigen!**

→ Bei umfangreicheren und bei Gemeinschafts-Arbeiten lohnt es sich, die **Netzplantechnik** zu **nutzen** und einen terminierten Arbeitsablauf mit CPM (Critical Path Method) zu entwerfen (z.B. bei Dissertationen, Forschungsaufgaben).

⇒ **Kontrollieren Sie kontinuierlich Ihren Arbeitsfortschritt anhand des Terminplanes!!**

(1) **Terminplanung für umfangreichere Abschlussarbeiten** (s. Abb. 5.1)

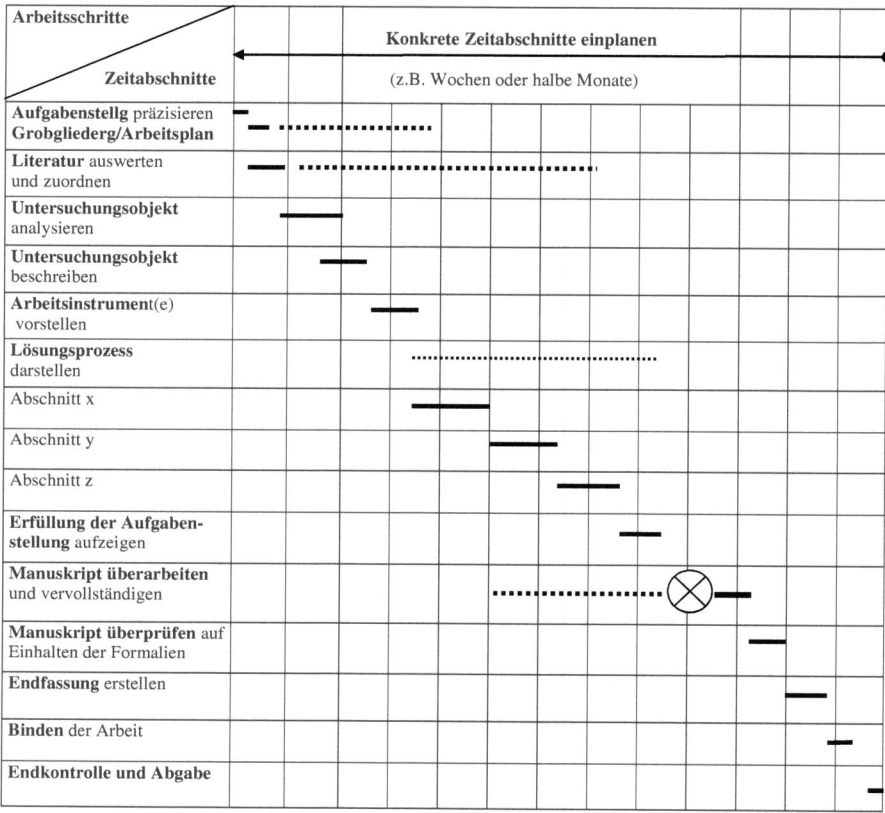

Abb. 5/1: Terminierter Arbeitsplan (Beispiel für umfangreichere Abschlussarbeiten)

■ **Vorbereitende Arbeiten**

1. **Aufgabenstellung analysieren und präzisieren** (s. Abschnitt 2)
    → ggf. **Exposé** erstellen

    > Allgemeine Literatur- und Materialsammlung zum Themengebiet
    (kursorisch lesen, grob auswählen)

> Überprüfen der Aufgabenstellung und der Anforderungen an das Ergebnis der Arbeit, evtl. Konkretisieren der Vorgaben (Abstimmen mit Betreuer und ggf. Auftraggeber)

> Ermitteln der für die Lösung der Aufgabenstellung notwendigen und gegebenen Voraussetzungen (Was wird benötigt und was ist bereits vorhanden?)

> Erfassen der Umstände, die die Bearbeitung der Aufgabenstellung wesentlich beeinflussen (z.B. verfügbarer Zeitraum, Untersuchungs- und Befragungsmöglichkeiten)

> Ableiten der zu klärenden Fragen und (Teil-)Probleme

> Zerlegen der Aufgabenstellung in Teilprobleme mit Teilzielen

> (Vor-)Auswahl geeigneter Theorien, Methoden, Verfahren, Modelle etc. und/oder technischer Instrumente für die Problemlösung

> Abgrenzen des Themas in Verbindung mit der Präzisierung der Aufgabenstellung

> Erarbeiten einer **Grobgliederung**

> Entwerfen eines **terminierten Arbeitsplanes**

> Erstellen eines **Exposés**

> Entwerfen der **Einleitung** (als Leitfaden für das weitere Vorgehen)

2. Fachliteratur beschaffen und auswerten (s. Abschnitte 6.1 und 6.2)

> Erarbeiten eines Überblicks über die Literatur zum Themengebiet

> Auswahl der für das Bearbeiten der Problematik geeignet erscheinenden Literatur

> Notieren des interessierenden Gedankengutes in Form von Exzerpten und Konspekten

> Ergänzen der Notizen mit Bemerkungen für die weitere Themenbearbeitung (z.B. erkannte Fragestellungen und Problemfelder, entstandene Ideen)

> Kritisches verarbeiten des gewonnenen Überblicks über die aktuellen Auffassungen und beziehen eines eigenen Standpunktes

> Zuordnen des zu verwertenden Materials zu den Gliederungspunkten

3. **Untersuchungsobjekt analysieren** (s. Abschnitt 5.3.6)

    > Erfassen des Ist-Zustandes, insbes. der Mängel und Schwachstellen

    > Beschaffen weiterer Informationen (z.B. interne Dokumente) und Daten

    > Klären von Fragen durch Untersuchungen, Interviews, Teilnahme an Tagungen, Lehrgängen etc. (incl. Anfertigung von Berichten, Protokollen, Mitschriften u.dgl.)

    > Ableiten von Schlussfolgerungen für die Themenbearbeitung

    > Zuordnen des Materials zu den Gliederungspunkten

■ **Hauptabschnitte der wissenschaftlichen Abhandlung erarbeiten**
(incl. Entwurf der die Aussagen unterstützenden Abbildungen, Tabellen, Anlagen etc.)

4. **Untersuchungsobjekt beschreiben** (s. Abschnitt 3.2.2)

    > Darstellen des Objektes bzw. Aufgabengebietes oder zu lösenden Problems
    (z.B. ein *Produkt*, ein *Instrument*, ein *Funktionsbereich*, ein *Optimierungsproblem*)

    > Beschreiben der durch Untersuchungen gewonnenen Erkenntnisse über das Objekt
    (z.B. allgemeine Ausgangssituation, Problemlage)

    > Darstellen der bestehenden Theorien und Auffassungen zur anstehenden Problematik und ableiten eines eigenen Standpunktes

    > Kritische Diskussion der Untersuchungsergebnisse aus theoretischer Sicht

    > Ableiten von Schlussfolgerungen für das Bearbeiten der Aufgabenstellung

5. **Arbeitsinstrumente vorstellen** (s. Abschnitt 3.2.3)

    > Aufzeigen der Instrumente, die sich *generell* zur Lösung der Aufgabenstellung eignen
    (z.B. *Theorien, Methoden, Modelle, Vorgehensweisen, technische Mittel*)

    > Bewerten der Eignung für die Lösung der Aufgabenstellung (Vor- und Nachteile)

    > Darstellen der/s ausgewählten Instrumente/s

    > Begründen der getroffenen Auswahlentscheidung(en)

    > Ableiten von Schlussfolgerungen für das Bearbeiten der Aufgabenstellung

6. **Lösungsprozess darstellen** (s. Abschnitt 3.2.4)
   (Ggf. Behandeln der Problemlösung in mehreren Abschnitten, in denen jeweils der Lösungsprozess für ein Teilproblem dargestellt wird.)

   > Analysieren des Erkenntnisstandes bzw. vorgefundenen Zustandes aus der Sicht anderer Wissensdisziplinen, neuer Modelle, Methoden und Verfahren u.dgl.

   > Anwenden der gewählten Instrumente zur effektiveren Gestaltung des Untersuchungsobjektes bzw. zum Lösen des Problems *oder* Erproben und weiterentwickeln eines Instruments für die gegebenen Bedingungen

   > Werten der gewonnenen Erkenntnisse

   > Entwickeln und begründen eigener Ideen und neuer Lösungen

   > Ableiten von Schlussfolgerungen für die Theorie, für die praktische Nutzung der Ergebnisse und ggf. für die weitere Bearbeitung des Themas

   > Zusammenfassen der wichtigsten Ergebnisse eines Abschnitts

   > Ggf. Aufzeigen von Auswirkungen der vorgeschlagenen Lösung(en) auf andere (nicht zu untersuchende) Aufgabengebiete und Vorschläge zu deren Überwindung

7. **Erfüllung der Aufgabenstellung aufzeigen**

   > Darstellen der wesentlichsten Ergebnisse und Erkenntnisse (s. Abschnitt 3.3.1)
   (Erkenntnisfortschritt darlegen, zusammenfassende Schlussfolgerungen ziehen, Ausblick geben zur weiterführenden Bearbeitung des Themas)

   > Aufzeigen des (ökonomischen) Nutzens der Arbeit (s. Abschnitt 3.3.2)

   > Erarbeiten der Thesen (s. Abschnitt 7.3)

   → Atempause / **Zeitreserve** berücksichtigen

■ **Abschließende Arbeiten**

8. **Manuskript überarbeiten und vervollständigen** (s. Abschnitt 7.4, Abs. 1 und 2)

    > Überarbeiten des vollständig vorliegenden Entwurfs im Hinblick auf die „Stimmigkeit" der Ausführungen im Gesamtzusammenhang und den Darlegungsstil

    > Festlegen der **endgültigen Gliederung**

    > Anfertigen des **Vorwortes** und der endgültigen Fassung der **Einleitung**

    > Endbearbeiten von **Tabellen**, **Abbildungen**, **Anlagen** und **Thesen**

    > Aufstellen und überprüfen der **Verzeichnisse**
    (Inhalt, Literatur, Abkürzungen, Formelzeichen, Abbildungen, Tabellen, Anlagen)

    > Ggf. **Abstract** erstellen

9. **Manuskript auf das Einhalten der formalen Anforderungen und Erwartungen überprüfen** (s. Abschnitt 7.4, Abs. 3), insbesondere

    > Überprüfen der Ausführungen auf **Orthographie, Grammatik** und **Interpunktion**
    (maßgebend ist die jeweils aktuelle Ausgabe des DUDEN)

    > Überprüfen der **Gliederungsangaben und -hinweise** im Text

    > Überprüfen der **Literaturangaben/Quellennachweise** sowie der richtigen **Wiedergabe von Zitaten**, **Zahlenangaben**, **Abkürzungen**, **Fußnoten**

    > Überprüfen des **äußeren Erscheinungsbildes** des maschinenschriftlichen Manuskripts

    > **Korrekturlesen durch einen Außenstehenden** (inbes. Orthographie, Grammatik, Interpunktion, Gliederungsangaben und -hinweise im Text, Schreibfehler)

10. **Endfassung erstellen und abgeben** (s. Abschnitt 7.4, Abs. 4 und 5)

    > „Druckreife" Anfertigung der Abbildungen, Tabellen und Anlagen

    > Schreiben, Durchsicht und Korrektur der Endfassung

    > Binden der Arbeit

    > Endkontrolle und Abgabe der Arbeit

(2) **Terminplanung für Bachelorarbeiten**

Gegenwärtig bestehen im deutschsprachigen Raum recht unterschiedliche Auffassungen über die inhaltlichen und formellen Anforderungen an eine Bachelorarbeit.
Im Grunde handelt es sich bei der (oft mit einer praxisorientierter Aufgabenstellung verbundenen Bachelorarbeit um eine *anwendungsorientierte* entweder vorwiegend **theoretisch-analytische** oder vorwiegend **empirische** Arbeit mit einem Theorieanteil und Aussagen zum methodischen Vorgehen.
Die Vorbereitung auf die Lösung der Aufgabenstellung beinhaltet daher in jedem Fall das Beschaffen, Ordnen und Auswerten von **Literatur**. Bei einer praxisbezogenen Aufgabenstellung wird dieser Prozess ergänzend begleitet vom Analysieren eines **Untersuchungsobjektes** (s. Abschnitt 3.2.2).

Im Sinne einer progressiven Ausrichtung der Anforderungen wird im Folgenden (s. Abb. 5/2) davon ausgegangen, dass für die Erarbeitung einer Bachelorarbeit

- i.d.R. 3 Monate zur Verfügung stehen, in denen
- in Verbindung mit der **Erhebung von Daten und/oder Informationen** nach bewährten Methoden (vgl. Abschnitt 5.3.6)
- die Erfüllung eines kleinen, eingegrenzten **Forschungsauftrages**

gefordert ist.

Die Ergebnisse der Arbeit können auf den **aus der Literatur** gewonnen **Erkenntnissen beruhen** *und / oder* durch **eigene Untersuchungsergebnisse** begründet sein.

■ <u>Vorbereitende Arbeiten</u>

1. **Aufgabenstellung** analysieren und **präzisieren** (s. Abschnitt 2),   [ca. 1,5 Wochen]
   insbesondere

   > Allgemeine Literatur- und Materialsammlung zum Themengebiet
   (kursorisch lesen, grob auswählen)

   > Überprüfen der Aufgabenstellung und der Anforderungen an das Ergebnis der Arbeit
   (abstimmen mit Hochschul-Betreuer und ggf. Praxis-Auftraggeber)

> Abgrenzen des Themas in Verbindung mit der präzisierten Aufgabenstellung

> Erarbeiten einer **Grobgliederung**

> Entwerfen eines **terminierten Arbeitsplanes**

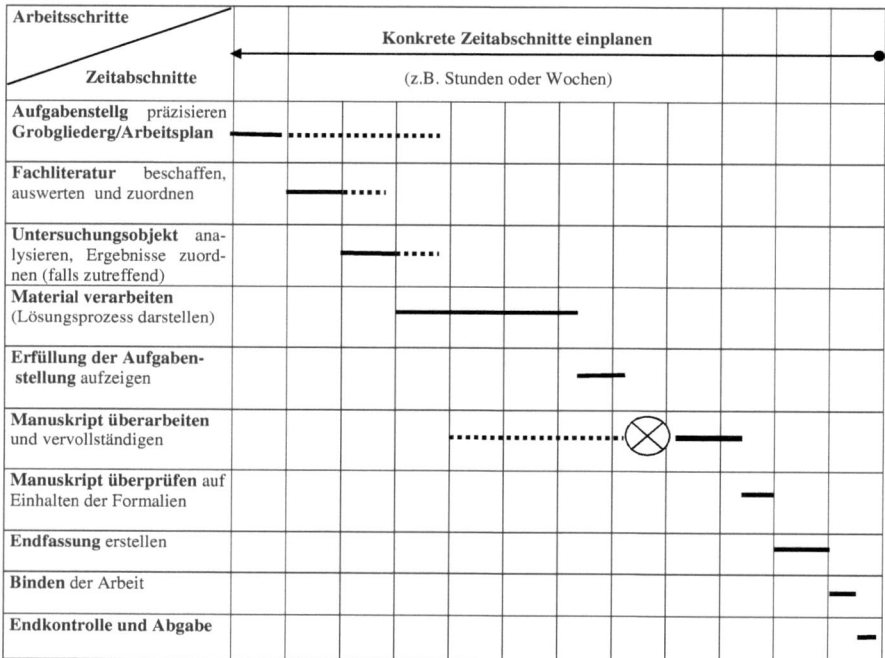

Abb. 5/2: Terminierter Arbeitsplan für Bachelorarbeiten (Beispiel)

2. Informationen beschaffen und auswerten [ca. 2,5 Wochen]

a) **Fachliteratur** zum Thema beschaffen, sichten und ordnen (s. Abschnitte 6.1 und 6.2)

> Auswahl der für das Bearbeiten der Problematik geeignet erscheinenden Literatur

> Notieren des interessierenden Gedankengutes in Form von Exzerpten/Konspekten

> Zuordnen des zu verwertenden Materials zu den Gliederungspunkten

b) Untersuchungsobjekt analysieren [falls zutreffend] (s. Abschnitt 5.3.6)

> Erfassen des Ist-Zustandes, insbes. der Mängel und Schwachstellen

> Beschaffen weiterer Informationen (z.B. interne Dokumente) und Daten

> Klären von Fragen durch Untersuchungen und Interviews
  (incl. Anfertigung von Notizen, Mitschriften u.dgl.)

> Ableiten von Schlussfolgerungen für die Themenbearbeitung

> Zuordnen des Materials zu den Gliederungspunkten

3. **Untersuchungsobjekt analysieren** (s. Abschnitt 5.3.6)

> Erfassen des Ist-Zustandes, insbes. der Mängel und Schwachstellen

> Beschaffen weiterer Informationen (z.B. interne Dokumente) und Daten

> Klären von Fragen durch Untersuchungen, Interviews, Teilnahme an Tagungen, Lehrgängen etc. (incl. Anfertigung von Berichten, Protokollen, Mitschriften u.dgl.)

> Ableiten von Schlussfolgerungen für die Themenbearbeitung

> Zuordnen des Materials zu den Gliederungspunkten

■ **Der wissenschaftliche Arbeitsprozess**   [ca. 5,0 Wochen]

4. **Material verarbeiten** (Lösungsprozess darstellen)

> Kritisches verarbeiten des gewonnenen Materials (aus Literatur und ggf. Praxis) unter Nutzung wissenschaftlicher Instrumente (Theorien, Modelle, Methoden, Verfahren u.dgl.) und beziehen eines eigenen Standpunktes

> selektives Literaturstudium zu offenen Fragen und bestimmten Problemen

> Ableiten von Schlussfolgerungen für das Lösen der Aufgabenstellung

> Zusammenfassen der wichtigsten Ergebnisse

> Verfeinern/Präzisieren der Gliederung

> Zusammenstellen der ausgewerteten Literatur, Vorbereiten von Abbildungen, Tabellen und Anlagen

5. **Erfüllung der Aufgabenstellung aufzeigen**

   > Vorstellen, diskutieren und kritisches Bewerten der Ergebnisse
   (z.B. vor Kommilitonen, sachkundigen Bekannten)

   > Darstellen der wesentlichsten Ergebnisse und Erkenntnisse (s. Abschnitt 3.3.1)
   (Erkenntnisfortschritt darlegen, zusammenfassende Schlussfolgerungen ziehen)

   > Aufzeigen des (ökonomischen) Nutzens der Arbeit (s. Abschnitt 3.3.2)

   > Erarbeiten der Thesen (s. Abschnitt 7.3)

   → Atempause / **Zeitreserve** berücksichtigen

■ **Abschließende Arbeiten**

6. **Manuskript überarbeiten und/vervollständigen** [ca. 1,5 Wochen]
   (Abschnitt 7.4, Abs. 1 und 2)

   > Überarbeiten des vollständig vorliegenden Entwurfs im Hinblick auf die „Stimmigkeit"
   der Ausführungen im Gesamtzusammenhang und den Darlegungsstil

   > Festlegen der **endgültigen Gliederung**

   > Anfertigen des **Vorwortes** und der **Einleitung**

   > Endbearbeiten von **Tabellen**, **Abbildungen**, **Anlagen** und **Thesen**

   > Aufstellen und überprüfen der **Verzeichnisse**
   (Inhalt, Literatur, Abkürzungen, Formelzeichen, Abbildungen, Tabellen, Anlagen)

   > Ggf. **Abstract** erstellen

7. **Manuskript auf das Einhalten der formalen Anforderungen und Erwartungen
   überprüfen** (s. Abschnitt 7.4, Abs. 3) [ca. 0,5 Wochen]

   > Überprüfen der Ausführungen auf **Orthographie, Grammatik** und **Interpunktion**
   (maßgebend ist die jeweils aktuelle Ausgabe des DUDEN)

   > Überprüfen der **Gliederungsangaben und -hinweise** im Text

   > Überprüfen der **Literaturangaben/Quellennachweise** sowie der richtigen **Wiedergabe
   von Zitaten**, **Zahlenangaben**, **Abkürzungen**, **Fußnoten**

> Überprüfen des **äußeren Erscheinungsbildes** des maschinenschriftlichen Manuskripts

> **Korrekturlesen durch einen Außenstehenden** (insbes. Orthographie, Grammatik, Interpunktion, Gliederungsangaben und -hinweise im Text, Schreibfehler)

8. **Endfassung erstellen und abgeben**   (s. Abschnitt 7.4, Abs. 4 und 5)   [ca. 2 Wochen]

> „Druckreife" Anfertigung der Abbildungen, Tabellen und Anlagen

> Schreiben, Durchsicht und Korrektur der Endfassung, Binden der Arbeit

> Endkontrolle und Abgabe der Bachelorarbeit

5.3 Methodische Hinweise zum Arbeitsstil

Neben dem Einteilen der verfügbaren Zeit für die notwendigen Arbeitsschritte, bieten

- die Art und Weise, **wie** Sie die Arbeiten ausführen sowie
- die inhaltliche und organisatorische Vorbereitung auf die Bearbeitung Ihrer Aufgabenstellung (s. Abschnitt 5.2)

beachtliche Möglichkeiten zur effektiven Nutzung Ihres Zeitfonds. Sie dienen zugleich der Qualität Ihrer Arbeit.

Einen oft unterschätzten Einfluss auf die Effektivität des Arbeitsstils haben die gegebenen **Arbeitsbedingungen**. Sie **sollten** unbedingt **vorab geklärt werden**.

Darüber hinaus erweist es sich meist als Gewinn an Zeit und Qualität, wenn Sie erst einmal Zeit aufwenden,

- um den Standpunkt Ihres Betreuers zum Themengebiet, auf dem Ihr Thema angesiedelt ist, zu erkunden,
- um zuverlässige Informationen beim Praxispartner gezielt erfassen und
- um die Meinung anderer zu den von Ihnen entwickelten Gedanken kennen zu lernen.

Dazu einige Anregungen.

5.3.1 Arbeitsbedingungen/-möglichkeiten klären

> **Klären Sie rechtzeitig,** *wo* **Sie für einige Zeit relativ ungestört arbeiten können.**
> - <u>Privat</u>: Stimmen Sie sich in der Familie bzw. mit dem „Zimmerteiler" im Internat ab.
> - <u>Bibliothek</u>: Meist bieten die Fachbibliotheken hierzu ausgezeichnete Möglichkeiten.
> - <u>Untersuchungsobjekt</u>: Bei einer praxisbezogenen Thematik sollten Sie die betreffende Einrichtung um einen Ihnen stets zur Verfügung stehenden Arbeitsplatz bitten, an dem Sie die erfassten Informationen zeitnah „verarbeiten" können. I.d.R. kann Ihnen Ihr Hochschulbetreuer via Praxisbetreuer hierbei helfen.

Die Entscheidung über den vorrangig genutzten Arbeitsort hängt mitunter von den jeweils verfügbaren Arbeitsmitteln ab.

> **Klären Sie rechtzeitig,** *welche Arbeitsmittel* **Sie benötigen und wo Sie Ihnen zur Verfügung stehen.**

Neben dem Arbeitstisch geht es heutzutage primär um die verfügbare Computertechnik, den Internetzugang, spezifische Anwendungsprogramme (insbes. Textverarbeitungssystem) sowie mitunter ein Datenbanksystem und/oder ein Tabellenkalkulationssystem.

> → In den Lesesälen der Hochschulbibliotheken ist es heute allgemein erlaubt, mit dem eigenen Notebook zu arbeiten. Dadurch wird es (ohne manuelles Aufzeichnen auf Karteikarten o.dgl.) möglich, die interessierenden Informationen sofort flexibel auswertbar zu erfassen.
> Das gilt sowohl für das Aufzeichnen der Informationen über die Literaturquellen (s. Abschnitt 6.2, Abs. 1.2) als auch für das Notieren des interessierenden Gedankengutes (s. Abschnitt 6.2, Abs. 2.2). Nutzen Sie hierzu entweder ein Textverarbeitungssystem oder legen Sie („eleganter") Ihre Informationen multivalent auswertbar in eine Datenbank ab.

> **Klären Sie die** *termingerechte Verfügbarkeit* **von Arbeitsort und Arbeitsmittel.**

Nach dem Entwurf Ihres terminierten Arbeitsplanes (s. Abschnitt 5.2.2) sollten Sie unbedingt absichern, dass die benötigten Arbeitsbedingungen Ihnen auch termingerecht zur Verfügung stehen bzw. Ihre Arbeitsplanung den Gegebenheiten anpassen.

5.3.2 Zeit ergebnisorientiert nutzen

> **Überlesen Sie** *abgeschlossene Abschnitte* **noch einmal!**

Nach Beenden eines (Unter-)Abschnitts sollten Sie die bisherigen Ausführungen erneut im Gesamtzusammenhang betrachten. Sie werden dabei feststellen, dass neben dem Erkennen verbesserungsbedürftiger Stellen oft noch ein zusätzlicher Effekt auftritt:

Ihnen kommen weitere Ideen und Gedanken sowohl zu den bisherigen Darlegungen, als auch zu den noch zu bewältigenden Abschnitten der Arbeit.

> **Schreiben Sie *am Ende eines Arbeitstages* auf, wie es weitergehen soll!**
> **Das Hirn ist noch angeregt und angefüllt mit vielen Gedanken.** Retten Sie diese!
> - Notieren Sie <u>Stichworte</u> für die *weitere Bearbeitung des betreffenden Abschnittes*.
> - Halten Sie die <u>Gedanken</u> für die *Bearbeitung nachfolgender Abschnitte* fest.
>
> Ohne diese Gedankenstützen fällt es am nächsten Tag meist schwer, die Bearbeitung der Problematik zielgerichtet fortzusetzen (Gedankensuche erforderlich).

> **Lesen Sie *vor der Weiterarbeit nach einer Ruhephase* zunächst nochmals das Geschriebene** (oder den letzten Abschnitt) und überarbeiten Sie es ggf. sofort!
> Dabei werden Sie zwei Effekte erleben:
> - Das Betrachten und Bewerten des zuletzt Geschriebenen in ausgeruhtem Zustand führt oft zu neuen Einsichten und Ideen.
> - Durch das „Einlesen" wird der Denkprozess für die Weiterarbeit angekurbelt.

> **Schreiben Sie neue, *für die Zusammenfassung und Schlussfolgerungen relevante Gedanken* sofort auf** oder kennzeichnen Sie den Text am Rand!

> **Legen Sie *Pausen* (Arbeits- oder Esspausen) *nicht nach der Uhrzeit* ein**, sondern
> - erst nach Abschluss eines Abschnitts, zumindest jedoch
> - nach vollständiger Abarbeitung eines zusammenhängenden Gedankengangs.
>
> → **Auch hier Stichworte notieren für die Fortsetzung der Arbeit nach der Pause!**

5.3.3 Arbeitsmaterial aufbereiten (Näheres s. Abschnitt 6.2 Absatz (2))

> Alle auszuwertenden Materialien (Exzerpte, Protokolle, Untersuchungsberichte u.dgl.) sollten Sie grundsätzlich mit den bibliographischen Angaben der Quelle und mit Suchbegriffen zum Inhalt versehen (die nunmehr die Funktion von „Schlüsselwörtern" haben). Sobald eine Grobgliederung vorliegt, sind diese Dokumente mit den Gliederungspunkten der Abschnitte zu kennzeichnen, für die die betreffenden Aussagen verwendet werden können.

> Vor der Bearbeitung jedes Gliederungspunktes ist es dann möglich,

   - die Dokumente den Gliederungsabschnitten zuzuordnen,
   - deren Inhalt für eine konzentrierte gedankliche „Einstimmung" auf die jeweilige Teilproblematik zu nutzen,
   - sinnvolle weitere Untergliederungen des betreffenden Abschnitts zu erkennen und
   - ggf. über andere mögliche Zuordnungen zu entscheiden (z.B. Herausnehmen von Teilaussagen für neue oder andere Gliederungspunkte).

> Darüber hinaus erleichtert ein solches Vorgehen die Quellenangabe in der Arbeit und die abschließende Überprüfung der Korrektheit des Literaturnachweises.

5.3.4 Begriffsklarheit schaffen

Wesentliche Elemente wissenschaftlichen Arbeitens sind das Argumentieren, das Begründen und Ableiten von Auffassungen sowie das Ziehen von Schlussfolgerungen. Bestehende Auffassungen und Theorien müssen sinnvoll miteinander verknüpft und ggf. mit Untersuchungsergebnissen verglichen werden, um daraus einen eigenen Standpunkt und eigene Schlussfolgerungen abzuleiten.

Das wird häufig erschwert, weil in Literatur und Praxis oft

   - ein gleicher Sachverhalt mit unterschiedlichen Begriffen belegt ist oder
   - einem Begriff unterschiedliche Bedeutungsinhalte beigemessen werden.

Für ein rationelles Arbeiten und nachvollziehbares Argumentieren ist es deshalb wichtig, von vornherein einen eigenen Standpunkt zum Bedeutungsinhalt solcher Begriffe zu schaffen und klarzustellen, in welchem Sinne der Begriff in der Arbeit verwendet wird.
Auch ungebräuchliche oder relativ neue (Fach-)Begriffe sollten Sie erläutern. *Selbst* geprägte Begriffe sind unbedingt exakt zu definieren, ggf. in einer (vorläufigen) Arbeitsdefinition.

   → Das Klarstellen oder Definieren von Begriffen sollten Sie in einer Fußnote vornehmen. Im Text würde die Erläuterung den Gedankenfluss zerstören.

5.3.5 Auffassung des Betreuers erkunden

Für das zielstrebige Bearbeiten einer Aufgabenstellung ist es nützlich, den Standpunkt der potentiellen Gutachter, insbesondere des Betreuers, zum betreffenden Themengebiet zu erkunden. Der erforderliche Zeitaufwand dient der Qualität Ihrer Arbeit! Sie können erkennen, wo Sie anderer Auffassung sind und wo Übereinstimmung besteht. Das erleichtert Ihnen erheblich das Argumentieren beim Abfassen Ihrer eigenen Gedanken.

Es geht keineswegs darum, Ihre Lösung im Sinne der Auffassung Ihres Betreuers zu entwickeln und ihm mehr oder weniger beizupflichten, obwohl Sie anderer Auffassung sind. Im Gegenteil, wenn Sie ihren (ggf. davon abweichenden) Standpunkt mit neuen Ideen und in Auseinandersetzung mit seinen Argumenten überzeugend begründen, dann können Sie nur gewinnen, – die Achtung und Wertschätzung eines Betreuers und Gutachters, der „über den Dingen steht".

⇒ **Vertreten Sie in Ihrer Graduierungsarbeit unbedingt die Auffassung, von der Sie überzeugt sind!**

● *Was tun, um sich mit der Auffassung des Betreuers vertraut zu machen?*

> Erkunden Sie, an welchen Fragen und Problemen Ihr Betreuer arbeitet und mit welchem Forschungsprojekt er sich befasst.

> Lesen Sie die jüngsten Veröffentlichungen von ihm. Entnehmen Sie daraus,
>   - womit er sich besonders beschäftigt und
>   - zu welchen Fragen des Themas er welchen Standpunkt bezieht.

> Besuchen Sie seine Vorlesungen, (Spezial-)Seminare oder den Forschungszirkel des Betreuers. Dadurch
>   - lernen Sie seine Auffassungen näher kennen und
>   - bekunden Sie ihm Ihr Interesse.

> Nehmen Sie Einsicht in einige der von ihm betreuten, gut bewerteten Arbeiten. Stellen Sie fest, worauf er Wert legt und was ihm nicht gefällt.

> Nutzen Sie *in einem angemessenen Umfang* die Möglichkeiten zur Konsultation Ihres Betreuers.

⇒ **Verwenden Sie dieses Wissen auch bei der Vorbereitung auf eine offensive Verteidigung Ihrer Arbeitsergebnisse vor dem Prüfungsausschuss.**

5.3.6 Informationen beim Praxispartner erfassen

Vor allem bei praxisbezogenen Graduierungsarbeiten ist es erforderlich, persönlich „vor Ort" Informationen einzuholen.
Besonders geeignet hierfür sind (angesichts der damit verbundenen persönlichen Kontakte)

(1) das Interview (die mündliche Befragung)

(2) die Teilnahme an (Problem-)Beratungen, (Dienst-)Besprechungen u.dgl. sowie

(3) Untersuchungen und Beobachtungen im Untersuchungsobjekt.

Nur bedingt zu empfehlen ist

(4) die Erfassung von Informationen ausschließlich per Fragebogen.

Wesentlich für den Erfolg der Informationsbeschaffung ist die gründliche Vorbereitung. Auch hier führt der Aufwand für die Vorbereitung letztlich zu einem Gewinn an Zeit und Qualität.

- *Wie worauf vorbereiten?*

(1) Das Interview

> Notieren Sie sich zunächst stichwortartig alle Fragen und Probleme, auf die Sie eine Antwort suchen.

> Überlegen Sie dann, wer für welche Fragen als Interviewpartner geeignet ist.

> Erstellen Sie anschließend eine auf den jeweiligen Gesprächspartner bezogene Liste mit konkreten, präzise formulierten Fragestellungen.

> Bereiten Sie Ihren Fragebogen so vor, dass Sie während des Interviews die Antworten den Fragen übersichtlich zuordnen können.

> Vereinbaren Sie Gesprächstermine und informieren Sie den Gesprächspartner vorweg über Themenbereich und den Zweck der Befragung.

Es ist sinnvoll, zunächst mit alternativen Fragen (für Ja/Nein-Antworten) zu beginnen, um die Diskussion auf das Feld einzugrenzen, welches Sie interessiert und dann mit gezielten Fragen fortzusetzen, zu denen Ihr Gesprächspartner „frei" berichten kann.

Denken Sie daran, dass der Leiter eines Aufgabengebietes zwar den besten Überblick besitzt, aber oft nicht weiß (obwohl er es zu wissen glaubt), wie eine bestimmte Arbeit im Detail ausgeführt wird (worauf es Ihnen gerade ankommt). Wenden Sie sich deshalb auch an die ausführenden Mitarbeiter!

⇒ **Dokumentieren/Ergänzen und „Verwerten" Sie möglichst zeitnah die erfassten Informationen!**

(2) Die Teilnahme an Beratungen und Besprechungen

Wenn Sie für ein Unternehmen oder eine Institution eine Lösung für einen umstrittenen Sachverhalt erarbeiten sollen und als Außenstehender erkennen wollen,

- worum es bei diesem Meinungsstreit eigentlich geht, wo **objektiv** „der Schuh drückt",
- welche Auffassung (objektiv, subjektiv) wer und warum dazu vertritt,

dann streben Sie die Teilnahme an entsprechenden (Problem-)Beratungen und (Dienst-)Besprechungen an!

Auch hierauf sollten Sie sich vorbereiten, um ggf. mit gezielten Fragen in die Diskussion eingreifen zu können. Einen effektiveren informativen Zugang zur Problematik in einem Untersuchungsobjekt gibt es kaum. Außerdem erkennen Sie die Ansatzpunkte für evtl. notwendige tiefer gehende Untersuchungen.

Sichern Sie sich unbedingt eine Kopie des Beratungs- bzw. Besprechungsprotokolls, unabhängig von Ihren eigenen Notizen!

(3) Die Informationserfassung per Fragebogen

Eine Fragebogenaktion kann, im Hinblick auf die Verlässlichkeit der damit erfassten Informationen, nur als Vorbereitung auf nachfolgende (ausgewählte) Interviews bzw. abschließende Gespräche empfohlen werden.

Sollten Sie sich für eine Fragebogenaktion entscheiden (z.B. angesichts des Umfangs des zu untersuchenden Aufgabengebietes oder der Tiefe der Untersuchungen), dann beherzigen Sie folgende Empfehlungen:

> Bereiten Sie den Fragebogen noch sorgfältiger vor als den für ein Interview. Das gilt besonders für
- die Auswahl der Fragen und Probleme
- die Auswahl der zu Befragenden und
- die präzise Formulierung der Fragestellungen.

Die per Fragebogen „unpersönlich" erfassten Informationen können durch missverstandene Fragen, unterschiedliche Auslegungsmöglichkeiten etc., aber auch durch ein etwas „legeres" Beantworten der Fragen wertgemindert sein.

> Formulieren sie einfache, kurze Fragen.
> Stellen Sie eingangs geschlossene, das Fragefeld eingrenzende/begrenzende Fragen und lassen Sie erst am Ende des Fragebogens durch offene Fragen dem Mitteilungsbedürfnis freien Lauf.
> Vermeiden Sie Fremdwörter und Abkürzungen und verwenden Sie nur allgemein bekannte Fachbegriffe.
> Bauen Sie „Kontrollfragen" ein.
> Stellen Sie eine Frist bis zur Abgabe des Fragebogens.
> Erproben Sie Ihren Fragebogen erst einmal in einem kleineren Kreis, um Auslegungsmöglichkeiten und missverständliche Formulierungen vorweg zu erkennen.
> Führen Sie anhand des ausgereiften Fragebogens eine persönliche Anleitung der zu durch und erläutern Sie Zweck und Ziel der Befragung.
> Staffeln Sie die Abgabetermine, werten Sie die zuerst abgegebenen Fragebogen sofort aus und sparen Sie nicht mit Rückfragen. Das spricht sich schnell herum. Die Befragten müssen spüren, dass die Antworten geprüft und gewissenhaft ausgewertet werden!

(4) Untersuchungen und Beobachtungen im Untersuchungsobjekt

Zur Lösung einer praxisbezogenen Aufgabenstellung, die für ein Unternehmen, eine Institution o.dgl. zu entwickeln ist, sind Untersuchungen oder zumindest Beobachtungen im Untersuchungsobjekt unerlässlich.

Genügen Beobachtungen, dann versuchen Sie diese zu dokumentieren (z.B. Protokolle von Multi-Moment-Aufzeichnungen, Skizzen, Fotos, Audio- oder Videoaufnahmen).

Diese dem Nachweis dienenden Dokumente müssen der wissenschaftlichen Arbeit in einer ihr angemessenen, nachprüfbaren Form beiliegen.

Sind neue Lösungen für inner- oder zwischenbetriebliche Abläufe zu entwickeln, dann werden eingehende Untersuchungen erforderlich (insbesondere Studium von Unterlagen, persönliche Befragung von Mitarbeitern, Beobachtungen, Teilnahme an Beratungen und Besprechungen).

Ziel ist das korrekte Erfassen des Ist-Zustandes des betreffenden (betriebswirtschaftlichen) **Prozessablaufs.**

- *Wie ist es möglich, als Außenstehender den Ist-Zustand korrekt zu erfassen?*

⇒ **Betrachten Sie Ihr Untersuchungsobjekt** (Unternehmen, Institution etc.) **als System, das von den Informationsbeziehungen zwischen seinen Teilsystemen „lebt".**

In einem Unternehmen z.B. funktionieren die betriebswirtschaftliche Prozesse durch den Informationsaustausch zwischen seinen Funktionsbereichen bzw. Aufgabengebieten.

Die Korrektheit eines erfassten Sachverhalts können somit Sie stets – parallel zur Erfassung des Ist-Zustandes – anhand eines Informationsmodells überprüfen.

Hierzu eignet sich z.B. das *SADT-Aktivitätenmodell* (SADT – Structured Analysis and Design Technique) in modifizierter Form.

Das zu untersuchende Objekt wird als *System* mit Beziehungen zur „Umwelt" aufgefasst (Abb. 5/3). Zur Modellierung der Informationsbeziehungen in diesem System werden lediglich zwei grafische Darstellungsmittel verwendet.

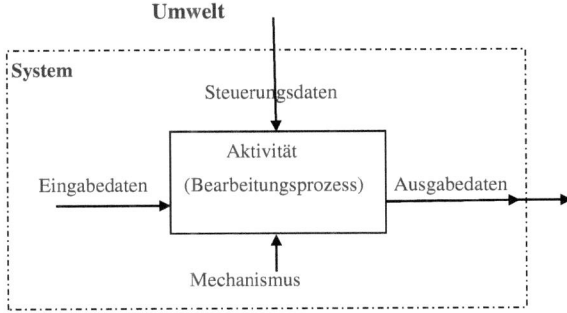

Abb. 5/3 SADT-Aktivitätenmodell (Prinzipdarstellung)

Rechtecke kennzeichnen die *Aktivitäten* (Funktionen, Bearbeitungsprozesse) des Systems.

Pfeile symbolisieren das Fließen von *Daten* zwischen den Aktivitäten bzw. zwischen Aktivitäten und der Systemumwelt. Sie stehen aber auch für zu beachtende Voraussetzungen und/oder Bedingungen (Steuerungsdaten, Mechanismus).

Die **Eingabedaten** (von anderen Aktivitäten erhaltene oder aus Dateien abgerufene Daten) werden im Bearbeitungsprozess verbraucht bzw. zu **Ausgabedaten** transformiert.

Die **Steuerungsdaten** (z.B. gesetzliche Bestimmungen, Organisations- und Arbeitsanweisungen u.dgl.) beeinflussen den Bearbeitungsprozess.

Über den „**Mechanismus**" wird die Art und Weise der Bearbeitung der Daten bestimmt (z.b. vom Sachbearbeiter, rechnergestützt unter Nutzung eines Anwendungsprogramms).

Für die Aufzeichnung der Informationsverbindungen innerhalb des zu untersuchenden „Systems" und zur „Umwelt" genügt ein *sinngemäßes* Anwenden von SADT:

- Die zu untersuchenden „Systeme" (z.B. betriebswirtschaftliche Aufgabengebiete) sind strukturiert und lassen sich in „Teilsysteme" zerlegen.
- Diese Systeme und Teilsysteme erfüllen bestimmte (betriebswirtschaftliche) Funktionen. Das setzt den Informationsaustausch zwischen ihnen und der „Umwelt" voraus.
- Der innerbetriebliche Datenaustausch erfolgt über Dateien, in die entstandene Daten abgelegt werden und auf die (meist von anderen Funktionen) wieder zugegriffen wird. Für die Darstellung dieser Datenbestände wird das Dateisymbol verwendet (Abb. 5/4).
- Mit der Nummerierung der Daten wird grob die logische Abfolge des Datenflusses gekennzeichnet.

Eine solche grafische Darstellung hat sich hervorragend bewährt, um

- die Informationsbeziehungen zwischen den (betriebswirtschaftlichen) Funktionen zu veranschaulichen und dadurch
- nicht richtig erfasste Sachverhalte und nicht exakte oder sich widersprechende Auskünfte zu erkennen.

Dieses Darstellungsprinzip kann auf verschiedenen Betrachtungsebenen angewendet werden, z.B.

- auf der Ebene des „Systems" **Unternehmen** untergliedert nach *Funktionsbereichen* wie Absatz, Beschaffung, Kostenrechnung;
- auf der Ebene des „Systems" **Funktionsbereich** untergliedert nach *Funktionsgebieten*;
- auf der Ebene des „Systems" **Funktionsgebiet** untergliedert nach auszuführenden *Funktionen/ Aufgaben*.

Bei einer gründlichen Analyse werden die interessierenden Aktivitäten (im Sinne der top-down-Vorgehensweise) nochmals eine Ebene tiefer betrachtet.

So kann z.B. das Aufgabengebiet „Angebotsbearbeitung" als System aufgefasst und in die Funktionen „Anfragebearbeitung", „Angebotserarbeitung", „Angebotsüberwachung" weiter untergliedert werden.

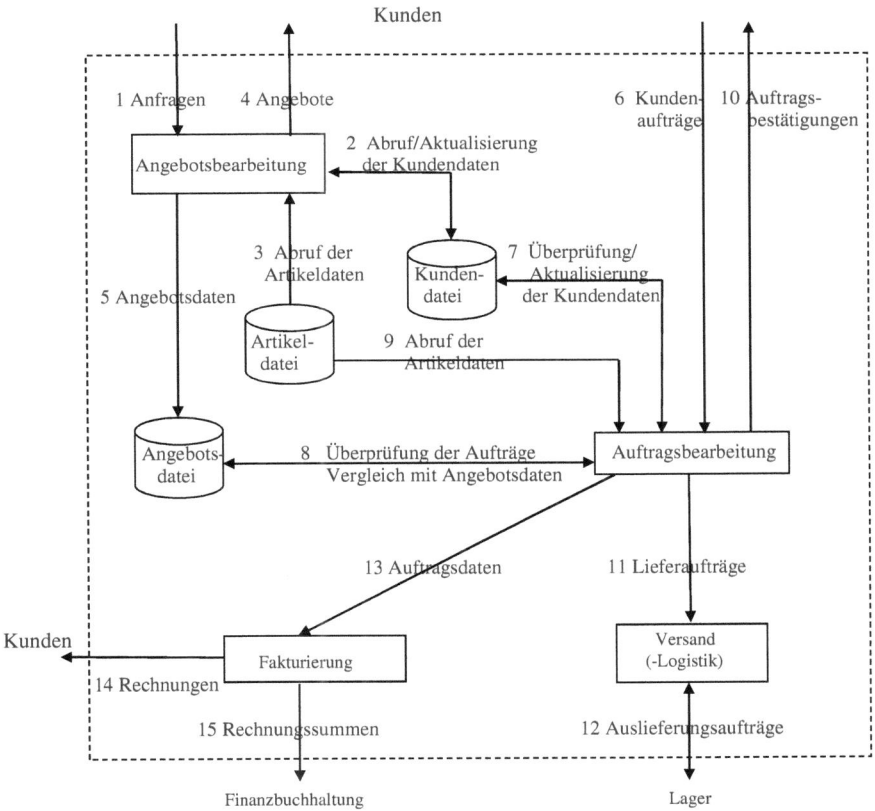

Abb. 5/4: Anschauungsbeispiel:
Informationsbeziehungen im „System" Kundenauftragsbearbeitung mit den Aufgabengebieten Angebotsbearbeitung, Auftragsbearbeitung, Fakturierung und Versanddisposition (vereinfachte Prinzipdarstellung)

■ **Das Betrachten des Untersuchungsobjektes als System und das Aufzeichnen der Informationsbeziehungen zwischen seinen Teilsystemen** (Abb. 5/4) **hilft Ihnen in mehrfacher Hinsicht.**

1. **Sie erkennen sofort Widersprüche und Lücken bei den erfassten Informationen**

   - Durch Eintragen der erhaltenen Auskünfte in eine solches Informationsmodell können Sie schnell erkennen, ob die (vom „Sender" und „Empfänger") erhaltenen Auskünfte übereinstimmen.
   - Darüber hinaus können Sie aufgrund Ihres erworbenen Sachverstandes feststellen, ob die (lt. Auskunft) an eine bestimmtes Aufgabengebiet weitergegebenen bzw. dort vorliegenden Informationen überhaupt ausreichen, um die betreffende (betriebswirtschaftliche) Funktion zu erfüllen.

   Das umgehende Überprüfen eines festgestellten Informationsdefizits durch Rückfrage bei den Auskunft Gebenden und der Nachweis, dass die erhaltene Auskunft nicht vollständig bzw. richtig sein kann, hat meist erstaunliche Auswirkungen auf das Auskunftsverhalten der Mitarbeiter des Unternehmens bei Ihren weiteren Untersuchungen.

2. **Sie erkennen offensichtliche Mängel und Schwächen des gegenwärtigen Prozessablaufs**

   Um neue, effektivere Lösungen zu entwickeln, ist es zunächst notwendig, die Mängel und Schwächen des bisherigen Prozessablaufs aufzudecken.

   Sind die Informationsbeziehungen zwischen den (betriebswirtschaftlichen) Funktionen korrekt und vollständig erfasst, dann können Sie am Modell z.B. erkennen,

   - ob die weitergegeben Informationen beim Empfänger überhaupt benötigt bzw. weiter verarbeitet werden oder
   - ob an anderer Stelle die gleiche Funktion bzw. Arbeitsaufgabe (meist auf andere Art und Weise) nochmals ausgeführt wird (Doppelarbeit).

   Oft wurden solche Regelungen in der Vergangenheit aus irgendeinem Anlass getroffen, der nicht mehr gegeben ist.

3. **Sie entwickeln neue Lösungen für Prozessabläufe an einem solchen Modell zielstrebiger und weniger fehleranfällig** (als mit „verbalem" Nachdenken)

   - Durch das optische veranschaulichen des Prozessablaufes werden grobe Denkfehler vermieden.
   - Die grafische Darstellung Ihrer Ideen zum neuen Prozessablauf bietet eine ausgezeichnete Diskussionsgrundlage (z.B. mit dem Praxispartner).
     Andere Vorstellungen (Wünsche, Forderungen) können bzgl. Ihrer Realisierbarkeit und Auswirkungen weitgehend am Modell überprüft werden.
   - Bei der Verteidigung Ihrer Arbeit erweist sich ein solche grafische Darstellung der entwickelten Lösung ebenfalls als hilfreich. Sie ermöglicht es Ihnen, Ihre Gedanken anschaulich und weitestgehend frei sprechend vorzutragen.

■ **Der Zeitaufwand für die graphische Darstellung der Informationsbeziehungen bei Prozessabläufen** (Ist-Zustand und oder Lösungsvorschlag) **erweist sich letztlich als Zeitgewinn. Er dient der Qualität des Arbeitsergebnisses und dem überzeugenden Auftreten bei der Verteidigung der Arbeit.**

5.3.7 Arbeitsergebnisse diskutieren

⇒ **Stellen Sie Ihre Auffassung zur Lösung der Aufgabenstellung und Zwischenergebnisse zur Diskussion!** Suchen Sie Möglichkeiten zum Gedankenaustausch.

Erwarten Sie nicht nur sachliche Hinweise und Denkanstöße. **Vor allem Widerspruch und Kritik sind Ihnen hilfreich!** Sie erhalten dadurch Anregungen

- *sowohl* zum Überdenken Ihrer bisherigen Vorstellungen
- *als auch* zum besseren Fundieren Ihrer Auffassung (Argumentation verstärken).

Bei **Bachelor-, Master- oder Diplomarbeiten** helfen schon Gespräche unter Kommilitonen und (sachkundigen) Bekannten. Handelt es sich um praxisbezogene Themen, dann sind die zuständigen Mitarbeiter des Unternehmens wichtigste Gesprächspartner, idealerweise im Rahmen einer Arbeitsberatung.

Bei **umfangreicheren wissenschaftlichen Arbeiten** (z.B. Dissertationen, Forschungsberichte) sollten Sie den Gedankenaustausch in Fachgremien suchen (z.B. Diskussionsbeiträge in Kolloquien, Vorträge auf Fachtagungen). Das führt – neben Denkanstößen und Anregungen durch Kritik und Widerspruch – zu einem weiteren Gewinn für Ihre Arbeit:

> ■ **Die Aufbereitung der eigenen Gedanken für einen Diskussionsbeitrag bzw. Vortrag erweist sich als nützlich für die Strukturierung der Arbeit und die logisch überzeugende Darlegung der Gedanken!**

Suchen Sie unbedingt den Gedankenaustausch mit dem Betreuer Ihrer Studieneinrichtung. Doch bereiten Sie sich mit gezielten Fragen auf das Gespräch vor und achten Sie darauf, dass Sie seine Zeit nicht über Gebühr in Anspruch nehmen.

> ■ **Auch der Zeitaufwand für die Diskussion Ihrer Arbeitsergebnisse wird sich als Zeitgewinn erweisen. Er dient der Qualität Ihrer Problemlösung und der Sicherheit Ihres Auftretens bei der Verteidigung Ihrer Arbeitsergebnisse.**

5.4 Möglichkeiten der Informations- und Kommunikationstechnologie nutzen

Anfertigen einer wissenschaftlichen Abschlussarbeit „mit Bleistift und Papier" – das war einmal. Die Computer- und Internetnutzung im Studium ist heute eine Selbstverständlichkeit.

An den Universitäten und Hochschuleinrichtungen steht eine größere Anzahl von Computerarbeitsplätzen zur freien und kostenlosen Nutzung zur Verfügung, die nicht nur mit den üblichen Windows-Programmen, sondern auch mit einem freien und kostenlosen Zugang zum Internet ausgestattet sind.
Darüber hinaus betreiben viele Hochschuleinrichtungen ein **WLAN** (**W**ireless **L**ocal **A**rea **N**etwork) im Rahmen des internationalen WLAN-Roaming-Verbundes Eduroam (**edu**cation **roam**ing). Über dieses Netz wird die mobile Versorgung der Studenten mit Netzwerkdiensten gewährleistet. Mit einem WLAN-fähigen Notebook kann das Funk-LAN der Hochschule genutzt werden, um auf das Campus-Netz und das Internet über ein Benutzerkonto (Benutzernamen und Passwort) zuzugreifen.

Die Nutzung des Computers sowie des Internets und weiterer Informationstechnologien prägt daher zunehmend das studentische Leben – bis hin zur *Art und Weise* des Herangehens an die Erarbeitung der wissenschaftlichen Abschlussarbeit (wofür an verschiedenen Einrichtungen auch Computerkabinen zur individuellen Nutzung bereitgestellt werden).

Die allgemeine Verfügbarkeit der heutigen Informations- und Kommunikationstechnologie erleichtert die geistig-schöpferische Tätigkeit bei der Abfassung einer wissenschaftlichen Abschlussarbeit. Viele der bisher mit Bleistift auf Papier notierten und später nochmals in den Computer eingegebenen Informationen können von Anfang an auf dem Computer erfasst dann rechnergestützt weiter verarbeitet werden.

5.4.1 Erfordernisse und Nutzen bei durchgängig rechnergestützter Arbeitsweise

Der Einsatz des Computers als nützliches Werkzeug für die Erarbeitung der Abschlussarbeit ist unter zwei Bedingungen bzw. Voraussetzungen hilfreich:

(1) **Wenn gute Kenntnisse und Fähigkeiten im Umgang mit der erforderlichen Hard- und Software vorhanden sind wird ein klarer Zeitvorteil bei der Abfassung der Abschlussarbeit erzielt.** Deshalb:

⇒ **Überprüfen Sie rechtzeitig vor Arbeitsbeginn selbstkritisch Ihre Kenntnisse und Fähigkeiten zur effektiven Nutzung des Computers sowie Ihre Kenntnisse der wesentlichsten Windows- und Word-Befehle!**
Klären Sie auch, wer Ihnen bei auftretenden Problemen ggf. helfen kann.

Wesentliche Vorteile auf dem Weg bis zum Schreiben der Endfassung:

- Die auf dem Computer gesammelten Informationen können Sie
    -- sofort den Gliederungspunkten Ihrer Arbeit zuordnen,
    -- gezielt wieder auffinden und für die Auswertung aufbereiten und
    -- schließlich zur Formulierung Ihrer Gedanken für das Manuskript rechnergestützt verarbeiten.
- Spätere Änderungen (Ergänzungen, Aussonderungen) von Texten bedingen nicht ein nochmaliges Schreiben ganzer Textfolgen.
- Ein Neuordnen des Textes (z.B. Zuordnen zu anderen Gliederungspunkten der Arbeit) ist problemlos möglich. (Prinzip: copy & paste)

- Für das Schreiben des Manuskripts können Formatvorlagen (für Fußnoten, Tabellen, Verzeichnisse u.a.) übernommen und außerdem eigene Formatvorlagen erstellt werden,
- Textverarbeitungsprogramme machen Sie auf kritische/fehlerhafte Stellen im Text aufmerksam und erledigen mitunter automatisch die Korrektur.

u.v.a.m.

- Letztlich können Sie ohne besonderen Aufwand einem hilfsbereiten Mitmenschen, der sich als kritischer Leser Ihrer Rohfassung zur Verfügung stellt, einen (gut lesbaren) Probeausdruck anbieten.

(2) Alle gesammelten Daten und erarbeiteten Texte müssen von vorn herein gegen Verlust geschützt werden,
denn das durchgängig rechnergestützte Erarbeiten der Abschlussarbeit birgt Risiken.

Aus den unterschiedlichsten Gründen *können* Texte und Daten verloren gehen. Mitunter gibt es Überraschungen mit der Soft- oder Hardware, aber auch ein kompletter Absturz des Computers kann auftreten. Technische Probleme des Computers werden jedoch im Allgemeinen nicht als Grund für die Verlängerung der Abgabefrist anerkannt.

⇒ **Deshalb sollten Sie sich unbedingt gegen unangenehme Überraschungen absichern!**

Dafür stehen verschiedene Möglichkeiten mit unterschiedlicher „Sicherheitsgarantie" zur Verfügung (s. Abschnitt 5.4.2, Absatz (2)).

Eine **generelle Sicherungsmaßnahme** besteht darin, die Bestandteile der Arbeit in einem aus der (Grob-)gliederung der Arbeit abgeleiteten Datei-Verzeichnis abzulegen, − verteilt auf Unterverzeichnisse und zugeordnete Dateien.
(Speichern Sie Ihre Arbeitsergebnisse nicht komplett in einer Datei ab!)

Voraussetzung für das Anlegen eines solchen Verzeichnisses ist ein Eingrenzen und **Strukturieren der Aufgabenstellung**. Dafür sollten Sie eine der Methoden nutzen, die zugleich der Ideenfindung dient.
Eine bei umfangreicheren bzw. komplexen Aufgabenstellungen bewährte Methode ist die *Systematische Heuristik*. Sie wird im Abschnitt 2. „Analyse und Präzisierung der Aufgabenstellung" dargestellt.

Eine andere häufig angewendete Methode zur begrifflichen Ordnung von Ideen und einer Hierarchisierung von Begriffen bzw. Gesichtspunkten ist das **systematische** *Mindmapping*. Dazu gibt es zahlreiche Veröffentlichungen.

⇒ **Entwerfen Sie möglichst noch in der Phase der Literaturerfassung eine Grobgliederung** um von Anfang an Bezugspunkte zu besitzen für die Zuordnung

- der erfassten Literatur (und ggf. der Informationen über andere Quellen),
- später des gewonnenen Materials aus Literatur und Praxis und
- schließlich des erarbeiteten Textes.

Notfalls können Sie zunächst auch wichtige Schlagwörter des Themas verwenden, um die gewonnenen Informationen zu ordnen.

Die endgültige Gliederung sollte möglichst vor dem Schreiben des Rohmanuskripts vorliegen, um ein ständiges Neuordnen und Umschreiben des Textes zu vermeiden.

Nach dem Anlegen eines (vorläufigen) **Datei-Verzeichnisses** als Ausgangsbasis für das Anfertigen der Abschlussarbeit ergeben sich drei (ineinander übergleitende) **Arbeitsetappen** bei der Nutzung der Informations- und Kommunikationstechnologie:

1. Rechnergestützte **Literaturrecherche** und ggf. **Materialsammlung über Untersuchungsobjekte** (s. Abschnitt 5.4.2)

   → **Literaturverzeichnis**, **Quellenverzeichnis**

2. Auswerten der Literatur mit **Erfassen des interessierenden Gedankengutes am Computer** und dessen sachbezogenes Aufbereiten nach Gliederungspunkten sowie (soweit zutreffend) Aufbereiten und Zuordnen der über ein Untersuchungsobjekt erfassten Informationen und Daten. (s. Abschnitt 5.4.3 und ggf. Abschnitt 5.3.6)

   → **Excerpte / Konspekte**

3. **Verwerten der** aus dem erfassten Material **gewonnenen Erkenntnisse** für den Entwurf der Arbeit am Computer, Schreiben der Endfassung (s. Abschnitt 5.4.4)

   → **Rohmanuskript / Endfassung**

5.4.2 Anlegen eines Datei-Verzeichnisses

Ein Verzeichnis, in das Sie die erarbeiteten Inhalte der Abschlussarbeit geordnet ablegen können, bietet folgenden **Nutzen**:

(1) Es **erleichtert von der ersten Arbeitsetappe an die Arbeit am Computer**, weil es ermöglicht, alle Recherche-, Auswertungs- und Arbeitsergebnisse sofort zuzuordnen.

(2) Es **dient zum Anlegen von Sicherheitskopien**, die zugleich den jeweiligen Stand der Bearbeitung der verschiedenen Problemkreise bzw. Gliederungsabschnitte (und damit den Arbeitsfortschritt) erkennen lassen.

Zu (1) Erleichterung der Arbeit am Computer.

Damit Sie von Anfang an Ihre Arbeitsergebnisse geordnet ablegen können, sollten Sie als Erstes auf der Festplatte Ihres Computers ein Verzeichnis mit einer sinnvollen Ordnerstruktur auf der Basis der Grobgliederung erstellen.

Prinzipvorschlag:

- an der Spitze steht ein **Ordner** (Verzeichnis) mit der Bezeichnung Ihrer Arbeit,

- die **Unterverzeichnisse** sind nach den Hauptabschnitten der Arbeit benannt,

- denen wiederum **Word-Dokumente** mit der Bezeichnung der jeweils untergeordneten Abschnitte (Gliederungspunkte) der Arbeit zugeordnet werden.

→ Wenn Sie sich noch nicht für eine Grobgliederung entscheiden konnten, können Sie Ihr Material (Exzerpte/ Konspekte, eigene Gedanken etc.) zunächst auch wichtigen Schlagwörtern des Themas zuordnen.

Darüber hinaus sollten zur Arbeit gehörende Dateien, Tabellen o.dgl. in das Verzeichnis aufgenommen und entweder in einem eigenen Ordner abgelegt oder einem Gliederungsabschnitt der Arbeit zugeordnet werden.

Prinzipbeispiel für Verzeichnisstruktur:

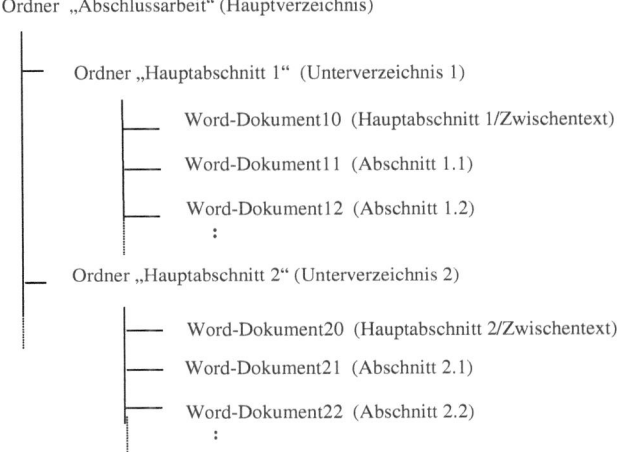

In einem solchen Verzeichnis

- sammeln Sie anfangs jede erfasste Information (Literaturangaben; Excerpte/Konspekte), jede gewonnene Erkenntnis, jeden entwickelten Gedanken etc.

- legen Sie stets den jeweiligen aktuellen Bearbeitungsstand der Abschlussarbeit (Text sowie die zur Arbeit gehörende Dateien, Tabellen o.dgl.) ab.

Zu (2) Anlegen von Sicherheitskopien

Um das erarbeitete **Gedankengut** zu **sichern**, sollten Sie folgende Möglichkeiten nutzen:

a) Spätestens, wenn Sie bereits Excerpte und Konspekte am Computer erarbeiten und diese den Abschnitten Ihrer Arbeit zuordnen, sollten Sie **hin und wieder** den aktuellen **Text speichern** (z.B. nach Abfassung eines Excerptes; bei der Arbeit am Rohmanuskript nach Erarbeitung eines Absatzes oder Abschnitts).

→ Strg+S oder Klick auf Diskettensymbol in der Symbolleiste Standard

b) In regelmäßigen Zeitabständen (z.B. vor einer Arbeitspause und/oder dem Tagesabschluss) sollten Sie eine **Sicherheitskopie** (mit dem aktuellen Stand Ihrer Arbeit) **auf einem USB-Stick oder einer externen Festplatte anlegen**.
→ Ohne das dort bisher gespeicherte Verzeichnis zu überschreiben.

Es ist sinnvoll diese Sicherheitskopien entweder mit einer fortlaufenden Nummer (z.B. Bachelor1, Bachelor2 usw.) oder mit dem Datum (z.B. Master 14.11.11, Master 15.11.11 usw.) zu kennzeichnen.

Bis auf die jüngsten zwei bis drei Sicherheitskopien können Sie die älteren jeweils löschen.

c) Wenn Sie noch sicherer gehen wollen, dann sollten Sie den **Datenträger mit den Sicherheitskopien räumlich getrennt vom Computer aufbewahren.**

Falls Sie eine E-Mail-Adresse besitzen, so können Sie die jeweilige Sicherheitskopie sich selbst zusenden. Ihre Daten sind dann sogar bei außergewöhnlichen Vorkommnissen wie Diebstahl, Wohnungsbrand o.ä. gesichert (auf dem Server des Mail-Providers).

Bewährt hat sich außerdem das Anlegen von Sicherheitskopien mit dem Ergebnis jeder Arbeitsetappe (z.B. Ordner „Literaturrecherche", Ordner „Materialerfassung", Ordner „Roh-Manuskript" usw.), um den mitunter notwendigen „Rückgriff" auf das Ergebnis einer früherer Arbeitsetappe zu ermöglichen.

Das Ganze eine Übertreibung?!?

Im Vergleich zur *manuellen* Erfassung und Weiterverarbeitung des Materials bzw. erarbeiteten Textes sind es nur Handgriffe und diese ersparen Ihnen „im Falle eines Falles" unendlich viel Leid, – denn eine Verlängerung der Abgabefrist wird gewöhnlich nicht gewährt!

5.4.3 Rechnergestützte Literaturrecherche und Materialsammlung über Untersuchungsobjekte

Die bibliographischen Daten der bei der Recherche ausgewählten Literatur (und der selbst erhobenen Informationen) sind von Anfang an in dem **als Computerdatei angelegten alphabetisch geordneten Verzeichnis** zu erfassen und kontinuierlich zu ergänzen.

Die bibliographischen Daten werden letztlich für das **Literatur- und Quellenverzeichnis** der wissenschaftlichen Abschlussarbeit (s. Abschnitt 4.10) benötigt.

Liegt noch keine Grobgliederung vor, dann kennzeichnen Sie die einzelnen Literaturangaben zunächst mit Schlagwörtern. (Achten Sie darauf, dass Sie für den gleichen Sachverhalt nicht *verschiedene* synonyme Begriffe vergeben!)

Nach Vorliegen der (Grob-)Gliederung und des darauf aufbauenden Dateiverzeichnisses können Sie die bibliographischen Angaben **aus dem Literaturverzeichnis heraus den zutreffenden Abschnitten der Arbeit** (Unterverzeichnisse, Dateien) **ohne nochmaligen Erfassungsaufwand zuordnen.** (Prinzip Copy & Paste).

→ Die für das **Literatur- und Quellenverzeichnis** und damit auch für den Quellennachweis von Zitaten erforderlichen bibliografischen Angaben werden im Abschnitt 4.10 und das Recherchieren nach Literatur im Abschnitt 6.1 hinreichend behandelt.

→ Analog ist mit den ggf. beim Praxispartner erfassten oder anderweitig **selbst erhobenen Informationen** (s. Abschnitt 5.3.6) zu verfahren.

Bei gewissenhafter Arbeitsweise können Sie das Literaturverzeichnis nach Abschluss der Arbeit in ein Literatur- und ein Quellenverzeichnis aufgliedern (s. Abschnitt 4.10) und beide Verzeichnisse unmittelbar in die Abschlussarbeit übernehmen.

Eine weitere Erleichterung für das Erfassen und Auswerten des erfassten Materials bieten **Literaturverwaltungsprogramme**.

An vielen Hochschuleinrichtungen können Studenten das Literaturverwaltungsprogramm **Citavi** kostenlos nutzen. Dieses unterstützt den gesamten Arbeitsprozess der Erstellung einer wissenschaftlichen Abschlussarbeit von der Recherche bis zur maschinengeschriebenen Endfassung. So können Sie z.B.

- in zahlreichen Datenbanken, in Katalogen von Nationalbibliotheken, großen Bibliotheksverbünden, Universitäts- und Institutsbibliotheken und in Buchhandelskatalogen großer Anbieter wie Amazon recherchieren,
- anhand der ISBN eines Titels alle benötigten bibliographischen Informationen aus dem Internet holen, oft auch mit Abstract, Schlagwörtern und einer kurzen Inhaltsangabe,
- die Volltexte von Zeitschriftenaufsätzen und Zeitungsartikeln aus dem Netz herunterladen,
- gefundene Literatur automatisch ordnen und eine Literaturliste generieren lassen,

- Zusammenfassungen, wörtliche und indirekte Zitate, Kommentare, Bewertungen, sowie eigene Gedanken, die bei der Arbeit entstehen, und Textentwürfe speichern

u.v.a.m.

Es ist jedoch nicht Anliegen dieser Schrift die Anwendung von Citavi zu behandeln (wofür es hinreichend Fachveröffentlichungen gibt), sondern die *Vorteile der durchgängig rechnergestützen Erarbeitung der Abschlussarbeit* aufzuzeigen.

Das Nutzen eines Literaturverwaltungsprogramms bietet zwar den höchsten Effekt, doch es muss auch beherrscht werden. Überdies hängt es oft

- von der Art und dem Umfang der Abschlussarbeit sowie
- von der Ausbildung und der Mentalität des Absolventen

ab, ob es sich lohnt, den Aufwand zur hinreichenden Beherrschung von Citaci zu betreiben,

Auch „konventionelle" rechnergestützte Lösungen erleichtern das Erarbeiten der Abschlussarbeit, wenn ein Literaturverwaltungsprogramm nicht zur Verfügung steht oder nicht beherrscht wird.

5.4.4 Erfassen des interessierenden Gedankengutes am Computer

Die grundsätzliche Vorgehensweise wird im Abschnitt 6.2 „Literatur auswerten – exzerpieren/konspektieren und zuordnen" hinreichend behandelt.
Hier geht es darum, auf Besonderheiten und Stolpersteine der *durchgängig rechnergestützen* Verwertung des erfassten Materials hinzuweisen.

Der Auswahl und Ordnung des Materials nach Gliederungspunkten der Abschlussarbeit folgt deren *rechnergestützte* Aufbereitung für die Erarbeitung des Rohmanuskripts:

- das Erfassen des interessierenden Gedankengutes in Form von **Excerpten/Konspekten**, Übernehmen interessanter Tabellen, Graphiken u.dgl. sowie weiterer Literaturhinweise,

- das Ergänzen dieses Materials mit Kommentaren und Notizen über entstandene **eigene Ideen,** gewonnene **neue Einsichten, Erkenntnisse** u.dgl. sowie

- das **Neuordnen** bzw. **neue Zuordnen des erfassten Materials** zu Gliederungspunkten der Arbeit
  -- aufgrund gewonnener neuer Einsichten bei der Auswertung des Materials und/oder
  -- weil die Datei „Literaturrecherche" nach Schlagwörtern geordnet war.

⇒ **Beginnen Sie bereits in dieser Arbeitsetappe mit dem Hinterfragen der erfassten Aussagen und notieren Sie Definitionen, Hypothesen, Fragestellungen u.dgl.**

Die Arbeitsergebnisse sollten Sie in einem neuen Ordner bzw. Hauptverzeichnis „Materialerfassung" ablegen, der nach der Gliederung des Rohmanuskripts strukturiert ist.

Achten Sie bereits beim Eingeben der Informationen streng darauf, dass **fremde Aussagen nicht mit eigenen Ideen vermischt** werden. Gute Möglichkeiten bietet der Computer durch abweichende Darstellung der Schrift (z.B. andere Farbe, anderes Format).
Vervollständigen Sie außerdem fremde Aussagen unbedingt mit Quelle und Seitenzahl.

Eine gewissenhafte Arbeitsweise in diesem Stadium der Arbeit erleichtert Ihnen später – bei der Verwertung des Materials für den Rohentwurf und dessen Übernahme in den Ordner „Rohmanuskript" – erheblich den Arbeitsaufwand.

5.4.5 Erarbeiten des Rohmanuskripts und Schreiben der Endfassung

Dank der durchgängig rechnergestützen Arbeitsweise sind alle Voraussetzungen gegeben, um zügig mit der Erarbeitung des Rohmanuskripts zu beginnen:

- Das gesamte interessierende Gedankengut, welches in der Abschlussarbeit verwertet werden soll, liegt abrufbar und bereits den inhaltlich zutreffenden Gliederungspunkten zugeordnet vor. (Excerpte, Konspekte, ergänzende Kommentare und Notizen; eigene Ideen und Erkenntnisse; Beispiele, Zitate, Tabellen, Graphiken u. dgl. mehr)

- Beim ersten „Überlesen" dieses meist vielschichtigen Materials erkennen Sie sicher weitere Ordnungskriterien innerhalb eines Gliederungspunktes und damit evtl. weitere (Unter-) Gliederungsmöglichkeiten. Ist das Material danach geordnet, kann dessen Auswertung für das **Rohmanuskript** beginnen.

Die entstehende Rohfassung wird noch verschiedener Überarbeitungen bedürfen, um den inhaltlichen Anforderungen einer wissenschaftlichen Arbeit gerecht zu werden. Dennoch sollten Sie bereits beim Erarbeiten des Rohmanuskripts die formalen Anforderungen Ihrer Hochschuleinrichtung bzw. Fakultät an die Abschlussarbeit beachten. Das erleichtert später das Erstellen der Endfassung.

Um aus der Rohfassung die **Endfassung** zu entwickeln, sind Überarbeitungen erforderlich, die durchaus noch zu beachtlichen Textverschiebungen führen können.

(1) Es muss eine gründliche **inhaltliche Überarbeitung** folgen, z.B.:

- Sind alle Aussagen korrekt, vollständig und notwendig?
- Gibt es inhaltliche Überschneidungen oder Wiederholungen?
- Sind die Zitate und dazu gehörende Literaturnachweise korrekt wiedergegeben?
- Sind alle Fußnoten, Abbildungen, Tabellen usw. korrekt nummeriert, mit der Quelle gekennzeichnet und an der richtigen Stelle aufgeführt?

u.a.m. (s. hierzu insbes. Abschnitt 7.4 Absatz (1))

(2) Es ist eine **stilistische und sprachliche Überprüfung** erforderlich, z.B.:

- Gibt es unnötige Wortwiederholungen und Füllwörter?
  Werden aufblähende Redewendungen und wortreiche Floskeln verwendet? u.a.m.
- Sind Orthografie, Grammatik und Interpunktion korrekt?
  (s. insbes. Abschnitte 7.1.2 und 7.1.3 sowie 7.4 Absatz (2))

(3) Selbst bei der abschließenden Überprüfung auf Einhaltung der **formalen Anforderungen** und des **äußeren Erscheinungsbildes** der Arbeit (Abschnitt 7.4 Absatz (3) und (4)) werden Sie noch notwendige Korrekturen erkennen.

Auch hier zeigt sich der große Vorteil des Erarbeitens der Abschlussarbeit am Computer:

- ob Überschneidungen oder Wortwiederholungen zu beseitigen sind,
- ob Abbildungen, Tabellen o. dgl., ganze Absätze oder gar Abschnitte neu zugeordnet werden müssen,
- ob stilistische Unzulänglichkeiten zu beseitigen sind u.v.a.m. oder

- ob Korrekturen erforderlich sind, um den formalen Anforderungen gerecht zu werden oder das Erscheinungsbild der Arbeit zu verbessern,

mit Löschen, Überschreiben, Ausschneiden und Einsetzen von Text am Bildschirm wird das Überarbeiten erheblich einfacher als handschriftlich.

Darüber hinaus können Sie jederzeit einen Probeausdruck u.a. für das Korrekturlesen durch einen an der Arbeit völlig Unbeteiligten erzeugen.

⇒ **Versuchen Sie einen hilfsbereiten Mitmenschen als kritischen Leser Ihres Manuskripts zu gewinnen.**
Er muss nicht unbedingt fachkompetent sein. Auch einem Außenstehenden fallen bestimmt einige Dinge auf, die Sie noch verbessern können.

Abschnitt 5.4.6 Abschlussarbeit auf einem Datenträger abgeben

An den Universitäten und Hochschuleinrichtungen wird zunehmend ein – der gedruckten Abschlussarbeit beigefügter – Datenträger (CD-ROM oder DVD) gefordert, der die Arbeit zusätzlich in elektronischer Form (z.B. als WORD- oder PDF-Dokument) enthält.
An verschiedenen Einrichtungen ist die Abgabe eines solchen Datenträgers bereits Pflicht.

Vor allem an naturwissenschaftlich-technischen Einrichtungen wird gefordert, dass dieser Datenträger die **vollständige Arbeit** enthält, *einschließlich*

- der **benutzten Dateien**,

- der **ermittelten Daten** (Messwerte, Versuchs- und Simulationsergebnisse, Test- und Berechnungsergebnisse u.dgl.) in entsprechenden Dateiformaten (wie Excel, ASCII),

- der im Rahmen der Arbeit **entwickelte Lösungen** (z.B. erstellte Software) und

- andere Informationen zur Arbeit (z.B. **verwendete Programme**),

für deren Darstellung ggf. auch andere Formate genutzt werden können.

Wenn Sie aus elektronischen Veröffentlichungen (s. Abschnitt 6.4.5) Aussagen übernommen haben, die für den Quellennachweis nur in elektronischer Form vorliegen, dann sind diese ebenfalls auf dem der Arbeit beigefügten Datenträger – als Dateien in einem separaten Ordner – abzuspeichern.

Mitunter wird auch erwartet, dass auf dem Datenträger in einer Datei die in der Abschlussarbeit genutzten **Internetquellen** (Webseiten, E-Mails, Newsletter etc.) *aufrufbar* angeführt werden (URL/Pfad/Datei).

Im Inhaltsverzeichnis der Abschlussarbeit ist anzugeben, was der beigelegte Datenträger enthält (Kurzbeschreibung).

Er muss eindeutig als Bestandteil Ihrer Abschlussarbeit ausgewiesen sein, z.B.:

    Name, Art (Bachelorarbeit/Masterarbeit) und Titel der Abschlussarbeit,
    Fakultät, Fachgruppe/Studiengang, Matrikelnummer o.dgl.

Mit diesen Angaben sollte der Datenträger sowohl außen beschriftet als auch digital (in Form einer kleinen Datei) gekennzeichnet werden.

⇒ **Erkunden Sie sich beizeiten bei Ihrem Betreuer nach der für Sie geltenden Regelung damit Sie sich rechtzeitig auf die Abgabe Ihrer Abschlussarbeit in digitaler Form vorbereiten können!**

6. Literatur auswerten

6.1 Literatur recherchieren und beschaffen

Jegliche wissenschaftliche Arbeit beginnt mit der Einarbeitung in die Problematik, primär durch das Literaturstudium. **Auch hierfür können Sie die verfügbare Zeit effektiv nutzen**, indem Sie gezielt Vorgehen und (im Prinzip) **drei Stufen der Auswertung der Literatur** für die Bearbeitung der wissenschaftlichen Aufgabenstellung beherzigen:

1) Schon vor der endgültigen Entscheidung für ein konkretes Thema sollten Sie sich eine **allgemeine Übersicht** über die Literatur zum interessierenden Themengebiet verschaffen. Klären Sie dabei, wo hinreichend fachspezifische Literatur zu finden ist und ob sie problemlos zur Verfügung steht (Zugang, Beschaffungsbedingungen, Vertraulichkeit).

2) Nach Vorliegen der Aufgabenstellung müssen Sie sich durch das **Studium einiger grundlegender Quellen** („Einstiegsliteratur") einen Überblick über die zu behandelnde Problematik erarbeiten. Die gewonnenen Kenntnisse sollen es ermöglichen, das Thema ggf. zu präzisieren und eine erste (Grob-)Gliederung zu entwerfen (s. Abschnitt 2).

3) Nach endgültiger Festlegung der Aufgabenstellung beginnt die **spezifizierte Recherche**. Sie müssen die wesentlichsten Theorien und Auffassungen über die zu bearbeitende Problematik erkunden und den neuesten Erkenntnisstand auf dem betreffenden Gebiet erfassen. Dieser Prozess kann – im Hinblick auf Teilprobleme – die Bearbeitung des Themas durchgängig begleiten.

Besonders effektiv ist die Recherche mit Suchbegriffen

- in den, den **Bibliotheken** zugänglichen Datenbanken,

- in den Stichwortkatalogen und Suchmaschinen im **Internet** sowie

- in **Spezialdatenbanken von Wirtschaftsinstituten**,
  die ihre Literatursammlungen online zugängig machen.

Beispiele für Spezialdatenbanken:

- AWIDAT   – Abfallwirtschaftsdatenbank
- Beck-online – Rechtswissenschaftliche Literatur vom Beck-Verlag (mit Internet-Zugriff)
- ECONIS   – Online-Katalog der Deutschen Zentralbibliothek der Wirtschaftswissenschaften
- FIZ   – Fachinformationszentrum Hannover (kostenpflichtig)
- Lisk   – Infodatenbank für das Gesundheitswesen
- ISM   – Informationssystem Medienpädagogik
- WISO-net – Wirtschafts- und Sozialwissenschaftliche Literatur (Bibliothek der deutschen Wirtschaft)

Bei einer Recherche mit Suchbegriffen ist der **Unterschied zwischen *Stichwort* und *Schlagwort*** zu beachten. Die Suche nach einem Stichwort (exakter: Titel-Stichwort) kann zu einem anderen Ergebnis führen als die Suche nach einem Schlagwort.

- **Stichwörter** sind stets Bestandteil des Titels oder Untertitels einer Literaturstelle.

- **Schlagwörter** sind (fachspezifische) Sachbegriffe, die einer Literaturstelle auf Grund ihres Inhalts zugeordnet werden und daher besonders für die Suche fachspezifischer Literatur geeignet.

Stichwörter und Schlagwörter führen i. allg. zu einer Vielzahl von Literaturstellen, von denen sich mitunter nur wenige konkret mit dem Thema beschäftigen und noch weniger mit den interessierenden Teilproblemen zu tun haben. Die Recherche mit Hilfe solcher fachbezogenen Suchbegriffe ist daher zeitaufwendig, jedoch hilfreich beim Einarbeiten in ein bisher relativ unbekanntes Thema.

Heutige Suchsysteme bieten verschiedene Möglichkeiten zur Kombination von Suchbegriffen und damit zur Eingrenzung des Suchgebietes (s. Abschnitt 6.1.2).

⇒ **Stellen Sie zur gezielten Suche bisher unbekannter Literatur für das zubearbeitende Thema eine Liste zusammen** mit

- **fachbezogenen Suchbegriffen**, **Begriffsvarianten** und geeigneten **Synonymen** sowie

- weiteren **zusätzlichen Begriffen**, mit denen die Suche nach interessierenden Teilgebieten des Themas eingegrenzt werden kann.

- *Wie vorgehen? Systematisch suchen oder den jeweils in der Literatur gefundenen weiteren Quellenverweisen nachgehen?*

  - **Systematische Literatursuche**

    Ziel einer systematischen Recherche ist die weitgehende Erfassung der einschlägigen Literatur. Alle verfügbaren Quellen werden systematisch nach Literaturhinweisen durchforstet, die für das zu bearbeitende Thema von Bedeutung sind.

    Es sinnvoll, nach *themenspezifischen Sachgebieten* oder mit *Stich- bzw. Schlagwortkombinationen* zu suchen und *das „Suchgebiet" durch zusätzliche Kriterien weitgehend einzugrenzen*. Die Suche führt sonst zu einem schwer überschaubaren Literaturangebot. Hilfreich ist oft auch die *gezielte Suche nach weiteren Veröffentlichungen von Autoren*, die zur Thematik der Arbeit schreiben..

    (Ansatzpunkte für eine systematische Literaturrecherche s. Abschnitte 6.1.1 und 6.1.2)

  - **Unsystematische Literatursuche**

    Sind wesentliche Quellen bereits bekannt, dann kann nach dem „*Schneeballsystem*" weiter gesucht werden. Das sollten Sie tun, wenn die *Suche unter bestimmten Gesichtspunkten* im Vordergrund steht und mit hoher Wahrscheinlichkeit die interessierende Literatur noch nicht in den Such-Hilfsmitteln erfasst ist.

    Solche Aspekte können z.B. sein

    -- die **Aktualität** der zu behandelnden Problematik (Suche in aktuellen Ausgaben von Fachzeitschriften, Fachartikel, Suche von aktuellem Tagungsmaterial u.dgl.) und

    -- die **Spezifik** der zu behandelnden Problematik (Suche über die in der Fachliteratur enthaltenen Verweise auf andere Quellen, wenn diese nicht zu alt sind).

    Dieses Vorgehen vermeidet das „Durchforsten" einer Vielzahl an Literaturstellen (dabei wird bewusst auf ein vollständiges Erfassen der einschlägigen Literatur verzichtet).

Ob ein systematischer Zugriff oder das Schneeballsystem zu bevorzugen ist, hängt in der Regel von der zu bearbeitenden Problematik ab. In der Praxis erweist sich meist eine Mischung aus beiden Vorgehensweisen als günstig.

Sie sollten sich **mit einer *systematischen* Suche einen Überblick verschaffen und dann gezielt über aktuelle Literaturhinweise (*unsystematisch*) weiter suchen.** Das gilt sowohl für das zu bearbeitende Thema als Ganzes als auch für sich herausschälende Teilprobleme.

6.1.1 In der Bibliothek recherchieren

Bibliotheken bieten zur Suche von **unbekannter Literatur zu einem bekannten Thema** eine Vielfalt von Medien und damit eine Fülle von Informationen an:

(1) Bibliothekskataloge

Bibliothekskataloge sind *Bestandsverzeichnisse einer Bibliothek*.
Sie geben Auskunft über den gesamten Medienbestand (incl. elektronische Medien) und den Standort der Literatur innerhalb der betreffenden Bibliothek.
Meist stehen sie in elektronischer Form als OPAC (**O**nline **P**ublic **A**ccess **C**atalogue) zur Verfügung. Damit erübrigen sich unterschiedlich strukturierte Kataloge (wie alphabetischer Katalog, systematischer Katalog), die verschiedentlich noch als Zettelkataloge geführt werden.

Im OPAC kann gesucht werden

- nach *formalen Kriterien* (Namen des Verfassers oder Herausgebers, Sachtitel, Verlag, Erscheinungsjahr usw.) und
- nach *fachspezifischen Begriffen* (Schlagwort oder Stichwort).

Die <u>Suche nach formalen Kriterien</u> ermöglichst ein schnelles Auffinden bekannter Titel, während die <u>Suche mit fachbezogenen Begriffen</u> sich besser für eine systematische themenbezogene Suche nach unbekannter Literatur eignet.

(2) Bibliografien

Bibliographien sind *umfassende Literaturverzeichnisse*.
In ihnen wird die erschienene Literatur nach verschiedenen Kriterien geordnet aufgeführt (Länder, Zeitabschnitte, Sachgebiete); allerdings unabhängig davon, ob sie in der betreffenden Bibliothek vorliegt.
Ein solches Verzeichnis hilft vor allem bei der Suche nach neueren Veröffentlichungen. I.allg. kann darin nach *Autoren*, *Titeln* oder *Stichwörtern* gesucht und mit Hilfe von Stichwörtern die Auswahl eng auf die interessierende Problematik eingegrenzt werden.
Oft wird auch der Inhalt der Veröffentlichungen kurz angegeben. Das ermöglicht, die Bedeutung der gefundenen Literatur für die zu bearbeitende Problematik zu beurteilen.
Aufgrund der unterschiedlichen *Breite des Inhalts* von Bibliographien wird unterschieden zwischen **Allgemeinen Bibliographien** und **Fachlich spezialisierten Bibliographien**.

- Bei den **Allgemeinen Bibliographien** ist im Hinblick auf *Herkunft* und *Inhalt* zu unterscheiden zwischen

  - *fachübergreifende Bibliographien*
    z.b. die „Internationale Bibliographie der Zeitschriftenliteratur" (IBZ) und
  - *Nationalbibliografien*
    z.B. „Deutsche Nationalbibliographie", „British National Bibliography" u.a.m.
    Sie bieten die **zuverlässigste Grundlage für eine Literaturrecherche**, weil von jedem erschienenen Titel die zuständige Nationalbibliothek Pflichtexemplare erhält.

  Zu beachten ist die *Aktualität* der allgemeinen Bibliographien:

  Es gibt *abgeschlossene*, *fortlaufende* (jeweils für einen abgelaufene Periode) und *kumulierende* **Bibliographien** (bei ihnen wird der bisherige Inhalt jeweils ergänzt um die in der abgelaufenen Periode erschienene Literatur).
  Die Deutsche Nationalbibliographie ist in verschiedene Reihen untergliedert (A, B, C ..), die teils wöchentlich, teils monatlich und teils halbjährlich erscheinen. Außerdem gibt es Verzeichnisse, die jährlich aktualisiert werden.

- Bei den **Fachlich spezialisierten Bibliographien** existieren für jede Wissenschaftsdisziplin ebenfalls *abgeschlossene* (Bibliographien über Bücher), *fortlaufende* und *kumulierende* (i.allg. über Zeitschriften) **Fachbibliografien**.
  In ihnen wird die Literatur zu einem Fachgebiet insgesamt, mitunter aber auch nur für abgegrenzte Teilgebiete ausgewiesen. Für die wissenschaftliche Arbeit sind vor allem die *periodisch* (*fortlaufend* oder *kumulierend*) publizierten Fachbibliographien von Bedeutung, weil sie i.d.R. den aktuellen Erkenntnisstand nachweisen.

(3) Nachschlagewerke (Lexika, Handbücher u.a.m.)

Nachschlagewerke wie **Fachlexika, Fachhandwörterbücher** und fachbezogene **Sprachwörterbücher** eignen sich gut für eine erste Orientierung über das zu bearbeitende Thema. Sie liefern zugleich signifikante Begriffe zur Eingrenzung des Themas bei der Suche mit Hilfe von Stich- bzw. Schlagwörtern.

- **Lexika** sind alphabetisch geordnete Verzeichnisse, in denen *Begriffe erläutert* werden.

<u>Beispiele für Fachlexika:</u>

- Gabler Wirtschaftslexikon, Gabler Verlag [Hrsg.]
- Lexikon der Betriebswirtschaft, Lück, W. [Hrsg.]
- Lexikon Ingenieurwissen Grundlagen,. Herzig, H. [Hrsg.]
- Lexikon der Technologie, Müller, G. [Hrsg.]
- Fachlexikon Computer, F.A. Brockhaus Verlag [Hrsg.]
- Vahlens Großes Controlling Lexikon, Horváth, P. [Hrsg.]

- **Handbücher** bzw. **Handwörterbücher** enthalten kurze *Abhandlungen zu einzelnen Themen* mit umfangreichen Literaturhinweisen.

<u>Beispiele für Fachhandwörterbücher:</u>

- Enzyklopädie der Betriebswirtschaftslehre (EdBWL), Wittmann, W. et al [Hrsg.]
- Arbeits- Gesundheits- und Umweltschutz – Handwörterbuch verhaltenswissenschaftlicher Grundbegriffe, Wenniger, G. / Hoyos, C. [Hrsg.]
- Handbuch Data Mining im Marketing, Wilde, K. [Hrsg.]

Darüber hinaus helfen die Fachhandwörterbücher (ebenso wie **Fremdwörter-Lexika** und **Synonymwörterbücher**) bei der Klärung von unbekannten Begriffen und Fremdwörtern sowie bei der Suche nach Synonymen.

Beachten Sie, dass insbesondere Fachlexika und Fachhandwörterbücher (angesichts der meist langen Vorlaufzeit bis zu ihrer Veröffentlichung) i. allg. nicht den aktuellen Erkenntnisstand widerspiegeln!

(4)   Periodika

Periodika sind *regelmäßig erscheinende Schriften* wie **Zeitungen, Zeitschriften, Magazine** und **Jahrbücher.**
Sie informieren fachbezogen über aktuelle Sachverhalte und Problemdiskussionen zu zeitnahen Themen. Ihr Verständnis setzt meist ein fachliches Grundwissen voraus. Für die Bearbeitung einer wissenschaftlichen Aufgabenstellung ist ihr Studium unumgänglich. Das gilt besonders für **Fachzeitschriften,** die die neuesten Auffassungen, Ergebnisse und Erkenntnisse der Forschung wiederspiegeln und oft weitere interessante Quellenverweise enthalten.
In bereits gebundenen Jahrgängen können interessierende Veröffentlichungen relativ rasch über das Schlagwort- und Verfasserregister gefunden werden.

(5) **Dissertationen und andere Hochschulschriften**

Das an den Hochschulen entstandene Schriftgut (insbes. Dissertationen, Wissenschaftliche Schriftenreihen, Forschungsberichte) **wird allgemein zu wenig für die Bearbeitung wissenschaftlicher Aufgabenstellungen genutzt!**

Neben dem Inhalt von aktuellen themenbezogenen Schriften, interessiert auch deren Literaturverzeichnis als nützliche Quelle zum Auffinden fachspezifischer Literatur.

Die von der Deutschen Bibliothek, Frankfurt am Main, geführte "Deutsche Nationalbibliographie und Bibliographie der im Ausland erschienenen deutschsprachigen Veröffentlichungen, Reihe H: Hochschulschriften", erfasst alle im deutschsprachigen Raum erschienenen Dissertationen und anderen Hochschulschriften.

Für Absolventen kann es sich lohnen, die auf dem interessierenden Themengebiet in den letzten zwei bis drei Jahren entstandenen wissenschaftlichen Abschlussarbeiten zu sichten.

(6) **Amtliche Veröffentlichungen** (nicht generell online)

Amtliche Informationen sind vor allem zu finden

- im Bundesgesetzblatt (BGBl)
- im Bundesanzeiger (BA)
- in der Schriftenreihe DIN-Taschenbücher und
- in den Statistischen Jahrbüchern (des Bundesamtes, der Landesämter)

(7) **Literatur-Datenbanken / (Elektronische Medien)**

Eine **besonders effektive Suche im Hinblick auf** *Aktualität*, *schnellen Zugriff* **und** *ständige Verfügbarkeit* ermöglichen Literaturdatenbanken, die online angeboten werden.

Dort ist die Literatur nach bestimmten Auswahlkriterien erfasst (z.B. Sprachbereich, Fachgebiet, Art der Quellen wie Bücher, Periodika, Tagungsschriften u.dgl.).

In ihnen kann nach Autoren bzw. Herausgebern, Titeln bzw. Stichwörtern und ggf. auch Schlagwörtern gesucht werden. Meist ist eine weitere Eingrenzung der Suche durch Kombination dieser Auswahlkriterien möglich.

Literaturdatenbanken enthalten jedoch keinen Hinweis über den möglichen Aufbewahrungsort. In der jeweiligen Bibliothek muss dann mittels OPAC geprüft werden, ob die gefundene Literatur dort vorliegt.

Im Hinblick auf die *Art der angebotenen Informationen* wird zwischen **Faktendatenbanken** und **Referenzdatenbanken** unterschieden.

- **Faktendatenbanken** stellen die gewünschten *Informationen direkt* zur Verfügung.

  Sie bieten Text oder statistisches Zahlenmaterial an (z.B. Zeitungsberichte, Gerichtsurteile, amtlichen Veröffentlichungen oder Statistiken, Wirtschaftsdaten).

  Beispiele für Faktendatenbanken:

LEGIOS	Wirtschaft, Recht/Steuern (Verlage C. Heymanns und O. Schmidt, Verlagsgruppe Handelsblatt, Haufe Med.gr.)
STATIS	Wirtschaft (Zeitreihen des Statistischen Bundesamtes)
WISO plus	Artikel aus Wirtschaftstheorie und Wirtschaftspraxis. (Gesellschaft für Betriebswirtschaftliche Information)

- **Referenzdatenbanken** enthalten lediglich *indirekte Informationen*.

  Es gibt **Bibliographischen Datenbanken** und **Nachweisdatenbanken**. Beide weisen auf die gewünschte Information nur hin (z.B. in Form einer Literaturreferenz).

  Für die Literaturrecherche interessieren in erster Linie **Bibliographischen Datenbanken**, weil sie die bibliografischen Daten der erfassten Literatur (Titel, Autor/Herausgeber, Erscheinungsjahr usw.) enthalten.

  Die **Nachweisdatenbanken** können als Nachschlagewerke (über Unternehmen, Verfahren, Patente, Erzeugnisse usw.) genutzt werden.

  Beispiele für fachspezifische bibliographische Datenbanken:

EconLit	ökonomische Literatur, umfassende Informationen zu accounting, capital markets, econometrics, economic forecasting, government (Datenbank der American Economic Association)
WISO-net	(WISO I, II, III) wirtschafts- und sozialwissenschaftliche Literatur (Gesellschaft für Betriebswirtschaftliche Information)
TEMA	Gesamtdatenbank Technik und Management (Fachinformationszentrum Technik)
BEFO	Betriebsführung und Betriebsorganisation (Fachinformationszentrum Technik)

  Solche Datenbanken stehen meist auch im Internet zur Verfügung.

  Beispiele: LEGIOS über www.legios.de, WISO-net über www.wiso-net.de, TEMA und BEFO über www.fiz-technik.de.

Die Nutzung von Referenzdatenbanken und vor allem Faktendatenbanken ist oft kostenpflichtig. **Prüfen Sie vorher die Geschäftsbedingungen!**

6.1.2 Im Internet recherchieren

Das Internet ermöglicht es, weltweit in den Literaturbeständen aller größeren Bibliotheken zu recherchieren. Mitunter liegt der Text sowohl von Zeitschriften als auch von ganzen Büchern digitalisiert vor und kann seitenweise abgerufen werden.

Für Ihre Abschlussarbeit bietet es Ihnen einen schnellen Zugriff zu **Quellenübersichten** und **Literaturinhalten**. Darüber hinaus ermöglicht es den Zugang zu

- wertvollem **Arbeits- und Diskussionsmaterial**, das **von Forschungseinrichtungen** oft veröffentlicht wird und
- gesichertem **Zahlenmaterial** (nützlich als Ausgangsbasis für Untersuchungen und zur Unterstützung von Schlussfolgerungen und Beweisführungen).

  Beispiele für zur Verfügung stehendes **Zahlenmaterial:**
  - www.destatis.de   Statistisches Bundesamt Deutschland / amtliche Statistiken / zu Deutschland
  - www.bundesbank.de   Bundesbank mit zur Verfügung gestellten Wirtschaftsdaten.
            (Direktzugriff zum Pfad „/statistik" nur mit Zugriffsberechtigung möglich)

Außerdem bieten verschiedene **Buchläden** und **Verlage** im Internet ihre Dienste bei der Suche nach aktueller Fachliteratur an.

Beispiele:
www.lehmanns.de/Fachbücher   (Zugriff auf Verzeichnis lieferbarer Bücher, E-Books, Zeitschriften)
www.amazon.de   (Amazon; der größte online-Buchhändler im deutschsprachigen Raum)

Eine Auswahl der für die Bearbeitung einer wissenschaftlichen Problematik nützlichen Internetadressen enthält die Anlage 4.

Neben Universal-Suchdiensten werden zunehmend Spezial-Suchdienste und ständig verbesserte Möglichkeiten zur themenbezogenen Eingrenzung des Suchergebnisses angeboten. Eine zielgerichtete Literatursuche gestatten **Stichwortkataloge** und **Suchmaschinen** des Bibliotheks-, Informations- und Dokumentationswesens

- **Stichwortkataloge** sind *nach Themengebieten geordnete hierarchische Verzeichnisse* von Hyperlinks (z.B. Yahoo, DINO-Online, Infoseek).
  Sie bieten nur einen kleinen Teil der im Web existierenden Seiten, aber i.allg. qualitativ bessere Treffer als Suchmaschinen. Ihre Nutzung ist vor allem zu empfehlen, <u>wenn das zu bearbeitende *Thema noch nicht klar eingegrenzt* werden kann</u>.

- **Suchmaschinen** *führen Datenbanken über den Inhalt* (und nicht nur den Titel) eines großen Teils der im Internet existierenden Webseiten, – i.allg. ohne Rücksicht auf die Qualität des Inhalts (z.B. AltaVista, Google, MSN Search).
Sie ermöglichen es, nach genau spezifizierten Begriffen zu suchen. Die Suche verläuft allerdings meist erheblich langsamer als beim Stichwortkatalog. Suchmaschinen sollten dann genutzt werden, wenn die *gesuchte Thematik klar abgegrenzt* werden kann.

Darüber hinaus gibt es **Meta-Suchmaschinen** (z.B. Metacrawler, MetaGer). Mit ihnen ist es möglich, Quellen abzufragen, zu denen herkömmliche Suchmaschinen keinen Zugang haben (z.B. Telefonverzeichnisse, Lexika). Außerdem werden von ihnen Fragen automatisch an mehrere Suchmaschinen weitergeleitet. Sie sind für allgemeine Abfragen recht gut geeignet. Für spezifische Abfragen sollten Sie jedoch die herkömmlichen Suchmaschinen nutzen.

⇒ **Reduzieren Sie den Zeitaufwand für die Suche im Internet!**

> Beginnen Sie mit der Suche in **Stichwortkatalogen** und setzen Sie diese nach Eingrenzung des Suchgebietes in **Suchmaschinen** mit spezifizierten Begriffen fort.

> Nutzen Sie die **Möglichkeiten zum Erweitern** einer Suche durch
- Eingeben mehrerer Formen des Suchwortes (z.B. Haus, Häuser) und
- Verwenden von Synonymen (z.B. Beschaffung, Materialwirtschaft)

> Grenzen Sie die Suche ein, indem Sie den **Suchbegriff** mit spezifizierenden Kriterien **ergänzen** und die Begriffe **mit logischen Operatoren verknüpfen**

Beispiele:
Rechnungswesen +industrielles → gesucht wird nur „**industrielles** Rechnungswesen"
Rechnungswesen –Controlling → gesucht wird alles zum „Rechnungswesen", aber **ohne Controlling**

> Wenden Sie die **Phrasensuche an,** indem Sie eine gesuchte Wortfolge in Anführungsstriche setzen.

Beispiele: „Substanzwert in der Unternehmensbewertung",
„Enzyklopädie der Betriebswirtschaftslehre"

> Nutzen Sie **Platzhalter** (*).

Beispiele: Daten* → Datenbank, Datenerfassung, Datenmaterial, Datenträger u.dgl.m.
Fertigung* → Fertigungsabteilung, Fertigungseinheit, Fertigungssteuerung u.dgl.m.

Die Möglichkeiten zur Rationalisierung der Suche und die Reaktionen auf die o.g. Eingaben sind allerdings von Suchmaschine zu Suchmaschine unterschiedlich. Deshalb sollten Sie sich vorweg in der Hilfe der jeweiligen Suchmaschine informieren. Gute Suchmaschinen sind mit einer Funktion „Erweiterte Suche" ausgestattet, die Ihnen die spezifizierte Suche erleichtert.

Im Prinzip bietet Ihnen das Internet Suchmöglichkeiten auf zwei Ebenen:

a) die Recherche mit Suchbegriffen zu einem bestimmten Thema in **Stichwortkatalogen** und **Suchmaschinen**

b) die Recherche in **Spezialdatenbanken** von Wirtschaftsinstituten, die ihre Literatursammlungen online zugänglich machen, z.B.:

    www.hwwa.de   HWWA Hamburgisches Weltwirtschafts-Archiv
    www.zbw-kiel.de   ZBW Deutsche Zentralbibliothek für Wirtschaftswissenschaften

⇒ **Beachten Sie die Geschäftsbedingungen!** Mitunter ist die Literaturrecherche frei, die Anforderung von Inhalten jedoch *kostenpflichtig*.

Nutzen Sie die **Online-Kataloge großer Bibliotheken**, denn die Recherche bei Universitäts-, Staats- und Landesbibliotheken ist *kostenlos*.

<u>Beispiele</u>:

- Niedersächsische Staats- und Universitätsbibliothek Göttingen   http://www.sub.uni-goettingen.de
- Sächs. Landesbibliothek – Staats- und Universitätsbibliothek Dresden (SLUB)
                                                                                http://www.slub-dresden.de
- Staatsbibliothek zu Berlin (SBB)   http://www.staatsbibliothek-berlin.de

Dem bequemen Zugriff zu interessantem Material und der hohen Aktualität der Informationen aus dem Internet stehen allerdings Nachteile beim Quellennachweis gegenüber. **Deshalb sollten Sie die gewonnen Informationen stets kritisch bewerten** – trotz aller Euphorie über die Vorzüge, die das Internet für die Literaturrecherche und für die Anregung von Gedanken zur zu bearbeitenden Problematik bietet.

Es ist ratsam, zwischen „verlässlichen" und „unbewertbaren" Quellen zu unterscheiden und zu versuchen, die interessierenden Daten anhand der Aussagen anderer Quellen zu überprüfen („cross checking").

Dabei werden Sie feststellen, dass vieles nicht authentisch und nicht nachprüfbar ist. Vor allem durch die relativ schnell wechselnden Inhalte der Websites ist mit der möglichen Quellenangabe (URL/Pfad/Datei und Datum) das Prinzip der Nachvollziehbarkeit und damit die Beweiskraft nicht gewährleistet.

⇒ **Sichern Sie sich ab, wenn Sie sich in Ihrer Abschlussarbeit auf Quellen im Internet berufen!** (s. hierzu Abschnitt 6.4 / insbes. 6.4.5)

⇒ **Drucken Sie die Webseiteninhalte, auf die Sie sich in Ihrer Argumentation beziehen** (mit Quellenangabe und Datum versehen), **aus und fügen sie diese Ihrer Arbeit als Anlage bei.**

Im Literatur- und im Quellenverzeichnis sollten Sie die Internetquellen getrennt von der übrigen Literatur angeben.

6.2 Literatur auswerten – exzerpieren/konspektieren und zuordnen

Angesichts der meist vorgefundenen Fülle an Literatur zum zu bearbeitenden Thema, steht der Bearbeiter einer wissenschaftlichen Aufgabenstellung i. allg. vor der Notwendigkeit, diese Vielfalt an Informationen „auswertungsgerecht" aufzubereiten.

⇒ **Um bei der Literaturauswertung zielstrebig und damit effektiv zu handeln, sollten Sie wie folgt vorgehen:**

(1) **Auswerten der *Informationen über* die erfasste Literatur** durch

- Grobauswahl der zunächst geeignet erscheinenden Quellen und
- übersichtliches **Aufbereiten der Informationen über diese Literatur**.

(2) **Erfassen des *Inhaltes* der ausgewählten Literatur** durch

- Sichten des Inhalts und weiteres **themenrelevantes Aussieben** der Quellen
- Herausziehen und **Notieren** des interessierenden Gedankengutes
- **Ergänzen der Notizen** mit Bemerkungen zu evtl. entstandenen Ideen, gewonnen neuen Einsichten, Erkenntnissen u.dgl.
- **Zuordnen der Notizen** zu den Gliederungsabschnitten der Arbeit.

(3) **Verwerten des erfassten fremden Gedankengutes** und der dazu notierten eigenen Gedanken.

(1) Auswerten der erfassten Informationen über die gefundene Literatur

(1.1) *Grobauswahl* der geeignet erscheinenden Quellen

Um das für die Bearbeitung des Themas **Wichtige vom Unwichtigen** zu **trennen**, ist die Literatur zunächst anhand der in den Bibliotheks- und Internet-Suchsystemen angegebenen Inhaltsinformationen grob zu bewerten und auszuwählen. Neben dem *Themenbezug* sollten Sie auch die *Aktualität* der Veröffentlichung und ggf. Kriterien wie (prominenter) *Verfasser* bzw. Herausgeber, *die Beschaffungsmöglichkeit* u.dgl. beachten.

(1.2) *Übersichtliches Aufbereiten* der Informationen *über* die ausgewählte Literatur

Über die so eingegrenzte Literaturauswahl sollten Sie eine **flexibel auswertbare Literaturübersicht anlegen**.

- *Welche Informationen sollte diese Literaturübersicht enthalten?*

  - Alle für den Literaturnachweis benötigten bibliographischen Daten (s. Abschnitt 4.10) und ggf. Seitenangaben.

  - Den Fundort (z.B. Bibliothek/Signatur, URL mit Pfad- und Dateiname) und ggf. den Zeitpunkt der Erfassung.

  - Die für die Verwertung des Inhalts wesentlichen Ordnungs- bzw. Auswahlkriterien (z.B. Schlüsselwörter für Teilprobleme, Wertigkeit).

- *Wie können diese Informationen nach verschiedenen Gesichtspunkten aufrufbar abgelegt werden?*

  - Am einfachsten durch **Aufzeichnung** der benötigten Informationen **mit einem Textverarbeitungssystem**.
    Mit Hilfe der Funktion „Suchen" können dann die Informationen über die jeweils benötigte Literaturstelle durch Eingabe eines zutreffenden Suchbegriffs (Autor, Stichwort, Schlagwort für ein Teilproblem u.a.m.) herangeholt werden.

  - Durch **Aufbereiten und geordnetes Ablegen** der Informationen **nach bestimmten Kriterien** (z.B. Autor, Suchbegriff) in einer Lose-Blattsammlung, Kartei oder Datei.

- Bei umfangreicheren Arbeiten (z.B. Dissertationen, Forschungsaufgaben) kann es sich durchaus lohnen, diese Angaben in einer kleinen **multivalent auswertbaren Datenbank** festzuhalten.

Ganz gleich, welche Möglichkeit Sie wählen, entscheidend ist, dass Sie bei der Bearbeitung der verschiedenen Teilprobleme Ihrer Arbeit, die jeweils interessierenden Quellen gezielt auffinden.

(2)   Erfassen des Inhaltes der ausgewählten Literatur

(2.1)   *Sichten* **des Inhalts und weiteres themenrelevantes** *Aussieben* **der Quellen**

Die beschaffte Literatur ist nun **anhand ihres Inhalts hinsichtlich der Relevanz für das Thema zu sieben**, bevor mit der Erfassung des Inhalts begonnen wird. Anhaltspunkte dafür bieten das Inhaltsverzeichnis, die Einführung und die Zusammenfassung der Quelle.
Abschnitte, die interessante Aussagen vermuten lassen, werden zunächst „diagonal" gelesen.

- *Wie vorgehen beim weiteren Aussieben?*

Wesentliche Orientierungsmerkmale sind **der Bezug zur Aufgabenstellung** und die **Aktualität** der Literatur:

> Greifen Sie zuerst zu den aktuellsten Veröffentlichungen über die Gesamtthematik,
>   - falls noch kein hinreichender Überblick über die zu bearbeitende Thematik besteht oder
>   - wenn die inhaltlichen Angaben (noch) keine Zuordnung zu Teilproblemen gestatten.

> Sichten Sie die Literatur konzentriert nach bestimmten Teilproblemen, wenn der Erkenntnisstand über die Thematik bereits den Entwurf einer (zwei- bis dreistelligen) Grobgliederung ermöglicht.

(2.2)   *Herausziehen* **und** *Notieren* **des interessierenden Gedankengutes**

Als wesentlich erkannte Literaturstellen sind intensiv durchzuarbeiten. Die für die Bearbeitung des Themas relevanten Aussagen sollten Sie sofort schriftlich fixieren und dazu die bibliographischen Angaben zur Quelle festhalten (trotz des damit verbundenen Zeitaufwandes). Versehen Sie diese

Notizen gleich mit den aufkommenden eigenen Gedanken zum Gelesenen! Das erleichtert erheblich das spätere zielgerichtete „Verwerten" der Quellen.

Das Anfertigen solcher schriftlichen Auszüge wird allgemein als **Exzerpieren** bezeichnet. Bezüglich der Art und des Umfangs der schriftlich fixierten Aussagen ist jedoch zu unterscheiden zwischen dem **Exzerpieren** und dem **Konspektieren**.

- Das **Exzerpt** ist ein *wörtlicher Auszug*.
- Der **Konspekt** ist eine *stichwortartige Inhaltsübersicht*, eine Zusammenfassung des Wesentlichen.

In der Praxis stellen die entstehenden Auszüge in der Regel eine Mischung zwischen beiden Formen dar. Nachfolgend und dem allgemeinen Sprachgebrauch entsprechend wird deshalb Exzerpieren als Oberbegriff für beide Formen des schriftlichen Auszugs verwendet.

- *Was und wie exzerpieren?*

  > Verschaffen Sie sich zunächst durch „diagonales" Lesen einen Überblick über die in der Literaturstelle enthaltenen Aussagen. Markieren Sie bereits dabei wesentlich erscheinende Darlegungen.
  > (Das gilt sinngemäß auch für sonstige auszuwertenden Materialien wie Beratungs- und Interview-Protokolle, Untersuchungsberichte u.dgl.)

  > Arbeiten Sie dann die Literaturstelle durch (ggf. eingeschränkt auf die wichtig er scheinenden Abschnitte) und notieren Sie das Wesentliche mit eigenen Worten.
  > Vergessen Sie nicht die Seitenzahlen der Fundstelle mit festzuhalten.

  > Schreiben Sie nur das heraus, was Antwort auf eine Problem- bzw. Fragestellung gibt. Achten Sie darauf, dass durch das Herausnehmen aus dem Kontext der Bedeutungsgehalt der fremden Aussage gewahrt wird.

  > Übernehmen Sie spezielle Fachbegriffe, Definitionen, Zitate und besonders wichtige Aussagen (z.B. Argumente, Schritte einer Problemlösung, Ableitungen, mathematischen Darlegungen, Schlussfolgerungen) buchstaben- und zeichengetreu mit Seitenangabe. Zitate sollten Sie bereits im Exzerpt durch Anführungsstriche markieren.

  > Vermerken Sie auf jeder ersten Seite eines Exzerptes die bibliographischen Daten der ausgewerteten Literaturstelle, deren Fundort bzw. Standort, möglichst auch das

Datum des Exzerpierens und auf den Folgeseiten einen dafür geltenden Code (z.B. eine an die Literaturstelle vergebene Nummer).

→ Es muss jederzeit möglich sein, nochmals auf den Originaltext zurückzugreifen.

> Notieren Sie sofort die beim Studium des Schriftstückes entstandenen Überlegungen und Anregungen (am zweckmäßigsten an der entsprechenden Stelle im Exzerpt)!

> Vermerken Sie im Kopf jedes Exzerptes die für den Inhalt zutreffenden Suchbegriffe. (Entsprechend ihrer Funktion bei der Verwertung des erfassten Gedankengutes werden sie fortan als *Schlüsselwörter* bezeichnet).

→ Exzerpte müssen anhand der Schlüsselwörter den Gliederungsabschnitten der Arbeit problemlos zugeordnet werden können.

> Wenn nicht genügend Zeit bleibt, um eine Literaturstelle sofort durchzuarbeiten und sorgfältig zu exzerpieren, sollten Sie vom Originaltext eine Kopie anfertigen und diese später für die weitere Auswertung vorbereiten.

→ Wesentliche Aussagen markieren und Schlüsselwörter vergeben.

Die so gestalteten Exzerpte können problemlos für die nachfolgende Verwertung aufbereitet werden.

- *Wie die exzerpierten Informationen für die spätere Verwertung rasch auffindbar ablegen?*

→ Generell durch **Aufbereiten und geordnetes Ablegen** der Exzerpte **nach Schlüsselörtern**, die nach Vorliegen der Feingliederung ein Zuordnen zu den Gliederungsabschnitten ermöglichen.

> **Bei konventioneller Arbeitsweise** mit „Bleistift und Papier" sollten Sie zu diesem Zweck die Exzerpte wie folgt gestalten:

- Beschreiben bzw. bedrucken Sie die Blätter stets einseitig, um ggf. ein Zerschneiden und Zuordnen zu weiteren Schlüsselwörtern zu ermöglichen. (Oft enthält das Exzerpt Aussagen zu mehreren Schlüsselwörtern oder die Notwendigkeit zu einer anderen Zuordnung wird erst beim Verwerten des Gedankengutes erkannt.)

- Lassen Sie oben und rechts hinreichend Rand für Notizen (z.B. Eintragen der bibliographische Angaben im Kopf links, der Schlüsselwörter im Kopf rechts und Vermerken eigener Gedanken rechts neben der „inspirierenden" Textstelle).

- Nummerieren Sie die Blätter des Exzerptes, wenn sich die Notizen über mehrere Seiten erstrecken und vermerken Sie mit einem Kennzeichen oder in Kurzform die Quelle auf jedem weiteren Blatt. Beim Verarbeiten des Inhalts und „Auseinanderreißen" der Blätter kann leicht der Bezug zur Quelle verloren gehen.

> **Erarbeiten Sie Ihre Abschlussarbeit am Computer** (s. Abschnitt 5.4), dann notieren Sie sich analog das interessierende Gedankengut in den Word-**Dateien** des dazu angelegten Dateiverzeichnisses (s. insbesondere Abschnitt 5.4).
> [Mitunter werden für das Erfassen und Aufbereiten der interessierenden Aussagen auch **Tabellen** (z.B. Excel) oder eine **Datenbank** (z.B. ACCESS) verwendet.]
> Neben erweiterten Zugriffsmöglichkeiten bietet das den Vorteil, dass exzerpierte Informationen direkt aus den Dateien oder Tabellen in den Schriftsatz der Arbeit übernommen werden können.

⇒ **Exzerpte, die mit Schlüsselwörtern gekennzeichnet werden und die die bibliographischen Daten der Quelle enthalten, sind ein äußerst nützliches Hilfsmittel bei der Abfassung einer wissenschaftlichen Arbeit.**

(2.3) *Zuordnen der Notizen zu den Gliederungsabschnitten der Arbeit*

● *Wie geht es konventionell weiter?*

> Ordnen Sie nunmehr die Exzerpte mit Hilfe der Schlüsselwörter den entsprechenden Gliederungspunkten zu. Es hat sich bewährt, Mappen oder Ordner für die einzelnen Gliederungsabschnitte anzulegen und die Exzerpte darin anzusammeln. Damit wird das erfasste Gedankengut nach den zu behandelnden Teilproblemen verdichtet.
> Die so thematisch konzentriert vorliegenden Aussagen erleichtern Ihnen erheblich die Erarbeitung des jeweiligen Abschnitts.

> Treffen einige der auf den Exzerpten vermerkten Schlüsselwörter auf mehrere Gliederungspunkte zu, dann entscheiden Sie während der Bearbeitung dieser Abschnitte, wo Sie die betreffenden Aussagen verwenden.

Mitunter lohnt es sich, Exzerpte zu kopieren, wenn diese Blätter verschiedenen Gliederungsabschnitten zugeordnet werden können.

Diesen Schritten folgt dann der Schritt (3), das spätere problembezogene, meist gliederungs- bzw. abschnittsweise „Verwerten" des gefundenen Gedankengutes.

6.3 Fußnoten nutzen

Fußnoten dienen zur Auslagerung von Aussagen aus dem Fließtext. Sie sind anzuwenden, wenn notwendige Einfügungen oder erwähnenswerte Informationen den logischen Gedankenfluss der Darlegungen beeinträchtigen würden.

Nutzen Sie Fußnoten nur im Ausnahmefall! Auch das „Verstecken" vieler Hinweise in Fußnoten kann sich beim Lesen der Arbeit störend auswirken.

- *Wie sind Fußnoten darzustellen?*

    - Vom Textteil der Seite durch einen waagerechten Strich (einheitlich lang) abgegrenzt.
    - Fortlaufend in der gesamten Arbeit durchnummeriert.
    - Einzeilig mit einer um 2 Grad kleineren Schrift als der Fließtext.

Im Text wird auf die Fußnote durch eine hochgestellte arabische Ziffer verwiesen. Diese steht entweder nach dem Punkt am Ende des Satzes oder am Ende des Zitates bzw. des übernommenen Gedankens.

Textverarbeitungssysteme bieten hierfür die Funktion „Fußnote".

Beispiel: ... Als eine Folge dieser Marketingkonzeption ist die in deutschen Unternehmen als Führungsposition geschaffene Stelle des Produktmanagers [18] zu sehen. ...

---

[18] Ein Produktmanager koordiniert sämtliche Betriebs- und Absatztätigkeiten für ein Produkt oder eine Produktgruppe.

- *Was wird üblicherweise in Fußnoten ausgelagert?*

    - **Anmerkungen** des Verfassers und
    - **Quellennachweise** (s. Abschnitt 6.4.2).

(1) **Welche Art von Anmerkungen** können das sein?

- **Ergänzungen** zu den Ausführungen, die zum Verständnis der Darlegungen nicht zwingend erforderlich sind (z.B. nähere bzw. ergänzende Erläuterungen, Klarstellen von möglicherweise unterschiedlich deutbaren Aussagen, Aufzählen von Beispielen).
- Die **Übersetzung** eines im Text enthaltenen fremdsprachlichen Zitates oder umgekehrt das **Originalzitat**, wenn dessen Übersetzung in den Text eingefügt wurde.
- **Hinweise** auf noch zu klärende Probleme, auf andere Arbeiten oder andere Quellen (Literaturempfehlungen) u.dgl.
- Ggf. **Verweise** auf andere Stellen innerhalb der Arbeit (wenn ein Hinweis auf den Abschnitt genügt, diesen besser im Fließtext in Klammern einfügen).

(2) **Vor- und Nachteile der Quellenangabe in der Fußnote**.

- Wenn die bibliographischen Angaben eines Zitates auf der gleichen Seite stehen, weiß der Leser sofort auf welche Veröffentlichung sich der Verfasser bezieht.
- Das führt jedoch zu doppeltem Schreibaufwand, weil die betreffende Quelle trotzdem mit ihren vollständigen bibliographischen Angaben im Literaturverzeichnis aufgeführt werden muss.

Das Schreiben der Fußnoten wird erschwert, wenn viele Literaturstellen oder die gleiche Quelle wiederholt (mit ebenda oder a.a.O.) auf einer Seite angegeben werden müssen.
Außerdem erweist sich die fortlaufende Nummerierung der Fußnoten fehleranfällig bei nachträglichem Einfügen oder Streichen von Fußnoten. Hierzu bietet allerdings die Funktion „Fußnote" heutiger Textverarbeitungssysteme Abhilfe.

6.4 Zitate anwenden

Ein Zitat ist die Wiedergabe fremden Gedankengutes, das i.allg. in schriftlicher Form oder als mündliche Äußerung vorliegt.
Für die Wiedergabe gelten bestimmte Grundsätze und Regeln (Abschnitt 6.4.1).
Zum Nachweis der Quelle eines Zitates stehen verschiedene Methoden zur Verfügung (Abschnitt 6.4.2). Das fremde Gedankengut kann *wörtlich* (Abschnitt 6.4.3) oder *sinngemäß* (Abschnitt 6.4.4) wiedergegeben werden. Dabei sind jeweils spezifische Regeln zu beachten.

Darüber hinaus sind Besonderheiten sind zu beachten, wenn aus elektronischen Veröffentlichungen (CD-ROMs, DVDs und Internet) zitiert wird (Abschnitt 6.4.5)

> ■ Verwenden Sie nur dann Zitate, wenn sie für die Beweisführung erforderlich sind!

In einer wissenschaftlichen Arbeit sind Zitate, wenn sie auf die eigene Aussage inhaltlich voll zutreffen, ein für die Argumentation hilfreiches Mittel

- um den eigenen Standpunkt zu fundieren und gegenüber anderen Auffassungen abzugrenzen bzw. zu erhärten und
- um aus der Gegenüberstellung und Analyse bestehender Auffassungen einen eigenen Standpunkt (Erkenntnisse, Schlussfolgerungen) abzuleiten.

D.h. Zitate ermöglichen es, mit der eigenen Argumentation an bereits vorhandene Auffassungen und Argumente anzuknüpfen und die Herkunft eigener Auffassungen und Argumente zu belegen.

6.4.1 Grundsätze und Regeln

Fremdes Gedankengut, das in der Arbeit verwendet wird, muss eindeutig als Zitat gekennzeichnet sein und dazu die Quelle angegeben werden, aus der das Zitat stammt. Als Quelle eines Zitates gelten alle im Rahmen der Bearbeitung der Aufgabenstellung verwendeten Materialien, geführten Gespräche, besuchten Vorträge u.dgl.

Angesichts der Eigenheiten elektronischer Medien erfordern Zitate aus CD-ROMs, DVDs und aus dem Internet eine besondere Sorgfalt (s. Abschnitt 6.4.5).

● *Wo und wie sind Quellen in der Arbeit anzugeben?*

Gemäß DIN 1422-1

- *sowohl* im Text unmittelbar an den Stellen, an denen auf sie zurückgegriffen wird, **mit genauer Seitenangabe**, jedoch **in der heute üblichen Kurzform** (s. Abschnitt 6.4.2).
- *als auch* im Literaturverzeichnis **mit vollständigen bibliographischen Angaben**.

Die vollständige bibliographische Angabe der Quellen soll es dem Leser ermöglichen,

- Eigenleistung und fremdes Gedankengut eindeutig zu erkennen,
- festzustellen, von welchem Verfasser welche Aussagen, welche Daten o.dgl. stammen sowie wann und wo deren Veröffentlichung erfolgte,
- zu ihn interessierenden Aussagen und Auffassungen weiter zu recherchieren.

Grundsätze (nach DIN 1422-1) und allgemeingültige Gepflogenheiten bzw. Regeln beim Zitieren, die Sie beachten müssen:

- Die vollständigen **bibliographischen Angaben** zur Quelle, die das Literaturverzeichnis enthält, müssen so konkret sein, dass die Aussage **jederzeit nachprüfbar** ist.

- Es ist grundsätzlich **aus der Originalquelle zu zitieren** (*Primärzitat*).
  Nur wenn diese nicht aufgefunden werden kann, ist die Übernahme des Zitates aus einer Sekundärquelle zulässig (*Sekundärzitat*). In diesem Fall wird die Originalquelle genannt und mit dem Zusatz „zitiert nach ..." die tatsächliche Fundstelle angegeben.
  Im Literaturverzeichnis müssen beide Quellen aufgeführt werden.
  Beispiel: Gutenberg, E., Grundlagen der Betriebswirtschaftslehre, Bd. 1 Produktion, 24. Aufl., Berlin 1983, zitiert nach Wöhe, 2008, S. 342.

- Das **Entnehmen fremden Gedankengutes aus dem Zusammenhang** darf im Zitat nicht zu einer Änderung des vom Autor der Aussage beigelegten Sinns führen.

- **Fremdsprachige Quellen** sind in der Originalsprache zu zitieren.

- Für **allgemein anerkannte Fakten und Sachverhalte** (z.B. Lexikon- und Lehrbuchwissen) ist kein Quellennachweis zu führen.
  Bei allgemein bekannten Zitaten (feststehende Redewendungen oder charakteristische Formulierungen) genügt es, den Namen des Verfassers in Klammern anzugeben.

Die Art und Weise der Titelangabe von Dokumenten aller Art wird durch die DIN 1505, Teile 1- 4 geregelt.

Spezifische Regeln für „unkonventionelle" Quellen enthalten DIN 1505-2 und 1505-4. Sie gelten für

- den Nachweis von sonstigen zitierbaren Quellen wie Schutzrechte, Normen, Loseblattausgaben, geographische Karten, audiovisuelle Materialien, (mündliche) Aussagen, Unika und
- die Transliteration von Angaben in fremden Sprachen mit nichtlateinischen Alphabeten.

6.4.2 Methoden des Literaturnachweises

- *Wie die Quellen im Text angeben?*

Für die Quellenangabe unmittelbar hinter dem Zitat stehen verschiedene Möglichkeiten zur Verfügung. Bedenken Sie, dass jede Einfügung in den Text den Gedankenfluss der Darlegungen unterbricht. Deshalb sollte der Text so wenig wie möglich damit belastet werden.
Unter diesem Aspekt sind drei Varianten des Quellennachweises akzeptabel:

1) **Quellenangabe in *Kurzform* direkt an der zitierten Stelle.**

   Die Kurzform umfasst:
   Name des Verfassers oder **Herausgebers, Erscheinungsjahr des Titels** und **Seitennummer**.
   Diese Angaben werden durch Klammern eingegrenzt. Zwischen Jahr und Seitenangabe steht ein Komma.
   Die <u>vollständigen</u> bibliographischen Daten sind in einem *alphabetisch* geordneten Literaturverzeichnis anzugeben.

   Beispiel: Für die Definition des Begriffs existieren unterschiedliche Auffassungen, auf die hier nicht näher eingegangen werden kann (s. Müller, J., 2011, S. 67). Im folgenden wird ... .

2) **Verwenden von Fußnoten zur Quellenangabe (*Fußnotensystem*).**

   Auch für die Quellenangabe in der Fußnote sollte die **Kurzform** genutzt werden.
   Es gibt weitere, teils als überholt geltende „Spielarten" der Quellenangabe („Vollbeleg", „Abkürzung im Vollbeleg", „erweiterter Kurzbeleg"), deren Bewertung nicht Anliegen dieser Schrift ist.
   Die vollständigen bibliographischen Angaben zur Quelle müssen in jedem Fall in einem *alphabetisch* geordneten Literaturverzeichnis ausgewiesen werden.

3) **Kennzeichnen der Zitate mit einer fortlaufenden Nummer (*numerisches System*).**

   Die vollständigen bibliographischen Angaben zur Quelle werden in einem *numerisch* geordnetem Literaturverzeichnis aufgeführt. Maßgebend hierfür sind die für die Zitate vergebenen Nummern.

- *Welche Methode der Quellenangabe nutzen?*

Sie sollten zwischen dem Fußnotensystem und dem numerischen System wählen.

Das Fußnotensystem wird vorwiegend in gesellschaftswissenschaftlichen und das numerische System vor allem in natur- und ingenieurwissenschaftlichen Arbeiten angewendet. Das numerisches System gilt als rationeller und erfreut sich wachsenden Zuspruchs.
Die Wahl der Zitierweise bedarf allerdings unbedingt der Absprache mit dem Betreuer!

(1) Zum Fußnotensystem

Die Fußnoten sind in der Reihenfolge ihres Auftretens im Text fortlaufend zu nummerieren (s. auch Abschnitt 6.3 „Fußnoten nutzen"). Diese fortlaufende Nummer wird am Ende des Zitates als hochgestellte Zahl angefügt und unterhalb des Textes der betreffenden Seite als Fußnote mit der Quelle des Zitates angegeben.

Beispiel: Für die Definition des Begriffs existieren unterschiedliche Auffassungen, auf die hier nicht näher eingegangen werden kann [35]. Im folgenden ... .

[35] Vgl. Müller, J., 2011, S. 67) .....

- *Was ist bei der Nutzung von Fußnoten für die Quellenangabe zu beachten?*

  - Sind mehrere Quellen anzugeben, so werden diese aufsteigend nach Erscheinungsjahr und innerhalb dessen nach dem Verfasser alphabetisch geordnet aufgeführt.

  - Enthält die Fußnote mehrere Titel eines Verfassers mit dem gleichen Erscheinungsjahr, so sind die verschiedenen Titel mit einem kleinen Buchstaben bei der Jahresangabe zu unterscheiden (z.B. 2005a, 2005b).

  - Bei mehr als zwei Verfassern wird in der Fußnote nur der erste mit dem Zusatz „et al." angegeben; im Literaturverzeichnis sind alle anzuführen.

  - Wenn sich die zitierte Aussage auf die nächste Seite erstreckt, dann wird ein „f." hinter die Seitenzahl des Zitatbeginns gesetzt. Erstreckt sie sich über mehrere Seiten, so folgen der Seitenangabe die Zeichen „ff." .

  Beispiele: ... (Müller, J., 2011, S. 67 f.) .... bzw. ... (Müller, J., 2011, S.67 ff.) ....

Das Fußnotensystem erleichtert das Lesen der Arbeit, weil der Name des Autors und der Titel der Quelle auf der gleichen Seite zu finden sind. Die vollständigen bibliographischen Angaben stehen im Literaturverzeichnis.

Das Nutzen des Fußnotensystems ist – vor allem angesichts nachträglicher Änderungen – nur vertretbar beim Anwenden eines Textverarbeitungssystems und Nutzen der Funktion „Fußnote" zum Schreiben der Arbeit.

(2) Zum numerischen System

Beim numerischen System werden die Quellen

- in der Reihenfolge, in der Sie sich erstmals im Text darauf beziehen, fortlaufend nummeriert und
- im Literaturverzeichnis in dieser Reihenfolge nummeriert aufgelistet.

Im Text wird hinter dem Zitat lediglich diese Nummer in eckigen Klammern eingefügt und dazu die Seite genannt.

Beispiele: [23, S.122] oder (siehe [23], S.122) bzw. (nach [23, S. 122]) oder auch (nach [23], S. 122)

● *Was ist beim Nutzen des numerischen Systems für die Quellenangabe zu beachten?*

- Wenn sich die **zitierte Aussage auf mehr als eine Seite erstreckt** gilt die Regelung mit dem f. bzw. ff. hinter der Seitennummer.
- **Bei wiederholter Bezugnahme auf eine Veröffentlichung** genügt es, die Nummer zu nennen unter der die Quelle im Literaturverzeichnis steht und die Seite anzufügen. Das gilt ebenso für die **Angabe mehrerer Quellen** zu einer zitierten Auffassung.
- Wird nur **ein** Satz (wörtlich oder sinngemäß) zitiert, dann ist die Quelle vor dem Punkt am Satzende anzugeben: „...[23, S. 122]." oder: „...(nach [23 S. 122])."
- Gilt der Quellennachweis für **mehrere** Sätze oder den ganzen Absatz, dann wird die Quelle hinter dem Punkt aufgeführt: „ ... .[14, S. 27]" bzw. „ ... .(nach [14, S. 27])".

Das ist die rationellste und damit konsequenteste Form der sog. Havard-Zitierweise. Bei einem nachträglichen Einfügen von Zitaten können allerdings leicht Fehler entstehen.

6.4.3 Das wörtliche (direkte) Zitat

Das wörtliche Zitat ist grundsätzlich in Anführungszeichen zu setzen.
Dabei kann es sich um Satzteile, ganze Sätze, komplette Absätze oder auch nur um einen einzigen Begriff (Begriffsdefinition) handeln.

- **Wörtliche Zitate sind sparsam und nur dann anzuwenden,**
  - wenn es sich um mündliche oder schriftliche Äußerungen handelt, auf deren **exakten Wortlaut es ankommt** (z.B. Zeugenaussagen, Gesetzestexte, Definitionen) und
  - wenn auf präzis formulierte Sachverhalte Bezug genommen wird, die mit eigenen Worten nicht mindestens in der gleichen exakten Weise ausgedrückt werden können (z.B. Erkenntnisse, Thesen, markante Formulierungen, Beratungsergebnisse etc.).

- **Längere wörtliche Zitate** (ab ca. drei Zeilen) können Sie **im Schriftbild hervorheben** durch:
  - eine zentrierte Schreibweise oder Einrücken des Textes (i.d.R. um 5 Leerstellen),
  - einen kleineren Schriftgrad (z.B. 10 pt statt 12 pt),
  - einen geringeren Zeilenabstand (z.B. 1-zeilig statt 1,5-zeilig),
  - eine Textauszeichnung (z.B. Kursiv- oder Fettschrift) bzw. eine andere Schriftart oder
  - eine Kombination dieser Möglichkeiten (z.B. zentrierte Schreibweise und engzeilig).

- **Wörtliche Zitate sind *originalgetreu* mit Angabe der Ursprungsquelle wiederzugeben.**
  - Wird ein **Zitat durch den vorhergehenden Satz eingeleitet,** dann ist vor das Zitat ein Doppelpunkt zu setzen, anderenfalls steht es als selbständiger Satz.
  - **Enthält ein Zitat seinerseits ein Zitat** (Zitat im Zitat), dann werden diese Angaben des zitierten Autors in einfache Anführungsstriche („...') gesetzt.
    (Möglichst die betreffende Aussage in der zitierten Literatur aufsuchen!)

    <u>Beispiel</u>: (Einleitung durch vorhergehenden Satz und Zitat im Zitat)
    Ricardo unterschiebt dem Destutt seinen eigenen tieferen Sinn: „Destutt sagt in der Tat zwar einerseits, dass alle Dinge, die den Reichtum bilden ,*die Arbeit repräsentieren, die sie geschaffen hat'* aber andrerseits, dass sie ihre zwei verschiedenen Werte (Gebrauchswert und Tauschwert) vom *,Wert der Arbeit'* erhalten..."

- **Wörtliche Zitate sind *exakt buchstaben- und zeichengetreu* wiederzugeben.**

  - Die Forderung nach originalgetreuer Wiedergabe gilt auch für
    -- die **Orthographie** (unabhängig von der aktuellen Rechtschreibung)
    -- die **Interpunktion**,
    -- den **Schriftschnitt** (Fettschrift, Kursivschrift, Unterstreichungen) und
    -- die **Schrifterweiterung** (Zeichenabstand),

    welche oft den Sinn der Aussage beeinflussen.

  - Orthographische und Interpunktionsfehler oder ungewöhnliche Schreibweisen sind nicht zu korrigieren! Sie sollten aber deutlich machen, dass Sie die Schreibweise vom Original über nehmen, z.B. mit einem "[sic!]", einem "!" oder einem direkten Hinweis.

    Beispiele:
    „Die Marktanalise [sic!] ist eine einmalige Untersuchung eines Teilmarktes; [!] der räumlich und nach Warenarten abgegrenzt ist."

    „Die Kommanditgesellschaft auf Aktien (KGaA) ist eine Kombination von Kg und Ag [Schreibweise übernommen]."

- **Der ursprüngliche Sinn des zitierten Textes muss erhalten bleiben!**

  Diese Forderung nach originalgetreuer *inhaltlicher* Wiedergabe gebietet darauf zu achten, dass der ursprüngliche Sinn der Aussage nicht verändert wird

  - weder durch das Herausnehmen des Zitates aus dem bisherigen Zusammenhang
  - noch durch Auslassungen von Text oder durch eigene Einfügungen.

- **Ausnahmen zur Änderung des zitierten Textes sind erlaubt**, wenn
  - der originäre Sinn der Aussage erhalten bleibt,
  - jede Abweichung eindeutig gekennzeichnet wird,
  - ein einleuchtender Grund dafür vorliegt
    (z.B. um dem Leser das für den eigenen Standpunkt Wesentliche hervorzuheben oder das Zitat durch eine Ergänzung verständlicher zu gestalten)
  - eine Übersetzung erforderlich ist.

- *Welche Ausnahmen sind zulässig? Wie sind sie zu kennzeichnen?*

(1) **Auslassen** von einzelnen Wörtern, Satzteilen, ganzen (auch mehreren) Sätzen oder Textabsätzen aus dem zitierten Text.

Auslassungen sind durch drei Punkte zu kennzeichnen. Sie können in eckige [...] oder runde (...) Klammern gesetzt werden. Das gilt auch für Auslassungen zu Beginn und am Ende eines Zitats.

Auf das Auslassen eines einzelnen Wortes kann durch zwei Punkte verwiesen werden.

Beispiele:

Auslassen mehrerer Wörter:

„Wenn wir die Unternehmung in den Mittelpunkt unserer Betrachtungen stellen, so [...] wollen wir einen Produktionsbetrieb in weitestem Sinne darunter verstehen"

Auslassen von Sätzen:

„Die Betriebswirtschaftslehre besteht aus einem theoretischen und einem angewandten (praktischen) Teil. [...] Beide Teile unterscheiden sich durch ihr Erkenntnisziel."

Auslassung am Anfang eines Zitats:

Original: „Dieser dynamische Prozess der Erkenntnisgewinnung im Wege vieler kleiner Schritte ist insbesondere für die Erfahrungswissenschaften typisch, zu denen die Betriebswirtschaftslehre gehört."

Auslassung: Dieser dynamische Erkenntnisprozess „... ist insbesondere für die Erfahrungswissenschaften typisch, zu denen die Betriebswirtschaftslehre gehört."

Auslassung am Ende eines Zitats:

Original: „Entscheidungsregeln geben zu jedem Entscheidungsproblem die optimalen Aktionen eindeutig an, bzw. sie gestatten die dazu erforderliche Errechnung, so dass mit ihnen das Entscheidungsproblem gelöst wird."

Auslassung: „Entscheidungsregeln geben zu jedem Entscheidungsproblem die optimalen Aktionen eindeutig an, bzw. sie gestatten die dazu erforderliche Errechnung ... ."

(2) **Hervorheben** von Teilen des Zitats, die dem Verfasser besonders wesentlich erscheinen (z.B. weil sie seine Auffassung unterstützen oder er sich damit kritisch auseinandersetzt).

Hervorhebungen können z. B. durch Fettschrift, *Kursivschrift*, <u>Unterstreichungen</u>, S p e r r u n g e n oder GROSSSCHREIBUNG erfolgen. Es sollte jedoch jeweils nur eine dieser Möglichkeiten genutzt werden.

Auf die eigene Hervorhebung ist durch eine in eckige Klammern gesetzte Bemerkung hinzuweisen: z.B. [der Verfasser] oder [Hervorhebung durch den Verfasser].

Beispiel für das Hervorheben von Teilen des Zitats:

„... In den Folgeperioden muß eine Wertzuschreibung <u>in Höhe des jeweiligen Barwertanstiegs</u> [Hervorhebung durch den Verfasser] vorgenommen werden. ..."

(3) **Einfügen** eigener Bemerkungen in das Zitat.

Einfügungen (z.B. um den Bezug der Aussage zu verdeutlichen) sind durch einen in eckige Klammern gesetzten Hinweis zu kennzeichnen:

[..., der Verfasser], [..., Einfügung des Verfassers] o.dgl.

Beispiel für Hinweis auf eigene Einfügung:

„Sie [die Betriebe der Einzelfertigung, Einfügung des Verfassers] haben kein festes Programm, sondern stellen alles her, was mit den vorhandenen Produktionsanlagen und Arbeitskräften produziert werden kann".

(4) **Anpassen** des grammatikalisch geänderten Satzbaues für den Leser.

Der zur Anpassung in das Zitat eingefügte Text (um z.B. einen unvollständigen Satz zu ergänzen) ist in eckige Klammern zu setzen.

Beispiel für das Anpassen des Satzbaues:

Original: „Der Aufsichtsrat, der von der Hauptversammlung für höchstens vier Jahre gewählt wird, hat die Geschäftsführung des Vorstandes zu überwachen, der ihn mindestens alle drei Monate über die Lage der Gesellschaft informieren muß."

Anpassung: „Der Aufsichtsrat, der von der Hauptversammlung für höchstens vier Jahre gewählt wird, [überwacht] die Geschäftsführung des Vorstandes ... ."

6.4.4 Das sinngemäße (indirekte) Zitat

Die sinngemäße, in eigene Worte gekleidete Wiedergabe fremden Gedankengutes gilt als indirektes Zitat.

→ Es ist durch ein der Quellenangabe vorangestelltes „vgl." zu kennzeichnen.

Damit **Anfang und Ende des Zitates eindeutig ersichtlich** sind, wird

- **zu Beginn** der sinngemäßen Wiedergabe der **Name** des Autors angegeben (z.B. nach Wöhe ..., Wöhe ist der Auffassung ..., Wöhe schreibt, dass ....) und
- **am Ende** der sinngemäßen Aussage die **Quelle** genannt.

<u>Beispiele</u>:

- Beim Anwenden des numerischen Systems:

  Wöhe unterscheidet vier statische Verfahren der Investitionsrechnung (vgl.. [39], S. 527).

- Beim Anwenden des Fußnotensystems (mit Kurzform):

  Wöhe unterscheidet vier statische Verfahren der Investitionsrechnung.[21]

---

[21] Vgl. Wöhe, G., 2008, S. 527

Wird die betreffende Auffassung auch noch von anderen Autoren vertreten, so können diese Quellen mit dem Hinweis „ebenso" oder „auch" dahinter angegeben werden.

<u>Beispiel</u>: Nach Wöhe sind vier statische Verfahren der Investitionsrechnung zu unterscheiden (vgl.. [39], S. 527; ebenso [43], S.145, [28] S. 68).

Bei mündlichen Äußerungen ist auf eine exakte, nachprüfbare Quellenangabe zu achten.

<u>Beispiele</u>:

- Beim Anwenden des numerischen Systems und Verweis auf Literaturverzeichnis:

  Nach Müller (vgl. [34]) wird ... .

- Beim Anwenden des Fußnotensystems und Quellenangabe:

  Nach Müller [22] wird   ...   .

---

[22] Beratung beim Geschäftsführer der xyz GmbH am 06.05.08, 15.00 Uhr.

6.4.5 Zitieren aus elektronischen Veröffentlichungen

Für die Abfassung von wissenschaftlichen Abschlussarbeiten werden zunehmend auch Veröffentlichungen auf elektronischen Medien, insbesondere im Internet sowie auf CD-ROMs und DVDs, ausgewertet.

Hierbei treten meist Probleme bzgl. des exakten und nachvollziehbaren Quellennachweises auf, weil die **elektronische Quelle**

- *veränderlich*, damit unbeständig (insbes. Internet) und mitunter
- *nicht allgemein zugängig* (insbes. CD-ROM / DVD) ist.

→ Die in den Abschnitten 6.4.1 bis 6.4.4 dargelegten Grundsätze und Regeln für den Quellennachweis von Zitaten gelten dennoch grundsätzlich auch für Zitate aus elektronischen Veröffentlichungen.

Trotz der, von den Gegebenheiten beim Zitieren gedruckter Veröffentlichungen, abweichenden Bedingungen sind diese Grundsätze und Regeln soweit wie irgend möglich einzuhalten. Insbesondere die Quelle ist so vollständig und korrekt wie möglich anzugeben. Das ist notwendig, um

- sowohl die **Quellenangabe**
- als auch die **Veröffentlichung**, auf die sich ein Zitat bezieht,

nachprüfen zu können.

Den bibliographischen Angaben muss daher unbedingt die **Art der elektronischen Quelle** hinzugefügt werden. Außerdem sind weitere *quellenspezifische* Angaben erforderlich, je nachdem, ob es sich bei der Quelle um das Internet (Absatz 1) oder eine CD-ROM/DVD (Absatz 2) handelt.

Um die Zitate jederzeit nachprüfen zu können, sollten Sie bei der Auswertung elektronischer Quellen einige Grundsätze beachten:

1. Quellen auf elektronischen Medien sind möglichst nur dann zu nutzen, wenn diese
   - jederzeit und ausnahmslos zugänglich sind (z.B. CD-ROMs und DVDs im Angebot oder sicherer: ausleihbar);
   - nicht durch Passwort, Benutzername, Registrierschlüssel o.dgl. (Internetveröffentlichungen) geschützt sind.

2. Werden dennoch Zitate aus nicht zugängigen Quellen verwendet, dann sind
   - die betreffenden Veröffentlichungen unbedingt zu dokumentieren und
   - diese Belege der Arbeit anzufügen (z.B. als CD-ROM/DVD oder als Kopie der betreffenden Veröffentlichung im Internet)

3. Bei Internetveröffentlichungen ist unbedingt das Datum des letzten Aufrufs der Quelle anzugeben, weil die Veröffentlichung inzwischen geändert oder gelöscht sein kann und damit die von Ihnen zitierte Aussage nicht mehr nachprüfbar bzw. nachweisbar ist.

(1) Quelle Internet

• *Wie eine Quelle aus dem Internet zitieren?*

Für das korrekte Zitieren von Internetquellen gibt es zwar viele Vorschläge und Gepflogenheiten, aber noch keine Standards. Bestehen an Ihrer Hochschuleinrichtung dafür keine Vorgaben, dann sollten Sie Internetquellen in Anlehnung an die **DIN 1505-2** wie folgt zitieren:

⇒ Nachname, Vorname des **Autor**s und/oder **Herausgeber** (Institution, die die zitierte Aussage im Internet offeriert), **Titel** der Seite oder des Artikels, (falls möglich) **Ort und Datum** der **Erstellung bzw. letzten Aktualisierung**, vollständige **URL** und (in Klammern) **Datum des letzten Zugriffs** (xx.xx.xxxx).

Beispiele:

Autor und/oder **Herausgeber, Titel** des Dokuments, **Ort und Erstellungsdatum, URL,** (**Zugriffsdatum**).

Statistisches Bundesamt (Hrsg.): Wirtschaft und Statistik, Ausgabe 1/2012, http://www.destatis.de/jetspeed/portal/cms (letzter Zugriff: 29.02.2012)

Centrum für Hochschulentwicklung CHE (Hrsg.): Das CHE-Forschungsranking deutscher Universitäten 2009 Volkswirtschaftslehre (2008), Arbeitspapier Nr. 130, Promotionen, Gütersloh 2009, Online: http://www.che.de/downloads/CHE_Forschungsranking_VWL_2008.pdf, (29.02.2012)

Im Literaturverzeichnis und Quellenverzeichnis sind die *vollständigen* bibliographischen Angaben zur Quelle aufzuführen.
Im Text bzw. in der Fußnote genügt die übliche *Kurzform* der Quellenangabe ohne URL, aber möglichst mit Angabe oder Lokalisierung der Seite (s. hierzu auch Abschnitt 6.4.2).

Beispiele für Kurzform:

„Zitat" (**Verfasser** bzw. **Herausgeber** der Website, **Erscheinungsjahr** des Titels, **Seitennummer**) [Diese Angaben werden durch Klammern eingegrenzt]

- „6. Promotionen" (s. **Centrum für Hochschulentwicklung** CHE, **2009, S. 3**)

- „Für die Definition des Begriffs existieren unterschiedliche Auffassungen, auf die hier nicht näher eingegangen werden kann" (**s. Müller, J., 2011, S. 67**).

■ **Probleme und Besonderheiten bei Zitaten aus dem Internet**

a) **Kein Datum auf der zitierten Seite**

Fehlt das **Datum der Erstellung** bzw. der letzten Aktualisierung der Quelle so wird es durch den Hinweis "**o. J.**" (ohne Jahr) ersetzt.

<u>Beispiel</u>:

Dudenredaktion: Konrad Alexander Friedrich Duden, Kurzbiografie, **o.J.**, http://www.duden.de/ueber_duden/konrad-duden, (29.02.2012)

b) **Fehlende Seitenzahlen**

Für die Angabe der Textstelle von Zitaten auf **HTML-Seiten** stehen meist keine Seitenzahlen zur Verfügung, sodass ein Wiederauffinden der Quelle erheblich erschwert wird.
In diesem Fall können Sie versuchen, die Textstelle des Zitates mit Hilfe von Zwischenüberschriften (ggf. auch Kapitelnummern, Anmerkungsziffern/nummerierte Abschnitte, Textabsätze o.dgl.) näher zu bestimmen.
Bei **PDF-Dokumenten** werden die dort üblicherweise verfügbaren Seitenzahlen für den Quellennachweis genutzt.

c) **Kein Urheber angegeben**

Sind weder der **Autor** noch der **Herausgeber** des zitierten Artikels festzustellen, dann wird stattdessen **o.V.** (ohne Verfasser) angegeben.

<u>Beispiel</u>:

o.V. , Über das Gabler Wirtschaftslexikon - Wie zitiere ich richtig aus dem Gabler Wirtschaftslexikon?, 2010, http://wirtschaftslexikon.gabler.de/Hilfe.jsp (Zugriff 27.02.2012)

d) **Zeilenumbruch bei Internetadressen (URL)**

Beim zitieren ist die URL exakt so anzugeben wie die Adresse beim Aufruf im URL-Fenster des Browsers erscheint, weil bei der kleinsten Ungenauigkeit (z.B. bei Groß-/Kleinschreibung, Pfadangaben) die Wiederauffindung der Quelle nicht mehr gewährleistet wird.
Bei längeren Internetadressen kann es sein, dass die Angabe der URL einen **Zeilenumbruch** erfordert. Hierzu sollte **kein Trennstrich verwendet** werden (wie sonst bei der Silbentrennung am Zeilenende üblich). Weil Bindestriche oft Bestandteile von URLs sind, könnte dieser Trennstrich irrtümlich als Bindestrich aufgefasst und die Wiederauffindung der Quelle fraglich werden.

Andrerseits ist der Zeilenumbruch bei Bindestrichen, die zur URL gehören, möglichst zu vermeiden, weil sie als Trennstrich aufgefasst werden könnten.

→ Wenn das Textprogramm den Umbruch nicht von selbst in geeigneter Weise vollzieht, dann sollten Sie den Zeilenumbruch (ohne Trennstrich) am einfachsten hinter einem der URL-Bestandteile Punkt, Bindestrich oder Schrägstich („/") ausführen.

(Andere Empfehlungen sind meist aufwendiger oder unsicher)

Beispiel:

Lorenzen, Klaus F.: Das Literaturverzeichnis in wissenschaftlichen Arbeiten: Erstellung bibliographischer Belege nach DIN 1505 Teil2, Hamburg 1997, http://bibliothek.fh-potsdam.de/fileadmin/fhp-bib/dokumente/Schulungen/wissenschaftliches_Arbeiten/ Literaturverz-Lorenzen.pdf (29.02.2012)

e) **Seriosität und Brauchbarkeit von Internetquellen**

Wird zu einer Internetveröffentlichung *weder* ein **Verfasser** *noch* das **Erstellungsdatum** des Textes bzw. der Webseite genannt, dann sollte diese **nicht als Quelle für ein Zitat** in einer wissenschaftlichen Arbeit verwendet werden.

f) **Veränderlichkeit der Quelle**

Ein wesentliches Problem für das Nachprüfen der im Internet präsentierten und zitierten Aussagen ist deren Kurzlebigkeit, die jederzeit **mögliche Veränderung von Inhalt** oder **Adresse**, aber auch der **Positionierung** des als Quelle ausgewiesenen Dokuments. Dadurch wird die wissenschaftliche Nachvollziehbarkeit erschwert oder gar unmöglich.

Um ein späteres Überprüfen zu ermöglichen, sollten alle verwendeten Dokumente bzw. Webseiten in *digitaler* Form, mit **Angabe des Datums, an dem der Zugriff** erfolgte, kopiert und der wissenschaftlichen Arbeit (auf CD-ROM oder DVD) beigelegt werden.

(2) **Quelle CD-ROM und DVD**

Aus Veröffentlichungen auf CD-ROMs und DVDs wird im Prinzip wie aus gedruckten Veröffentlichungen zitiert. Angesichts der vom genutzten Medium abhängigen Bedingungen sind verschiedene Varianten der Quellenangabe gebräuchlich.

Für Texte (bei diesen sind die Angaben Name, Titel, Medium und Jahr als Quellenangabe *zwingend erforderlich*) ist zu empfehlen:

⇒ **Name, Vorname des Autor**s und/oder **Herausgeber/Verlag** (ggf. „o.N."), **Titel**, Nummer der **Auflage/Version**, **Medium**, **Erscheinungsort** (ggf."o.O.") und **Erscheinungsjahr** (ggf. "o.J.")
[Abkürzungen: "o.N." (ohne Name), "o.O." (ohne Ort), "o.J." (ohne Jahr)]

<u>Beispiele</u>:

Digital Publishing: Retrospect 2000, ISBN 3-89747-038-1, CD-ROM, München 1999

Drieschner, Michael (Hrsg.): C.F. Weizsäcker im Kontext – Gesammelte Werke auf CD-ROM, ISBN 978-3-932094-79-8, München 2011

Rückriem, G./ Stary, J.; Cornelsen Scriptor: Techniken wissenschaftlichen Arbeitens. CD-ROM, Berlin 2001.

Bei Texten kann meist keine Seitenangabe gemacht werden. Mitunter ist es jedoch möglich das Zitat durch Kapitelangaben, Indexe oder Randnummern genauer zu lokalisieren.

Anstelle von Institution bzw. Verlag und Erscheinungsjahr können auch Produzent und Produktionsjahr angegeben werden.

7. Gedanken und Ergebnisse überzeugend darlegen

Entscheidend für die Bewertung der Abschlussarbeit ist die schöpferische Leistung des Autors. Bewertet wird allerdings nur, was der Gutachter eindeutig als Eigenleistung des Autors erkennt. Deshalb ist es wichtig, dass Sie (ohne Ich-Bezogenheit) deutlich aufzeigen, welche Gedanken von Ihnen stammen.

Das ist möglich durch eine **geschickte Gedankenführung** und **richtige Wortwahl**.

Auch der **Darlegungsstil** und die **wissenschaftliche Sachlichkeit** können – in Verbindung mit der **richtigen Wortwahl** – die Bewertung der Arbeit erheblich beeinflussen.

Neben einer treffenden Wortwahl und einer prägnanten Satzbildung sorgt die **richtige Wahl der Absätze** im Text für eine übersichtliche Gliederung und Darlegung der Gedanken.

7.1 Gedankenführung, Darlegungsstil, Sachlichkeit und Wortwahl

7.1.1 Gedankenführung und Wortwahl

> - *Wie kann die Gedankenführung dazu beitragen, die schöpferische Eigenleistung deutlich zu machen?*
>
>   > Generell gilt: Achten Sie darauf, dass der **Kern der Ausführungen** die mit der Aufgabenstellung formulierten **Erwartungen erfüllt**.
>
>   > Stellen Sie den Stand der Wissenschaft im untersuchten Themenbereich dar und **zeigen Sie** dabei **offene Fragen und Probleme auf**.
>
>   > Legen Sie die Standpunkte anderer Autoren nicht lediglich aneinandergereiht dar, ordnen Sie diese in eine Gesamtbetrachtung ein und stellen Sie die Auffassungen gegenüber. **Diskutieren Sie das Für und Wider**.
>
>   > **Leiten Sie einen eigenen Standpunkt und Lösungsansätze davon ab** und begründen Sie das. Diskutieren und **bewerten Sie** dabei auch **Lösungsvarianten**.
>
>   > **Formulieren Sie die eigenen Gedanken, Auffassungen und Schlussfolgerungen** durch Ihre Wortwahl **so, dass sie eindeutig als solche erkennbar** sind (und sich vom übernommenen Gedankengut abheben).

- *Wie ist es möglich, durch die Wortwahl aufzuzeigen, was neu und selbst erdacht ist?*

> **Wenden Sie das Präsens an** (das Präteritum ergibt einen Berichtsstil)!

> **Formulieren Sie klare Forderungen** (es ist, es muss, es hat; ggf. auch es sollte)!

> **Nutzen Sie Formulierungen der Zustimmung oder Ablehnung bestehender Auffassungen** wie

„daraus ergibt sich", „dazu ist festzustellen", „diese Auffassung ist zu unterstützen", „dem ist hinzuzufügen", „diese Aussage kann ergänzt werden" *oder* „das ist in Frage zu stellen", „dem ist entgegenzuhalten", „dem muss widersprochen werden", „die eigenen Untersuchungen zeigen jedoch", „dem kann nicht gefolgt werden", u.dgl.

> **Vermeiden Sie jedoch**

- **grundsätzlich den Konjunktiv** → dürfte, hätte, könnte, wäre, würde ...
  (ersetzen durch den Indikativ!   → darf, hat, kann, ist, wird ...)
- **eine vordergründige ICH-Bezogenheit** (*ich, wir, uns, man*) und möglichst auch
- **Formulierungen in der 3. Person** wie

„nach Auffassung des Verfassers", „der Verfasser vertritt hierbei den Standpunkt" „der Verfasser schlägt vor", „meines Erachtens" u.dgl.
(Ausnahme: Wenn Ihr Standpunkt besonders hervorgehoben werden soll.)

7.1.2 Darlegungsstil und Wortwahl

- *Worauf ist beim Darlegen der Gedanken zu achten?*

> **Beachten Sie Stilgrundsätze** wie Kürze, Klarheit, (Begriffs-)Eindeutigkeit, Logik, Anschaulichkeit, Verständlichkeit!

> **Bilden Sie kurze präzise Sätze mit eindeutigen Formulierungen.**
> - Vermeiden Sie Sätze mit Verschränkungen (Relativsätze, „Schachtelsätze").
> - Vermeiden Sie den Substantivismus, der oft mit Passivkonstruktionen verbunden ist. Ein Satz sollte maximal 3 bis 4 Zeilen umfassen.

> **Argumentieren Sie**, indem Sie die Sätze durch geeignete Bindewörter verknüpfen (Konjunktionen wie z.B. daher, folglich, somit, weil).

> **Vermeiden Sie** kurz aufeinanderfolgende **Wiederholungen** von Wörtern und Wortgruppen. Nutzen Sie ein Synonym-Wörterbuch oder die Synonym-Funktion Ihres Textverarbeitungsprogramms (z.B. die Thesaurus-Funktion „Shift & F7" von Word)!

> **Unterlassen Sie** unnötige „**Negationen**"
(z.B. statt „*nicht ohne Vorbehalt*" → „mit Vorbehalt" oder „vorbehaltlich",
statt „*nicht unerheblich*" → „erheblich", statt „*nicht glauben*" → „zweifeln").

> **Formulieren Sie positiv!**
Vermeiden Sie möglichst Begriffe, die negative Assoziationen wecken wie z.B:
„bedauerlich", „fraglich", "leider", „kritisch", „mühselig", „problematisch", „schwierig".

> **Benutzen Sie keine** umgangssprachlichen, **saloppen Redewendungen** und „Allgemeinplätze".

> **Verwenden Sie** die **Fachterminologie** der Thematik.
Falls es für einen Sachverhalt mehrere Begriffe gibt, die meist in ihrer Bedeutung nicht voll identisch sind, dann stellen Sie klar, in welchem Sinn Sie den von Ihnen genutzten Begriff verwenden und warum.

> **Definieren Sie Begriffe eindeutig in dem von Ihnen verwendeten Sinne**,
- wenn Sie diese in einer anderen Weise als üblich benutzen oder wenn sie noch andere Bedeutungen neben dem von Ihnen beabsichtigten Sinn haben und
- wenn diese Begriffe von Ihnen selbst geprägt wurden.

> Beachten Sie auch, dass sich die **Bedeutung von Begriffen verändert**, wenn sie in einem anderen Sach-Zusammenhang oder Erörterungszusammenhang benutzt werden als dem, in dem sie entstanden sind.

> **Versuchen Sie nicht die Wissenschaftlichkeit Ihrer Arbeit durch Fremdwörter zu belegen!**
Gleichwertige Begriffe der verwendeten Sprache sind gegenüber Fremdwörtern zu bevorzugen (z.B. Unterhaltung statt „Entertainment", Pauschaltarif statt „Flatrate").

> **Überprüfen Sie** ihre Ausführungen auf **Widersprüche** und **Zweideutigkeiten**.

> **Überprüfen Sie** Ihre Darlegungen auf **Abschweifungen** vom Thema, **Wiederholungen** und **weitschweifige Ausführungen**. Vieles kann „ausgelichtet" und verdichtet werden, ohne dass notwendige Aussagen verloren gehen.

> **Verwenden Sie Abkürzungen für längere** (oft aus mehreren Wörtern bestehende), **ständig wiederkehrende Begriffe.**
  Das spart Text und erleichtert mitunter das Lesen (s. hierzu Abschnitt 4.8).

> **Arbeiten Sie** viel **mit Abbildungen** und **Tabellen** zum Veranschaulichen von Zusammenhängen und Sachverhalten (s. Abschnitt 7.2). Damit können Sie Ihre Gedanken knapper und präziser darstellen, als mit verbalen Beschreibungen.

> **Bilden** Sie **Absätze**, um den Zusammenhang von Gedankenfolgen und Argumentationslinien zu verdeutlichen.

> **Achten Sie auf** das **Übereinstimmen von Überschrift und Inhalt** der Abschnitte!
  → Halten Sie sich beim Erarbeiten des Inhalts an das, was die Überschrift verspricht oder ändern Sie ggf. die Überschrift entsprechend dem Inhalt ab.

> **Erhöhen Sie** den **Zusammenhang** der Ausführungen **durch Querverweise** auf andere Abschnitte und Unterabschnitte.

⇒ Überprüfen Sie das Geschriebene ab und zu auf die Einhaltung dieser Empfehlungen!

7.1.3 Wissenschaftliche Sachlichkeit und Wortwahl

Ein wesentliches Merkmal wissenschaftlicher Sachlichkeit ist die **klare und redundanzfreie Gedankenführung.** Schreiben Sie deshalb nur das, was zur Lösung der Aufgabe notwendig ist, was Sie sonst noch alles zum Thema wissen und denken, interessiert nicht.

Außerdem können Sie allein durch die Wortwahl Ihre **Ausführungen knapp, exakt und sachlich gestalten.** In eine wissenschaftliche Abhandlung gehören nicht:

(1) Wörter und (Rede-)Wendungen, die die Sachlichkeit und Glaubwürdigkeit der Ausführungen infrage stellen wie Pseudoargumente, abstrakte und unbestimmte Maß-, Mengen- und Häufigkeitsangaben, Übertreibungen, Verabsolutierungen, den Tatbestand verschleiernde Bezeichnungen.

(2) Wörter und (Rede-)Wendungen, die den Text aufblähen, ohne dessen Informationsgehalt zu erhöhen, insbesondere Füllwörter, wortreiche Floskeln, sinnleere Verzierungen, Tautologien und Pleonasmen.

Darüber hinaus können Sie den Text straffen, ihn dadurch flüssiger und prägnanter gestalten indem Sie

(3) „dass"-Konstruktionen vermeiden, Verben statt Substantive verwenden, überflüssige Vorsilben weglassen u.v.a.m.

Dieses weite Feld der Stilistik übersteigt das primäre Anliegen dieses Buches. Mit den folgenden Beispielen wird deshalb nur auf typische „Sündenfälle" in wissenschaftlichen Abschlussarbeiten verwiesen.

- *Was sollte bei der Wortwahl im Interesse einer knappen, exakten, sachlichen und aufrichtigen Ausdrucksweise beachtet werden?*

(1) **Die Sachlichkeit und Glaubwürdigkeit der Ausführungen erhöhen**

> **Vermeiden Sie Pseudo-Argumente** (Argumentationsersatz-Wörter) wie

„bekanntlich", „bestimmt", „fraglos", „gewiss", "leicht ersichtlich", „natürlich", „jedenfalls", „naturgemäß", „selbstverständlich", „selbstredend", „sicherlich", „unbestreitbar", „unstreitig", „unumstößlich", „unzweifelhaft", „zweifellos", „zweifelsfrei", „zweifelsohne" u.dgl.;

ebenso Formulierungen wie

„Allem Anschein nach ...", „Es versteht sich von selbst ...", „Es ist bekannt, dass ..." „Es bedarf keiner Frage ...", „Es kann nicht bezweifelt werden, dass. . .".

> **Vermeiden Sie abstrakte und unbestimmte Maß-, Mengen- und Häufigkeitsangaben** wie
  - breit, schmal; groß, klein, winzig; hoch, niedrig,
  - einige, etliche, (in) etwa, fast, gering, hinlänglich, mehr oder weniger, reichlich, ungefähr, viel, wenig, zahlreich,
  - ab und zu, des öfteren, fortwährend, größtenteils, häufig, im allgemeinen, immerzu, kaum, manchmal, mehrfach, meist, teils, meistenteils, mitunter, nicht immer, oft, sehr, vielfach, weitgehend, wiederholt, zumeist;   ebenso Formulierungen wie
  - „unmaßgebliche Abweichungen", „äußerste Belastung", „ein bestimmter Betrag" „relativ konstante Menge", „des Öfteren", „extreme Reichweite".

> **Vermeiden Sie Übertreibungen und Superlative** wie

außerordentlich, äußerst, besonders, beträchtlich, enorm, erheblich, gigantisch, gewaltig, höchst, immens, kolossal, mächtig, riesig, sehr, überaus, überragend, ungeheuer, unglaublich, weitestgehend.

> **Überdenken Sie sorgfältig die Verwendung von verabsolutierenden Begriffen** wie

alle, allesamt, ausnahmslos, beispiellos, einzig, endlos, grenzenlos, gänzlich, jeder, immer, nie, niemals, niemand, restlos, sämtliche, unendlich, unmöglich, unsagbar, unsäglich, völlig, voll und ganz, unermesslich, zahllos

(tatsächlich alle?, ohne Ausnahme?, ohne Beispiel? ohne Ende? ...).

> **Vermeiden Sie Wörter, die auf Unsicherheit schließen lassen** (der Autor will oder kann sich nicht festlegen und nutzt „Rückversicherungswörter") wie

anscheinend, an und für sich, augenscheinlich, denkbar, eigentlich, gewissermaßen, in gewisser Hinsicht, irgend-(jemand, wann, wie, wo), mehr oder weniger, möglicherweise scheinbar, sicherlich, offen-(bar, kundig, sichtlich), vielleicht, vermutlich, wohl, womöglich, wahrscheinlich.

> **Sprechen Sie auch unangenehme Dinge klar und wahrheitsgemäß aus**, indem Sie auf Begriffe verzichten, die den Tatbestand verdrehen und verschleiern wie

„Gewinnwarnung" (Verluste), „Gefährdungspotential" (Risiko), „Minuswachstum" (Umsatzrückgang), „Personalumstrukturierung" (Entlassungen), „Preisangleichung" (Preiserhöhung), „Kostendämpfungsmaßnahme" (Einsparung), „Informationsdefizite" (Wissenslücken).

(2) **Aufblähende Wörter und Redewendungen beseitigen**

> **Verzichten Sie bei der Satzbildung auf gehaltlose Füllwörter** (die oft in der Umgangssprache verwendet werden und meist überflüssig sind) wie

allenthalben, allein, ausgerechnet, bestenfalls, beinahe, bei weitem, bloß, demgemäß, durchaus, durchweg, eben, einigermaßen, einfach, ergo, etwas, förmlich, gemeinhin, gleichsam, gleichwohl, halt, höchst, immerhin, indes, ja, jemals, keines(-falls, -wegs), längst, lediglich, letztendlich, mithin, nämlich, nichtsdestoweniger, nun, ohnedies, ohne weiteres, praktisch, quasi, regelrecht, reiflich, rundherum, richtiggehend, schlicht, schließlich, selbst, sogar, sonst, sowieso, sozusagen, überaus, übrigens, ungemein, überhaupt, unbedingt, vollends, vollkommen, wenigstens, wirklich, ziemlich, zudem, zugegeben, zusehends, zwar u.dgl.m.

> **Vermeiden Sie wortreiche Floskeln** wie

- zum Abschluss bringen	→ abschließen	- ähnlich gelagerter Fall	→ ähnlicher Fall
- in Augenschein nehmen	→ besichtigen	- zur Anwendung bringen	→ anwenden
- zum Ausdruck bringen	→ ausdrücken	- mit Ausnahme von	→ außer
- unter Beweis stellen	→ beweisen	- aus diesem Grunde	→ deshalb
- in Empfang nehmen	→ empfangen	- nach Maßgabe von	→ entsprechend
- zum jetzigen Zeitpunkt	→ jetzt	- bei Wegfall von	→ ohne
- auf diese Weise	→ so	- in Anschlag bringen	→ veranschlagen

- eine Auswertung vornehmen → auswerten
- den Vorzug/Vorrang geben → bevorzugen
- in Erwägung ziehen → erwägen/überlegen
- im Bereich der (Technik, Wirtschaft ...) → in der (Technik, Wirtschaft o.dgl.)
- über einen längeren Zeitraum hinweg → lange Zeit
- zu einem späteren Zeitpunkt → später
- eine Untersuchung durchführen → untersuchen u.dgl.m.

> **Vermeiden Sie unnötige und phrasenhafte Adjektive** wie

beigefügte Anlage, eingehende Beratung, einzelne Details, empirische Anwendung, entstandene Situation, erhaltene Ergebnisse, exemplarisches Beispiel, fundierte Grundlagen, genauer Termin, geplantes Projekt, quantitative Abschätzung, resümierende Zusammenfassung, telefonischer Anruf, übergroße Mehrheit u.dgl.

> **Ersetzen Sie sinnleere Verzierungen durch Worte mit wenigen Silben**

- Aufgabenfeld	→ Aufgabe	- Aufwendung	→ Aufwand
- Ausnahmefall	→ Ausnahme	- Begrifflichkeit	→ Begriff
- Datenmaterial	→ Daten	- formalistisch	→ formal
- Gedankengang	→ Gedanken	- Konfliktsituation	→ Konflikt
- Orientierungshilfe	→ Rat	- Räumlichkeit	→ Raum
- Rückäußerung	→ Antwort	- Spannungsfeld	→ Spannung
- Testversuch	→ Test oder Versuch	- Verwendungszweck	→ Zweck
- Verbindungslinie	→ Verbindung oder Linie	- Zielsetzung	→ Ziel
- Zielvorstellung	→ Ziel oder Vorstellung	u.dgl.m.	

> **Drücken Sie sich möglich kurz und präzis aus:**

- Anweisung geben	→ anweisen	- Einfluss nehmen	→ beeinflussen
- Eingang finden	→ eingehen	- Hinweis geben	→ hinweisen
- nach oben steigen	→ steigen	- nachvollziehen	→ verstehen
- Rat geben	→ raten	- Rückäußerung	→ Antwort
- Urteil fällen	→ urteilen	- unter Beweis stellen	→ beweisen
- Vorschlag machen	→ vorschlagen	- Wirkung entfalten	→ wirken
- Zugriff nehmen	→ zugreifen	u.dgl.m.	

> **Vermeiden Sie Tautologien und Pleonasmen („bereits schon"; „weißer Schimmel")**

Hinweis: Diese oft nicht scharf unterschiedenen Begriffe werden hier in folgendem Sinne genutzt:

Tautologie: Die Häufung sinngleicher oder sinnverwandter Wörter, der *gleichen* Wortart, für ein und dieselbe Sache innerhalb eines Satzes.

Pleonasmen: Der durch die überflüssige Häufung sinngleicher oder sinnverwandter Wörter oder Wortgruppen, jeweils *verschiedener* Wortart, gegebene Ausdruck für ein und dieselbe Sache innerhalb eines Satzes.

Tautologien:

„aber doch", „bereits schon", „ „ebenso auch", „einzig und allein", „ferner noch", „fest fixiert", Folgekonsequenz", "ganz und gar", „höchstens nur", „immer und ewig", „lediglich nur noch", „nie und nimmer", jetzt gegenwärtig", „oder aber auch", „schon bereits", „Testversuch" „unmittelbar persönlich", „voll und ganz", „weiterhin auch", „wieder erneut", „zusammenaddieren" u.dgl.m.

Pleonasmen:

„auseinander dividieren", „anfängliche Startschwierigkeiten", „beiliegende Anlage", „definitiv ausschließen", „entstammen aus", „erste Vorboten", „feste Überzeugung", „fundierte Grundlagen", „fundamentale Grundkenntnisse", „gezielte Maßnahme", „herausselektieren", „nähere Einzelheiten", „Mitbeteiligung", „neue Innovationen", „neu renoviert", „nutzlos vergeuden", „offene Lücke", „permanente Dauerbelastung", „persönlich anwesend", „resümierende Zusammenfassung", „selektive Auswahl", „überwiegende Mehrzahl", „weiter fortsetzen" u.dgl.

(3) **Den Text straffen**

> **Beseitigen Sie unnötige „dass"-Konstruktionen:**
> (Ersetzen Sie diese möglichst durch eine Infinitivkonstruktion oder Nebensätze ohne Einleitung)

- Daher ist es erforderlich, dass...	→ Das erfordert ...
- Daraus folgt, dass ...	→ Folglich ...
- Es ist bekannt, dass ...	→ Bekanntlich ...
- Es ist erwiesen, dass ...	→ Nachweislich ...
- Es ist notwendig, dass ...	→ Es muss/ist ...
- Hierbei ist jedoch zu berücksichtigen, dass ..	→ Allerdings ...
- Hinzu kommt, dass ...	→ Außerdem/Des Weiteren ...
- In der Erwägung, dass ...	→ Es wird erwogen ...
- Trotz der Tatsache dass, ...	→ Obwohl ... u.dgl.

> **Ersetzen Sie möglichst Substantivierungen durch Verben:**

- Anwendung	→ anwenden	- Berichterstattung	→ berichten
- Änderung	→ ändern	- Klärung	→ klären
- Beantwortung	→ antworten	- Überwachung	→ überwachen u.dgl.m.

> **Entfernen Sie überflüssige Vorsilben bei den Verben:**

- abändern	→ ändern	- absinken	→ sinken	- absichern	→ sichern
- anfragen	→ fragen	- ansteigen	→ steigen	- aufspalten	→ spalten
- belassen	→ lassen	- einsparen	→ sparen	- nachfolgen	→ folgen u.dgl.m.

Diese Beispiele sind nur eine Auswahl der vielfältigen Möglichkeiten zur Verbesserung des Schreibstils, den letztlich jeder selbst finden muss. Vor allem über die Möglichkeiten zur Straffung des Textes, wodurch der Leser die Gedanken Ihrer Arbeit leichter aufnehmen kann, wird kaum nachgedacht.

Ihr Betreuer und Erstgutachter wird auch kaum viel Zeit aufwenden, um mit Ihnen über Ihren Schreibstil zu diskutieren. Doch er wird es sehr wohl bei der Benotung berücksichtigen, wenn er beim Lesen Ihrer Arbeit sich über knappe und prägnante Darlegungen erfreuen kann.

Wenn Sie – neben der inhaltlich überzeugenden Lösung Ihrer Aufgabe – die Zeit aufbringen, dann sollten Sie bei der Überarbeitung oder zumindest bei der Endredaktion überlegen, wie Sie Ihre Darlegungen weiter straffen, was Sie *einfacher formulieren* und *konkreter ausdrücken* können.

Interessenten an weitergehenden Ausführungen zur Thematik Darlegungsstil/Schreibstil/ Wortwahl werden empfohlen:

- Helga Esselborn-Krumbiegel „Von der Idee zum Text. Eine Anleitung zum wissenschaftlichen Schreiben.", (3. Aufl.), UTB-Reihe, Verlag Schöningh, Paderborn 2008.
- Martin Kornmeier „Wissenschaftlich schreiben leicht gemacht" (4. Auflage), UTB-Reihe, Haupt Verlag Bern-Stuttgart-Wien 2011.

7.2 Darlegungen anschaulich gestalten
(inhaltliches Ausgestalten mit graphischen und tabellarischen Darstellungen)

Eine wissenschaftliche Arbeit wird sowohl vom Gutachter als auch vom Praxispartner besser angenommen, wenn Sie die **Ausführungen mit optischen Darstellungen unterstützen**. Bei richtigem Einsatz dieser optischen Mittel kann ein Sachverhalt knapp und übersichtlich (ohne langatmige verbale Beschreibungen) dargeboten werden.

Solche optischen Ergänzungen ermöglichen dem Leser ein schnelleres und besseres Verständnis der Ausführungen. Die Arbeit gewinnt dadurch erheblich an Aussagekraft und damit an Wert für den Nutzer, insbesondere für den mit Tagesfragen beschäftigten Praxispartner.

Weitere Möglichkeiten zur Erhöhung der Anschaulichkeit der Darlegungen sind:

- das Ergänzen verallgemeinerter Aussagen durch **treffende Beispiele**,
- das optische **Hervorheben wesentlicher Begriffe und Aussagen** im Text, z. B. durch Fett- oder Kursivschrift oder durch Einrücken.
- die optische Strukturierung des Textes durch eine sinnvolle, den Gedankengängen angepasste **Absatzbildung**. Das untergliederte Textbild erleichtert das Lesen.

Bei den **optischen Darstellungen** wird allgemein unterschieden zwischen **Abbildungen**, **Tabellen** und **Anlagen**.

⇒ **Beachten Sie!**

- **Alle optischen Darstellungen müssen grundsätzlich für sich „lesbar" sein.**
  Die darin verwendeten Abkürzungen und Symbole sind deshalb zu erläutern.
  Dazu ist an einer freien Stelle der Darstellung eine *Legende* einzufügen.
- Alle Abbildungen, Tabellen und Anlagen müssen durch verbale Hinweise in den Text eingebunden werden.

Als **Abbildungen** werden graphische Darstellungen unterschiedlichster Art (z.B. Skizzen, Zeichnungen, Modelle, Ablaufpläne), fotografische Ansichten, Diagramme u.dgl. bezeichnet.
Abbildungen erhalten zur eindeutigen Kennzeichnung neben der fortlaufenden Abbildungsnummer eine Abbildungs-**Unter**schrift (gemäß DIN 1422-2).

Tabellen sind alle geordneten Zusammenstellungen von alphanumerischen Daten. In vollkommener Form bestehen sie aus: Tabellenkopf, Vorspalte, Spalten, Zeilen, und Fächern.
Tabellen werden neben der fortlaufenden Tabellennummer mit einer Tabellen-**Über**schrift versehen (entsprechend DIN 55 301).

Als **Anlagen** können am Schluss der Arbeit **Abbildungen** und **Tabellen** sowie **ergänzendes Material** (ggf. lose) angefügt werden, die die Handlichkeit der gebundenen Arbeit in Frage stellen würden.
Jede Anlage ist auf der ersten Seite mit der Überschrift „Anlage" und einer fortlaufenden (arabischen) Anlagennummer zu versehen. Die Bezeichnung sollten Sie im Fuß der Anlagenblätter anbringen. Gehören zu einer Anlage mehrere Blätter, so sind diese mit arabischen Ziffern durchzunummerieren (Blatt 1 usw.).

Lose Anlagen sind außerdem mit dem Namen des Verfassers und dem Thema der wissenschaftlichen Arbeit zu kennzeichnen. Ist der Anlagenteil umfangreich, so kann er auch als gesonderter Band der Arbeit beigelegt werden.

- *Was sollte als Anlage behandelt werden?*

(1) **Größere Abbildungen und Tabellen** (Darstellungen mit einem Format > DIN A3, die nur mehrfach gefaltet zwischen die Textseiten eingefügt werden können, z.B. Lage- oder Aufstellungspläne, Konstruktionszeichnungen u.dgl.).

(2) **Beilagen** (z.B. Datenträger wie Disketten, CD- oder DVD-ROM, Quelltexte u.dgl.) auf deren Inhalt Sie sich im Text beziehen, die jedoch angesichts ihrer Beschaffenheit den Rahmen der Arbeit verletzen würden.

(3) **Ergänzende Dokumente**, die zum Verständnis der Ausführungen nicht unbedingt notwendig sind, aber tiefergehende Einsichten in die Arbeitsergebnisse vermitteln

(z.B. Computerprotokolle; Protokolle über Experimente, Beratungen, Befragungen; umfangreiche technisch-wissenschaftliche oder betriebswirtschaftliche Berechnungen; Planungs-, Abrechnungs- und andere Dokumente; Formulare, Prospekte).

(4) Darüber hinaus bietet es sich an, **Darstellungen, auf die Sie sich an verschiedenen Stellen Ihrer Arbeit *wiederholt* beziehen**, als lose Anlagen beizufügen.
Damit erleichtern Sie den Gutachtern und Nutzern das Durcharbeiten Ihrer Schrift.

Wenn eine Darstellung nicht ausschließlich auf Eigenleistung beruht, dann ist die Quelle anzugeben. Fügen Sie diese Daten der Unter- bzw. Überschrift hinzu (es ist auch möglich, hierzu die Legende zu nutzen):

- Bei **original übernommenen Darstellungen** werden lediglich die bibliographischen Daten in Kurzform oder nach dem numerischen System genannt.
  Beispiel: Abb. 23 „.."
  (Quelle: Dippold, R., 2008, S. 42) *bzw.*. (Quelle: [35], S. 42)

- Wurde deren **Inhalt gegenüber der Originalquelle verändert**, so ist mit dem Zusatz "nach" oder "in Anlehnung an" darauf hinzuweisen.
  Beispiel: Abb. 23: „......................................"
  (Nach Dippold, R., 2008, S. 42") *bzw.* (Nach [35], S. 42)

- Auch wenn selbst entwickelte **Darstellungen auf eigenen Datenerfassungen** beruhen, sollte das angegeben werden.
  Beispiel: Abb. 23 „.."
  (Quelle: eigene Datenermittlungen in der xyz AG, November 2008) *oder*
  (Quelle: Konsultation des Führungspersonals der xyz GmbH, Januar 2009).

■ **Das graphische Darstellen von Sachverhalten, Zusammenhängen u.dgl. erfordert zwar meist einen hohen Zeitaufwand, doch es**
  - **zwingt zur Logik** und damit zur Klarheit der Ausführungen,
  - hilft **Gedankenfehler und -lücken** zu erkennen und
  - ermöglicht ein **erhebliches Straffen der verbalen Darlegungen**
    (trotz Kürze der Ausführungen größere Verständlichkeit!).

Unter diesen Aspekten versteht es sich von selbst, dass Abbildungen aussagekräftig sein müssen und nicht lediglich zur Dekoration des Textes eingefügt werden dürfen.

Die Gutachter und vor allem die Praxispartner (denen oft die Zeit zum Durcharbeiten größerer Textpassagen fehlt) werden es Ihnen danken. **Sie sollten daher alle Möglichkeiten nutzen, um Ihre Ausführungen zu veranschaulichen** (und Ihre verbalen Darlegungen zu kürzen)!

Weitere Vorteile von Abbildungen:

- Aussagekräftige **Abbildungen sind eine wesentliche Hilfe für ein freies Sprechen** über die Arbeitsergebnisse und damit für die Verteidigung der Arbeit.
- **Das freie Sprechen hat erheblichen Einfluss auf die Bewertung der Verteidigung** der wissenschaftlichen Arbeit und letztlich auch **auf die Einschätzung der Leistungsfähigkeit des Vortragenden** (z.B. durch die Unternehmensführung des Untersuchungsbetriebes von dem Sie sich einen Arbeitsplatz erhoffen).

- *Was eignet sich für welche Art der optischen Veranschaulichung?*
  Betrachten Sie die folgenden Hinweise als Anregung!

1) **Zum graphischen Darstellen bieten sich an:**

   - **Abbildungen** über Problemzusammenhänge, Sachverhalte, Objektdarstellungen, methodische Arbeitsschritte, Prozessabläufe, Beziehungsdiagramme u.dgl.m.

     Beispiele:
     - strukturelle Zusammenhänge (z.B. zwischen Konzernunternehmen, Organisationsformen, Bewertungsverfahren, Kennzahlen)
     - Entwurfsskizzen, (technische) Zeichnungen, (technologische) Ablaufpläne
     - Kurvenverläufe (Entwicklungstrend, mathematische Modelle)
     - Informationsflussmodelle (z.B. zwischen betriebswirtschaftlichen Funktionsbereichen)
     - Hierarchiediagramme, Ablaufschemata, ereignisgesteuerte Prozessketten, Datenflusspläne u.dgl.
     - Entity-Relationship-Diagramme, Datenbankmodelle
     - Beziehungen zwischen den Tabellen einer (relationalen) Datenbank
     - Diagramme, die die Beziehungen zwischen Datenreihen veranschaulichen (z.B. mit Excel)

   - **fotografische Ansichten** von Produkten, Modellen, Fertigungslinien, Anlagen u.dgl., z.B. um den Ist-Zustand zu dokumentieren, Lösungen zu veranschaulichen o.dgl.

2) <u>**Zum Darstellen in Tabellenform eignet sich besonders:**</u>

das **Auflisten und** (vergleichende) **Gegenüberstellen von Zahlen, Sachverhalten, Regeln, Eigenschaften, Begriffen** u.dgl.m.

<u>Beispiele:</u>
- Vor- und Nachteile einer Sache (Theorie, Produkt, Maßnahme, Entscheidung, ...)
- Leistungsvergleiche von Lösungen, Produkten o.dgl.
- Erzeugniskategorien und deren Merkmale
- Entscheidungstabellen; EVA-Tabellen

Empfehlungen zu formalen Aspekten der Gestaltung von Darstellungen:
(s. auch DIN 5478 Maßstäbe in graphischen Darstellungen)

> Verwenden Sie einen weitgehend *gleichartigen Darstellungsstil*!
> Das gilt vor allem bezüglich
>   - der Proportion zwischen Aussagegehalt und Abbildungsgröße,
>   - der Art der verwendeten Farben,
>   - der Art und Breite der Linien,
>   - der Art der Beschriftung und
>   - der Lage der Legende (z.B. innerhalb oder unterhalb der Darstellung).

> Gestalten Sie die Darstellungen *übersichtlich, jedoch platzsparend*!
> (Beachten Sie die Relation von verwendetem Platz und Aussagegehalt).

> Gestalten Sie Abbildungen und Tabellen möglichst so, dass Sie diese *geschlossen auf einem (A4-)Blatt darstellen* können. (Größere Darstellungen müssen als A3-Blatt oder größer quer in die Arbeit eingefügt oder als Anlage behandelt werden.)

> Kennzeichnen Sie jede Abbildung, Tabelle und Anlage mit einer *aussagekräftigen Unter- bzw. Überschrift*, nummerieren Sie jede Darstellungsart jeweils durchgängig für sich und erfassen Sie diese in entsprechenden Verzeichnissen (s. Abschnitt 4.6).

Die Darstellungen werden fortlaufend nummeriert
- entweder durchgängig innerhalb in der Arbeit
- oder   innerhalb ihrer Gliederungspunkte bzw. -hauptpunkte.

Anlagen erhalten i.d.R. unabhängig von der Gliederung eine fortlaufende Nummerierung, vor allem dann, wenn Sie sich an mehreren Stellen Ihrer Arbeit auf die Anlagen beziehen.

7.3 Thesen anfertigen

● *Was ist eine These? Wie Thesen abfassen?*
Wann thesenwürdige Aussagen erfassen und Thesen formulieren?

Eine These ist eine wissenschaftlich zu beweisende Behauptung. Sie enthält eine **Aussage** zu einer gewonnenen Erkenntnis **und deren Begründung.** Weil es z. T. abweichende Auffassungen dazu gibt (z.B. nur Behauptung ohne Begründung), sollte die gewünschte „Machart" mit dem Betreuer abgesprochen werden.
In jedem Fall müssen die Thesen auf einer Beweisführung in der Arbeit beruhen.

■ **Gute Thesen**

- **geben eine knapp und präzis formulierte Zusammenfassung der wesentlichen neuen Erkenntnisse und zeigen so den gewonnenen Erkenntnisfortschritt auf,**

- sie widerspiegeln zugleich den „roten Faden" der Arbeit, d.h. die logische Abfolge der Bearbeitung des Themas und des Erkenntnisgewinns.

> **Am Anfang** sollte eine *hinleitende These* stehen
  (z.B. warum es notwendig ist, das Thema zu bearbeiten)

> **Danach** folgen die *Kernaussagen*

  - Was wurde erkannt?
  - Welche Lösung wird vorgeschlagen und warum?
  - Welche Schlussfolgerungen werden warum gezogen
    (für den konkreten Fall und/oder allgemeingültig)?
  - Was geht nicht? Warum geht es nicht? (Auch die begründete Feststellung, dass etwas nicht geht, stellt einen thesenwürdigen Erkenntnisfortschritt dar.)
  - Welche weitergehenden Fragen und Probleme werden durch die Bearbeitung und/oder Lösung der Aufgabenstellung erkannt?

Hinweis: Auch aus dem einleitenden Teil der Arbeit *können* sich Thesen ergeben, z.B. aus der Literaturauswertung, der Auswertung einer IST-Zustands-Analyse, aus Vergleichsuntersuchungen u.a.m.

> Eine *abschließende* These sollte einen Ausblick geben
> (z.B. begründete Vorschläge für eine weiterführende Bearbeitung der Problematik, zur Realisierung der entwickelten Lösung u.dgl.)

Gute, die Ergebnisse der Arbeit konzentriert wiedergebende Thesen bieten eine hervorragende **Grundlage für die mündliche Verteidigung** der Arbeit.

Im Idealfall geben die **Thesen** die wesentlichen Ergebnisse und Erkenntnisse der geleisteten Arbeit so wieder, dass sie die **Grundlage für einen oder mehrere Artikel in einer einschlägigen Fachzeitschrift** bieten.

Empfehlung:

Notieren Sie bereits während der Bearbeitung der Aufgabe *thesenwürdige* **Aussagen** oder kennzeichnen diese Gedanken am Schreibrand. Das erspart viel Zeit, denn der Text muss später nicht erst danach abgesucht werden. Es genügt dann, diese Aussagen „einzusammeln", zu ordnen und für das Erstellen des Thesenpapiers auszuwählen.

7.4 Endfassung überprüfen

Sie haben ihre Arbeit vollendet und einen ersten Ausdruck vor sich liegen. Jetzt müssen Sie noch „Feinarbeit" leisten, um die **Qualität** zu **erhöhen**. Inhalt und Form weisen garantiert noch Unebenheiten auf.

Insbesondere das *stilistische* Erscheinungsbild der Arbeit ist meist noch verbesserungsbedürftig und auch das *äußere* Erscheinungsbild kann sicher noch ansprechender gestaltet werden.

⇒ **Nutzen Sie die folgenden Checklisten zur Endkontrolle der Arbeit!**

Versuchen Sie außerdem, einen hilfsbereiten Mitmenschen zum kritischen „Durchforsten" der Arbeit zu gewinnen. Er muss nicht unbedingt fachkompetent sein. Einem Außenstehenden fallen bestimmt Dinge auf, für die Sie inzwischen „blind" sind.

● *Was überprüfen? Worauf achten?*

(1) **Die Schlüssigkeit der Aussagen im Gesamtzusammenhang**

⇒ Führen Sie jetzt eine *inhaltlich-logische Endredaktion* durch!

● *Unter welchen Gesichtspunkten ist der Inhalt der Arbeit zu überprüfen?*

☐ Spiegelt die Gliederung eine logisch folgerichtige Bearbeitung des Themas wider? Ist ein „roter Faden" erkennbar?

☐ Ist die Arbeit in gleichwertige Haupt- und Unterabschnitte untergliedert?

☐ Stimmen Überschrift und Inhalt der Abschnitte überein?

☐ Enthalten die Überschriften keine Wertungen?

☐ Sind die Abschnitte der Arbeit durch Überleitungen verbunden?

☐ Besteht insgesamt ein durchgängig logischer Zusammenhang der Darlegungen?

☐ Werden alle wesentlichen zum Thema gehörenden Fragen und Probleme behandelt (oder sachlich begründet abgegrenzt)?

☐ Sind die Schlussfolgerungen überzeugend wissenschaftlich begründet bzw. mit Untersuchungsergebnissen hinreichend bewiesen?

☐ Sind alle wesentlichen Ergebnisse und Erkenntnisse in den „Zusammenfassungen und Schlussfolgerungen" und den Thesen erfasst?

☐ Sind Einleitung und Zusammenfassung aufeinander abgestimmt?

☐ Werden Theorien, Modelle u.dgl. richtig/korrekt wiedergegeben?

☐ Sind die (direkten und indirekten) Zitate mit deren Quelle korrekt wiedergegeben?

☐ Enthält die Arbeit Ausführungen, die nicht notwendigerweise zum Thema gehören?

☐ Enthalten die Ausführungen inhaltliche oder sachliche Widersprüche, Unstimmigkeiten oder Gedankensprünge?

☐ Gibt es inhaltliche Überschneidungen oder Wiederholungen und somit Redundanzen?

☐ Besteht für alle (Fach-)Begriffe Klarheit, in welchem Sinne Sie verwendet werden?

> ☐ Sind Inhalt und Aussage der grafischen Darstellungen (Abbildungen, Tabellen, Anlagen) korrekt und verständlich?
> ☐ Sind die als Anlage beigefügten Dokumente vollständig? Sind sie notwendig und in Umfang bzw. Anzahl der Arbeit angemessen? Sind sie übersichtlich, artgerecht (z.B. Datenträger, Computerprotokolle) und mit Quellennachweis beigefügt?

Ungebräuchliche oder relativ neue (Fach-)Begriffe sollten Sie erläutern. *Selbst* geprägte Begriffe sind unbedingt exakt zu definieren, ggf. in einer (vorläufigen) Arbeitsdefinition.
Das Klarstellen oder Definieren von Begriffen sollten Sie in einer Fußnote vornehmen. Im Text würde die Erläuterung den Gedankenfluss zerstören.

(2) Das *stilistische* Erscheinungsbild der Arbeit

Auch das stilistische Erscheinungsbild kann die Bewertung der Arbeit beeinflussen, denn Ihr Gutachter kann davon auf die von Ihnen aufgewendete Sorgfalt und Gewissenhaftigkeit bei der Abfassung der Arbeit schließen.

⇒ **Führen Sie deshalb auch eine *stilistische Endredaktion* durch!**
   (s. Abschnitt 7.1)

> • *Was sollten vor allem Sie nochmals überprüfen?*
>
> ☐ Sind die **Ausführungen klar und eindeutig** oder enthalten sie noch sprachliche Mängel wie zweideutige, weitschweifige oder oberflächliche Formulierungen, Tautologien etc.?
> ☐ Beruhen die Darlegungen auf einem **optimalen Satzbau**?
>   (keine Schachtelsätze, Relativsätzen und Passivkonstruktionen überprüfen)
> ☐ Sind die **Darlegungen** durch Absätze und Zwischenüberschriften **gut strukturiert**?
> ☐ Enthält der Text umgangssprachliche **Redewendungen, Phrasen, „Allgemeinplätze"** und unnötige **Negationen**?
> ☐ Gibt es zu **häufige** und/oder kurz aufeinanderfolgende **Wiederholungen** bestimmter Wörter, Wortgruppen und Formulierungen?

☐ Kann der **Text weiter gestrafft** werden?

- Enthält der Text noch **gehaltlose Füllwörter, wortreiche Floskeln, sinnleere Verzierungen** u.dgl.?
- Können **Substantivierungen** beseitigt (durch Verben ersetzt) werden?
- Enthält der Text noch **unnötige „dass-Konstruktionen"**?
u.dgl.

☐ Werden die Möglichkeiten der Textgestaltung zum **Hervorheben wesentlicher Aussagen** hinreichend genutzt? (s. Abschnitt 4.1.1)

(3) **Die Einhaltung formaler Anforderungen**

⇒ Überprüfen Sie, ob die *Anforderungen formaler Art* eingehalten werden (vgl. Abschnitt 4)

● *Was ist hinsichtlich der formellen Korrektheit zu überprüfen?*

☐ Der **Umfang** der Arbeit

☐ Der **Aufbau und die formale Gestaltung** der Arbeit (Details s. Abschnitt 4.1).

- Sind die Text-Abschnitte der Arbeit durch Beachtung der im Abschnitt 4.1.1 aufgezeigten Anforderungen sichtbar voneinander abgegrenzt (z.B. durch Absätze, Zeilenabstand, Überschriften etc.)?

☐ Die **Orthografie**, die **Grammatik** und die **Interpunktion**

- Stimmt das Geschriebene mit den Festlegungen der aktuellen Ausgabe des DUDEN überein?

☐ Die **Symbole** bzw. **Formelzeichen**

- Werden sie DIN-gerecht und nach einem einheitlichen Prinzip angewendet?
- Sind alle im Symbolverzeichnis korrekt erfasst?
- Sind alle entwickelten Formeln korrekt durchgängig nummeriert?

☐ Die **selbst gebildeten Abkürzungen**

  - Werden sie nach einem einheitlichen Prinzip gebildet und angewendet?
  - Sind alle im Abkürzungsverzeichnis korrekt erfasst?
  - Ist keine dieser Abkürzungen und auch keine sinngleiche Abkürzung im Duden aufgeführt?

☐ Das **Inhaltsverzeichnis**

  - Sind alle Bestandteile und Gliederungspunkte der Arbeit korrekt erfasst?
  - Stimmen die Seitenangaben/Ist die

☐ Die **Überschriften** (s. Abschnitt 4.1.1) Seitenzählung korrekt?

  - Sind die Überschriften in einem einheitlichen Sprachstil sowie knapp und präzise (und nicht als Satz oder Frage) formuliert?
  - Werden die Regeln für das Darstellen der Überschriften eingehalten (linksbündig, fett, keine Satzzeichen, mehrzeilige Überschriften engzeilig geschrieben)?
  - Werden die Anforderungen an den Zusammenhang von Überschrift und Text beachtet (Abstände zwischen Text – Überschrift – Text, Beginn eines Abschnitts auf neuer Seite, wenn nicht mindestens noch drei Zeilen folgen können)?

☐ Das **Literaturverzeichnis** und das **Quellenverzeichnis**

  - Sind alle in der Arbeit angegebenen Quellen im Literaturverzeichnis enthalten?
  - Stimmt die alphabetische Reihenfolge der Quellenangaben (falls alphabetisches Verzeichnis gewählt)?
  - Stimmen die angegebenen Nummern zwischen Fließtext und Literaturverzeichnis überein (falls numerisches Literaturverzeichnis gewählt)?
  - Sind die bibliographischen Angaben zu den Quellen (Schreibweise, Seitenangaben) korrekt und vollständig?
  - Ist die benutzte Literatur vollständig aufgeführt?

- ☐ Die **Abbildungen, Tabellen** und **Anlagen**
  - Erfolgt die Nummerierung korrekt und jeweils nach einem einheitlichen Prinzip?
  - Sind diese Bestandteile der Arbeit vollständig und korrekt in den betreffenden Verzeichnissen erfasst?
  - Stimmen die Seitenangaben in den Verzeichnissen?
  - Stimmen die Verweise auf Abbildungen und Tabellen mit der tatsächlichen Nummerierung überein?

- ☐ Die **Nummerierung** der **Fußnoten**
  - Sind die Fußnoten korrekt durchgängig nummeriert?

- ☐ Die **Querverweise** (ggf. auch in den Fußnoten)
  - Sind (auch nach der Endredaktion) alle Querverweise noch korrekt?

- ☐ Die **Transliteration** und die **diakritischen Zeichen**
  (z.B. Zeichen des französischen, kyrillischen, spanischen etc. Alphabets und die Unterscheidungszeichen für die Aussprache eines Lautes wie Cedille ç, Tilde Ñ)
  - Ist die Transliteration einwandfrei? (z.B. nach DIN 1460, DIN 31634)
  - Sind die Zeichen der Fremdsprachen richtig dargestellt?

- ☐ Die **korrekte Zeichensetzung**
  - Sind Anführungsstriche, Hochkomma, Gedankenstriche/Bindestriche richtig und vollständig gesetzt?
  - Sind **noch Tippfehler** vorhanden?

(4) **Das äußere Erscheinungsbild der Arbeit**

⇒ **Überprüfen Sie abschließend das *allgemeine Erscheinungsbild* Ihres maschinenschriftlich fertiggestellten Manuskripts!**

Auch im Rahmen der formalen Anforderungen an eine wissenschaftliche Arbeit ist noch ein beachtlicher Spielraum für die Gestaltung des äußeren Erscheinungsbildes gegeben.

- *Worauf ist zu achten?*

  ☐ Wird die **Schriftfläche** gleichmäßig genutzt?

  ☐ Ist der **Text übersichtlich** (jedoch nicht übertrieben) aufgelockert?

  ☐ Werden die **Überschriften** unterschiedlicher Gliederungsstufen nach einem *einheitlichen* abgestuften Prinzip hervorgehoben (Schriftgröße und -art)?

  ☐ Werden unterschiedliche **Schriftgrößen und ggf. -arten** durchgängig nach *einheitlichen* Prinzipien genutzt?

  ☐ Werden **Textauszeichnungen** nach einem *einheitlichen* Muster vorgenommen?

  ☐ Werden **Fußnoten** und die **wörtlichen Zitate** jeweils nach einem *einheitlichen* Muster angegeben?

  ☐ Sind die **Abbildungen**, **Tabellen** und **Anlagen** jeweils nach *einheitlichen* Prinzipien gestaltet?
  Sind die Abbildungen und Tabellen gleichmäßig angeordnet?

Fassen Sie diese Fragestellungen als Anregung für die Überprüfung des Erscheinungsbildes Ihrer Arbeit auf! Für sich betrachtet sind das jeweils „nur" Äußerlichkeiten.

In der Gesamtheit hinterlassen sie jedoch einen Eindruck, der beim Gutachter zu Rückschlüssen auf die angewendete Sorgfalt des Autors führt.

Aufgrund der heute an den Bildungseinrichtungen allgemein üblichen Ausbildung in einem Textverarbeitungssystem wird davon ausgegangen, dass Sie Ihre Arbeit (auch im Hinblick auf die Kosten) selbst tippen.

Andernfalls müssen Sie dem Schreibbüro konkrete Anweisungen zu den einzuhaltenden Formalien und zur äußeren Gestaltung der Arbeit mit übergeben.

(5) Die Vollständigkeit und Korrektheit der Abgabeexemplare

⇒ Lassen Sie angesichts des drängenden Abgabetermins *keine Nachlässigkeiten* durchgehen

---

● *Was sollten Sie nochmals kontrollieren?*

☐ Enthält das **Titelblatt** alle geforderten Angaben (s. Abschnitt 4.2), auch die ggf. noch handschriftlich einzutragenden Daten?

☐ Sind **alle Seiten**, einschließlich der formalen Bestandteile der Arbeit und der Anlagen, vorhanden und in der richtigen Reihenfolge eingebunden?

☐ Ist die **eidesstattliche Erklärung** unterschrieben?

☐ Sind die **Thesen** beigelegt?

8. Arbeitsergebnisse verteidigen

Bereiten Sie sich auf die Verteidigung Ihrer Arbeitsergebnisse mit der gleichen Sorgfalt und Gewissenhaftigkeit vor, mit der Sie Ihre Abschlussarbeit verfasst haben, denn

> ■ **die Bewertung der Verteidigung beeinflusst maßgeblich die Gesamtnote Ihrer Graduierung.**

Diese Bewertung beruht auf

- der **Einschätzung Ihres Vortrags** und
- der **Beurteilung** der eigentlichen Verteidigung
  mit dem **Beantworten der Ihnen gestellten Fragen.**

Ein **überzeugendes Auftreten** mit einem **gut gestalteten und anschaulichen Vortrag** sowie das **Einhalten der dafür vorgegebenen Redezeit** schaffen eine gute Atmosphäre für die Verteidigung der Arbeit vor dem Prüfungsausschuss.
Mit **schlagfertigen, sachkundigen Antworten** auf die Fragen können Sie außerdem beweisen, dass Sie tief im Stoff stehen.

⇒ Deshalb sollten Sie sich *„generalstabsmäßig"* auf die Verteidigung vorbereiten!

> ■ **Einen Grundstein für die Verteidigung der Arbeitsergebnisse können Sie schon im Vorwort Ihrer Abschlussarbeit legen** (s. Abschnitt 4.9).

> Sollten Sie **Teilprobleme,** die mit der Aufgabenstellung zusammenhängen *bewusst nicht behandelt* haben, dann **begründen** Sie das im Vorwort! Dadurch begegnen Sie **aktiv** eventuellen kritischen Fragen und Bewertungen des Prüfungsausschusses.

→ Sie machen damit deutlich, dass Sie das Teilproblem „gesehen" und begründet ausgegrenzt haben.

> Hatten Sie **außergewöhnliche** oder **unvorhergesehene** Probleme und Schwierigkeiten bei der Bearbeitung Ihrer Aufgabenstellung, dann bringen Sie das im Vorwort an, jedoch nicht bei der Verteidigung der Arbeit!

→ Während der mündlichen Verteidigung „**jammern**", hinterlässt einen nachteiligen Eindruck! Zudem verkürzt das die Zeit, die Ihnen für Ihren Vortrag zur Verfügung steht.

> Außerdem sollten Sie das Vorwort nutzen, um durch die **Würdigung der Ihnen gebotenen Hilfe und Unterstützung** ein gutes Klima für die Verteidigung zu schaffen.

  Denken Sie hierbei vor allem an den **Praxisbetreuer** und dessen Mitarbeiter, die für Sie zusätzliche Arbeit, neben ihren eigentlichen Aufgaben, leisten mussten.

Ganz gleich, ob Ihnen für Ihren Vortrag 15 oder 30 Minuten zur Verfügung stehen, um Ihre Erkenntnisse und Ergebnisse darzulegen,

⇒ **ein überzeugender Auftritt mit geeigneten Präsentationsmitteln bedarf einer gründlichen Vorbereitung und Absicherung des Vorbereiteten** durch *üben* (Vortrag), *überprüfen* und *testen*. Planen Sie Zeit dafür ein!

Die folgenden Orientierungen geben Ihnen einen weitgehenden Überblick über die Möglichkeiten und Erfordernisse, um bei der Verteidigung einer wissenschaftlichen Abschlussarbeit eine „Spitzenbewertung" zu erlangen.
Treffen Sie eine sinnvolle Auswahl für die bei Ihnen gegebenen Bedingungen!

- Die Empfehlungen gelten *in vollem Umfang* für die Vorbereitung auf die Verteidigung einer **Dissertation** oder **Habilarbeit**.

- Bei der Verteidigung einer **Masterarbeit** (oder **Diplomarbeit**) besteht das Publikum i.allg. „nur" aus dem Prüfungsausschuss incl. Hochschul- und Praxisbetreuer und evtl. einigen interessierten Zuhörern (z.B. vom Praxispartner, Kommilitonen). Damit können Sie Ihre Vorbereitungen auf einen kleinen Hörerkreis ausrichten.

- Die Vorbereitung auf die Verteidigung einer **Bachelorarbeit** kann (angesichts der üblichen Redezeit von 15 bis 20 Minuten) vereinfacht werden.
  Das gilt, neben dem bescheidenen Publikum, insbesondere für den Umfang des Referates und die im Abschnitt 8.2 aufgeführten Empfehlungen für das Überprüfen und Testen der Vorbereitungen.
  Vernachlässigen Sie jedoch keinesfalls die Sorgfalt!

8.1 Verteidigung vorbereiten

Bei der „generalstabsmäßigen" Vorbereitung Ihrer Verteidigung sollten Sie Ihr Augenmerk auf vier Teilleistungen richten, mit denen Sie die Gutachter beeindrucken können. Das sind:

1. Der **Inhalt und Aufbau Ihres Vortrags**, insbesondere die Bündigkeit und Schlüssigkeit der Ausführungen in Verbindung mit der logischen Abfolge Ihrer Aussagen.
2. Die **anschauliche Unterstützung Ihrer Ausführungen** (richtiger Einsatz geeigneter Anschauungsmittel).
3. **Ihre Reaktionsfähigkeit** auf Fragen.
4. Ein knapp und übersichtlich **Ihren Vortrag begleitendes Handout**, welches zur Belebung der anschließenden Diskussion beiträgt.

Darüber hinaus beeinflusst auch die **Art Ihres Auftretens** die Bewertung.

8.1.1 Vortrag inhaltlich gestalten

⇒ **Beachten Sie, dass die Verteidigung einer Abschlussarbeit besonderen Bedingungen unterliegt**, vor allem:

- Ihnen steht nur eine **begrenzte Zeit** zur Darlegung der Ergebnisse und Erkenntnisse zur Verfügung.
- Sie sprechen zu einem Publikum mit **unterschiedlicher Kenntnis** der Problematik und oft auch **unterschiedlichen Interessen**.
- Die Möglichkeiten zur wirkungsvollen Präsentation der Ergebnisse hängen von den **Gegebenheiten des Raumes** ab, in dem die Verteidigung stattfindet.
 (Für Promovenden ist dieser oft unbekannt.)

Deshalb sollten Sie über einiges nachdenken, bevor Sie mit dem Konzipieren Ihres Vortrags beginnen:

- Welchen Hörerkreis muss ich vornehmlich „bedienen"?
 (Prüfungsausschuss, Praxispartner, potentielle Nachnutzer o.dgl.).
- Was will ich *unbedingt* sagen, welche Schwerpunkte setzen?

- In welcher Reihenfolge ergibt die Behandlung der Probleme und Ergebnisse eine logische Ordnung?
- Mit welchen Ergebnissen und Erkenntnissen kann ich besonders beeindrucken?
- Mit welchen Argumenten kann ich dabei (am sichersten) überzeugen?
- Wie kann ich den Nutzen der Arbeit am überzeugendsten darstellen?
- Welche Gegebenheiten weist der für die Verteidigung vorgesehene Raum auf? (Technische Ausstattung, Raumgröße, Anordnung der Sitzplätze).

Diese und ähnliche Überlegungen bestimmen sowohl Gedankenführung und Wortwahl als auch die Wahl des Präsentationsmittels.

⇒ **Die Ausführungen müssen anschaulich und nachvollziehbar, die Formulierungen klar und eindeutig sein.** (s. hierzu Abschnitt 7.1)

■ **Beherzigen Sie deshalb folgende Grundsätze beim Erarbeiten Ihres Vortrages:**

> Verweisen Sie nach dem **Vorstellen des Themas** (und ggf. seiner Eingrenzung) auf seine **Bedeutung für die Theorie und/oder Praxis**.

> Geben Sie danach einen **kurzen Überblick** über die beabsichtigten Ausführungen (den roten Faden); ggf. anhand einer visuellen Inhaltsübersicht, auf die Sie dann zu Beginn jedes neuen Gedankens/Abschnitts kurz zeigen.

> Achten Sie auf eine **logische Struktur Ihrer Ausführungen** (z. B. Folge der zu behandelnden Probleme und deren Lösung) und vermeiden Sie Gedankensprünge oder Abschweifungen.

> **Konzentrieren** Sie sich **auf das Wesentliche** Ihrer Ergebnisse und Erkenntnisse, indem Sie z. B. nur an ein, zwei ausgewählten Stellen in die Tiefe gehen.

> Sagen Sie es **mit einfachen Worten in kurzen Sätzen** klar und eindeutig. (Vermeiden Sie z.B. Konjunktive wie „wäre", „hätte", „müsste" etc.)

> **Vermeiden Sie überflüssige Fremdwörter** und erklären Sie ggf. Fachbegriffe.

> Verwenden Sie weitgehend **Verben statt Substantive**. Das kommt besser an. (Z.B. unterstützen statt Unterstützung, auswerten statt Auswertung).

> Planen Sie **kurze Sprech-Pausen** ein (z.B. nach wesentlichen Aussagen), in denen der Zuhörer die Informationen „verdauen" kann.

> **Heben sie wichtige Aussagen hervor** (die Sie beim Vortragen ggf. wiederholen).

> Unterstützen Sie Ihre Ausführungen durch **anschauliche Beispiele** und **grafische Darstellungen**.

> **Nutzen Sie die Ich-Form** bei der Darlegung Ihrer *eigenen* Erkenntnisse, Ergebnisse und Auffassungen (auch beim Beantworten von Fragen).

> Schließen Sie mit einer kurzen **Zusammenfassung** der Ergebnisse und einem **Ausblick**, wie es weiter gehen sollte.

- *Wie den Vortrag strukturieren?*

Eine gut geeignete sachdienliche Gliederung Ihres Vortrages erhalten Sie, wenn Sie die im Abschnitt 3 enthaltene Empfehlung für den Aufbau der Abschlussarbeit auch Ihrem Vortrag zugrunde legen:

1. **Einleitung** mit

    - Begründen und Abgrenzen des Themas
    - Darstellen der zu behandelnden Problematik
    - Ggf. Orientieren auf den (ausgewählten) Schwerpunkt des Vortrags

2. **Hauptteil** mit

    - Aufzeigen des aktuellen Forschungs- und Erkenntnisstandes
    - Behandeln ausgewählter (Schwerpunkt-)Probleme
    - Vorstellen der angewandten Arbeitsinstrumente (z.B. Theorien, Methoden, Modelle, Verfahren, technische Mittel, Software o.dgl.)
    - Aufzeigen der Problemlösung(en) mit Begründung

3. **Zusammenfassung** mit

    - Zusammenfassen der wesentlichsten Ergebnisse und Schlussfolgerungen
      (Dabei die Erfüllung der Aufgabenstellung nachweisen!)
    - Aufzeigen des gesellschaftlichen/wissenschaftlichen/ökonomischen Nutzens

- Ausblick (z.B. weiterführende Bearbeitung der Problematik, Realisierung der Ergebnisse in der Praxis)

- **Worauf kommt es bei der Gestaltung dieser Inhalte des Vortrags an? Wie sollten Sie zweckmäßigerweise vorgehen?**

(1) Einleitung

Mit Ihrem Vortrag wollen Sie die Anwesenden von Ihrer Leistung bei der Lösung der Ihnen vorgegebenen Aufgabenstellung sowie von der Korrektheit und Zuverlässigkeit der dabei gewonnenen Erkenntnisse überzeugen.
Deshalb sollten Sie einleitend Stellung beziehen (vgl. Abb. 2/1)

- zum **gesellschaftlichen** (wissenschaftlichen, volkswirtschaftlichen, betriebswirtschaftlichen etc.) **Interesse** an der Lösung der Aufgabe,

- zum **Ziel** der Ihnen gestellten Aufgabe,

- zu den **gegebenen Bedingungen** für die Bearbeitung des Themas und

- zu Ihrer **Vorgehensweise** bei der Lösung der Aufgabe.

Generell geht es bei diesem Einstieg in den Vortrag darum,

- Aufmerksamkeit zu erzeugen,
- neugierig auf die Ausführungen zu machen,
- auf das Thema und die zu behandelnden Problematik hinzuführen und
- zum Mitdenken anzuregen.

In Abhängigkeit vom Charakter der Aufgabenstellung (z.B. geisteswissenschaftlich, naturwissenschaftlich/technisch; rein theoretisch, praxisbezogen) und der zu behandelnden Problematik können hierzu **Aussagen verschiedenster Art sinnvoll** sein, z.B.

- zur kritischen Auseinandersetzung mit dem bisherigen Erkenntnisstand und/oder den bisherigen Auffassungen,

- zur Komplexität der Problematik,

- zum Zusammenhang mit anderen Sachverhalten oder Fragestellungen,

- zur notwendigen (Weiter-)Bearbeitung angrenzender Fragestellungen oder abgegrenzter Teilprobleme.

Fassen Sie diesen Teil des Vortrages zuletzt ab, um die im Hauptteil und in der Zusammenfassung formulierten Aussagen (z.B. Probleme, Schwerpunkt, Ergebnisse) zu berücksichtigen. Beachten Sie außerdem die zu erwartenden spezifischen Bedingungen Ihrer Verteidigung (z.B. Wissenschaftler und Praktiker im Hörerkreis, deren Erwartungen).

(2) Hauptteil

Für eine gute Wertung sind entscheidend:

- der **logische Aufbau der Ausführungen,**
- der **Aussagegehalt Ihres Vortrages** und
- Ihr **Darlegungsstil** (s. hierzu Abschnitt 7.1.2)

Zur *logischen Ordnung* **Ihrer Ausführungen** können Ihnen folgende Überlegungen helfen:

- **Was** soll dargestellt, begründet, nachgewiesen oder widerlegt werden?
  → Entscheiden Sie das als Erstes in Ruhe. Der gesamte Aufbau des Vortrages hängt davon ab.
- **Welche** *wesentlichen* **Aussagen** (Erkenntnisse, Argumente, Untersuchungsergebnisse, Versuchsresultate, Beweise, Beispiele o.dgl.) sollte der Vortrag enthalten?
- **Wie** sind diese Aussagen (evtl. in Anlehnung an die Thesen) **logisch folgerichtig** anzuordnen, damit sie zu einer überzeugenden Gesamtaussage führen?
- Was ist als **Grundgedanke/Hauptaussage** hervorzuheben?

Halten Sie Ihre Gedanken zunächst stichwortartig fest – z.B. auf dem Bildschirm Ihres Computers oder auf Karteikärtchen. Auf jedem Fall so, dass Sie diese anschließend problemlos ordnen können, um die logische Struktur Ihres Vortrages und damit die Gedankenführung zu bestimmen.
Ist die logische Abfolge der Gedanken schlüssig, dann kann schrittweise der Vortrag abgefasst werden. Achten Sie beim Ausformulieren auf den Darlegungsstil und die Wortwahl!

Zum Ausformulieren Ihres Vortrages einige Tipps und Hinweise, die Ihnen helfen, mit dem Aussagegehalt zu beeindrucken:

> Beginnen Sie mit Ihrem Vortrag so, dass Sie von **vornherein** bei den Zuhörern **Interesse** an den weiteren Ausführungen **wecken**.
> → Zeigen Sie Probleme und Lösungen auf, führen Sie Argumente und Beispiele an.

> **Legen Sie ihre Kerngedanken knapp, präzis und in logischer Gedankenfolge anschaulich dar**, ohne Details und „Ausschmückungen".
> Greifen Sie ein, zwei interessante Beispiele heraus und gehen Sie nur dort etwas tiefer.
> → Bilden Sie Kernsätze zu den wichtigsten Aussagen und schaffen Sie folgerichtige Überleitungen zwischen ihnen.

> **Beziehen Sie sich** im Vortrag **auf die** (vorher ausgegebenen) **Thesen** bzw. das Handout.

> **Prüfen Sie,**
> - welche **Aussagen** (z.B. zur Problematik, zur Vorgehensweise, zur Lösung) Sie
> - **anhand einer Darstellung** (z.B. Übersichtsskizze/zentrale Abbildung, Modelle, Ablaufpläne, Diagramme, Tabellen; Experimente; Fotos u.dgl.)
> - **anschaulich demonstrieren** könnten. Vermerken Sie das im Vortragsmanuskript.

> **Regen Sie die Anwesenden mit Ihren Ausführungen zur Diskussion an!**
> Das gilt sowohl für die in der Arbeit herausgearbeiteten Erkenntnisse als auch für Aussagen zur möglichen Nutzung der Ergebnisse und Erkenntnisse in der Praxis.

(3) **Zusammenfassung**

Hier sollten Sie (sachlich begründet) ordentlich „auf die Pauke hauen":

> **Zeigen Sie den Zusammenhang zwischen Aufgabenstellung, Vorgehensweise** bei der Bearbeitung der Problematik **und den erzielten Ergebnissen und Erkenntnissen auf.**

> **Runden Sie Ihren Vortrag ab mit einer** *zusammenfassenden Aussage* **über die erzielten Erkenntnisse und Ergebnisse.**
> Soweit möglich, sollten Sie dabei auch den (gesellschaftlichen, wissenschaftlichen, ökonomischen) **Nutzen Ihrer Arbeitsergebnisse aufzeigen.**

> **Schließen Sie mit Aussagen**

- zu noch offenen Fragen,

- zur Realisierung der Lösungsvorschläge in der Praxis,

- zum (evtl. über Ihre Aufgabenstellung hinausgehenden) Gültigkeitsbereich Ihrer Ergebnisse und Erkenntnisse und insbesondere

- zur weiterführenden Bearbeitung der Problematik. (Wie sollte es weitergehen?)

→ **Sie zeigen damit, dass Sie sich über die Aufgabenstellung ihrer Arbeit hinaus mit der Problematik beschäftigt haben!**

> **Bedanken Sie sich für die erwiesene Aufmerksamkeit und ermuntern Sie die Anwesenden zur Diskussion!**

→ Vereinbaren Sie mit Teilnehmern an Ihrer Verteidigung „Einstiegsfragen", denn nichts ist schlimmer als eine schleppende Debatte oder gar Schweigen zu den vorgestellten Ergebnissen Ihrer Arbeit.

8.1.2 Ergebnisse und Erkenntnisse anschaulich präsentieren

Der Einsatz von Anschauungsmitteln zur visuellen Unterstützung des Vortrags erfordert

- einerseits die **Auswahl des Präsentationsmittels** und

- andrerseits die **Gestaltung der grafischen Darstellungen** unter Berücksichtigung des gewählten Mediums.

(1) Wahl und Nutzung des Präsentationsmittels

Nach der Entscheidung, **was** Sie veranschaulichen wollen, müssen Sie entscheiden **womit**: Tafel, Flip-Chart, Pinnwand; Overheadprojektor/Folien/"Layer-Technik", Beamer/Computer+ Präsentationsprogramm [z.B. PowerPoint].

Setzen Sie moderne Präsentationsmittel ein!

Sie sollten Ihre Darstellungen mit einem **Präsentationsprogramm** (z.B. PowerPoint) erzeugen und mit einem am **Computer** angeschlossenen **Beamer** vorführen. Das gestattet Ihnen eine lebendige Präsentation von Daten/Tabellen, Diagrammen, grafischen Darstellungen, Fotos etc. und ggf. auch Animationen. Eine solche Präsentation beeindruckt am stärksten.

Achten Sie jedoch darauf, dass die Darstellungen ausschließlich der Unterstützung Ihrer Ausführungen dienen und nicht zum Selbstzweck ausarten. Ihre Aussagen sind entscheidend!

Beherrschen Sie das nicht oder sind die technischen Gegebenheiten unsicher, dann nutzen Sie zumindest den Overheadprojektor zur Vorführung vorbereiteter Folien.

Mit der Nutzung klassischer Medien wie Tafel, FlipChart oder gar Pinnwand können Sie heute kaum noch beeindrucken. Ggf. kann die Tafel dazu dienen, auf unerwartete Fragen zu reagieren, indem Sie darauf Formeln, Ableitungen o.dgl. entwickeln.

Bei einer gut durchdachten Vorbereitung (s. Abschnitt 8.1.4) müssten Sie allerdings auch für die Beantwortung derartiger Fragen Darstellungen bereit liegen haben.

- **Orientierungen für die *Wahl* eines Präsentationsmittels**

  > Beachten Sie die Gegebenheiten am Ort Ihrer Verteidigung (technische Möglichkeiten, Raumgröße, Sichtverhältnisse etc.).

  > Überdenken Sie, mit welchem Medium Sie die ausgewählten Darstellungen am anschaulichsten präsentieren können.

  > Wählen Sie ein Präsentationsmittel mit dem Sie sachkundig umgehen können! (Sie müssen während des Vortrags Ruhe und Sicherheit ausstrahlen!)

  > Bedenken Sie, dass die Darstellungen für alle Teilnehmer an der Verteidigung vollständig sichtbar sein müssen.

  > Prüfen Sie die Möglichkeiten
   - zum Erproben des ausgewählten Präsentationsmittels „vor Ort" bzw.
   - zum gewissenhaften Vorbereiten seines Einsatzes vor Beginn der Verteidigung.

- **Orientierungen für das *Anwenden* des Präsentationsmittels**

  > Setzen Sie Darstellungen sinnvoll ein; d.h. nur dann, wenn sie einen bestimmten Zweck erfüllen (nicht zum bloßen „Untermalen" der Ausführungen).

  > Begleiten Sie Ihre Präsentation in freier Rede mit Blickkontakt zu den Hörern und achten Sie darauf, dass Sie nicht im Bild stehen.

  > Erklären Sie die Darstellungen in Ruhe. Lassen Sie den Teilnehmern etwas Zeit für das Betrachten einer Darstellung, bevor Sie mit Ihren Erläuterungen beginnen und bevor Sie zur nächsten wechseln.

> Zeigen Sie während der Erläuterung Ihrer Darstellungen jeweils auf die Stelle, über die Sie gerade sprechen. Benutzen sie dazu einen Stift, Zeigestock oder Laserpointer, jedoch nicht Ihren Finger.

> Wenn Sie einen Overheadprojektor mit Folien benutzen, sollten Sie auf die Folie zeigen und nicht auf die Projektionswand.

(2) Gestalten der grafischen Darstellungen / Folien

Nach dem Entscheiden für ein bestimmtes Präsentationsmittel sind die ausgewählten bzw. erst noch zu entwickelnden Darstellungen bezüglich Ihrer Gestaltung zu überprüfen. Diese kann vom gewählten Medium abhängen.

Darüber hinaus ist es oft sinnvoll, eine Darstellung zu entwickeln mit der Sie einen Überblick über Ihren Vortrag bieten. Der Zuhörer sollte während des Vortrages verfolgen können, wo Sie sich gerade befinden. Es muss nicht eine nummerierte Gliederung sein.

● **Orientierungen für das Gestalten der Darstellungen**

> Verwenden Sie einen weitgehend **gleichartigen Darstellungsstil**! (vgl. Abschnitt 7.2)

> Verwenden Sie in den Darstellungen konsequent einen **einheitlichen Sprachstil** (z.B. Verben statt Substantive, Substantive mit oder ohne vorangestelltem Artikel).

> Gestalten Sie die **Darstellungen übersichtlich** (max. 1/3 der Bildfläche nutzen) und **farblich nicht überladen**.

> Geben Sie in den Darstellungen **nur Stichwörter** an. Nennen Sie nicht mehr als **5 bis 6 Aufzählungen** je Darstellung.
Ausnahme: Definitionen dürfen Sie vollständig aufführen.
→ Die Darstellungen sollen Ihre Aussagen untermauern, nicht jedoch vorgelesen werden!

> **Überladen** Sie die Darstellungen **nicht mit Formeln** und Details.

> Gestalten Sie die Darstellungen **gut lesbar** im Hinblick auf **Schriftart** (keine Schnörkel/Serifen) und **Schriftgrad** (mind. 18 pt).

> Heben Sie **wichtige Aussagen** hervor (z.B. Fett und/oder Kursiv, mit Signalfarben).

> Vergessen Sie nicht die **Darstellungen** zu **bezeichnen**.

> Setzen Sie **Animationen** (wechselnde Hervorhebungen) nur sparsam und mit wenigen langsamen Bewegung ein, – falls Sie sich für Beamer/Computer entschieden haben.
Überdenken Sie, ob der Einsatz von Animationen bei der Verteidigung Ihrer Arbeit sinnvoll ist.

8.1.3 Überzeugend auftreten

■ **Einen wesentlichen Einfluss auf die Bewertung der Verteidigung hat das freie Sprechen!**
- Sie beweisen damit, dass Sie „voll in der Materie" stehen und
- Sie demonstrieren eine hohe Kommunikationsfähigkeit.

● *Was können Sie tun, um zu überzeugen? Was ist zu beachten und zu bedenken?*

> **Achten Sie auf Ihre äußere Erscheinung und Ihre Körperhaltung!**
(„Körpersprache" wirkt auf das Publikum)
→ Tragen Sie eine dem Anlass angemessene Bekleidung!
→ *Achten Sie auf Ihre Haltung am Vortragspult und bei der Nutzung des Präsentationsmittels.*

> **Sprechen Sie auch bei der Präsentation von Darstellungen weitgehend frei!**
(Lesen Sie nicht von der Projektionsfläche und keinesfalls vom Blatt ab).
Halten Sie dabei **Blickkontakt zu den Anwesenden**, insbes. zum Prüfungsausschuss und achten Sie auf deren Reaktion!
→ Beobachten Sie deren „Mitgehen".

> **Erleichtern Sie sich das freie Sprechen** durch
  a) ein übersichtlich gegliedertes, gut lesbares Redemanuskript mit hervorgehobenen Stichwörtern. Hilfreich sind hierbei
  - die verwendete **Schriftart** (z.B. Arial statt Times New Roman),
  - die **Schriftgröße** (z.B. Schriftgrad 14 statt 12),
  - **Hervorhebungen** (z.B. Schriftschnitt fett/*kursiv*) und
  - in das Schriftbild **eingefügte Zeichen** für Betonungen, Blickkontakte, das Zeigen auf Stellen in projizierten Darstellungen etc.

b) den gezielten Einsatz von aussagekräftigen (nicht überladenen) Darstellungen, die Ihre Aussagen unterstützen.

<u>Empfehlung</u>: **Gestalten Sie Ihren Auftritt als audio-visuellen Vortrag!**
Führen Sie die Abbildungen, Tabellen etc. computergestützt unter Nutzung eines Präsentationsprogramms vor.

> **Halten Sie unbedingt die vorgegebene Redezeit ein und beschränken Sie sich auf das Wesentliche!**

> **Vergeuden Sie ihre Redezeit nicht mit Beschwerden** über missliche Umstände, nicht eingehaltene Zusagen (z.B. des Praxispartners) u.dgl.

> **Setzen Sie Ihre Stimme wirkungsvoll ein!**
  → Sprechen Sie etwas langsamer als üblich, aber laut und deutlich.
  → Variieren Sie Ihre Lautstärke und Betonen Sie die wesentlichen Aussagen (kein monotones „Herbeten").
  → Legen Sie kleine Sprechpausen ein, in denen sich Ihre Aussagen bei den Zuhörern „setzen" können.

> **Stimulieren Sie die Zuhörer**
  → **Lassen Sie Ihre Überzeugung** von Ihren Aussagen **den Zuhörern spüren**.
  Ihre innere Einstellung zu dem, was Sie vermitteln, wird sich auf die Zuhörer übertragen.
  → **Entspannen Sie die Atmosphäre**, indem Sie Ihren **Vortrag ein wenig auflockern** (z.B. durch eine scherzhafte Bemerkung zu einer grafischen Darstellung, Einfügen einer amüsanten Anmerkung zu einer gewonnenen Erkenntnis).
  → Fügen Sie gezielt provokante Bemerkungen, interessante Fragestellungen/rhetorische Fragen o.dgl. ein, die die **Zuhörer zu Fragen animieren** (auf die Sie natürlich vorbereitet sind).

> **Bleiben Sie entspannt, wenn ein Missgeschick auftritt!**
Niemand ist gegen eine Panne gefeit.
  → Gehen Sie locker darüber hinweg und sorgen Sie nur so weit für Abhilfe, dass Sie Ihren Vortrag fortsetzen können; aber entschuldigen Sie sich nicht.
  → Weisen Sie **nicht** auf mögliche Mängel oder Unsicherheiten auch noch hin.

> **Vermeiden Sie die „Todsünden" eines Vortragenden**, insbesondere:

   → Sprechen Sie nicht zur Tafel bzw. Präsentationsfläche.

   → Achten Sie darauf, dass Sie bei der Erläuterung einer Darstellung nicht im Bild stehen.

   → Präsentieren Sie keine fehlerhaften, textlich unübersichtlichen oder farblich überladene Darstellungen.

   → Stecken Sie Ihre Hand nicht in die Hosentasche (symbolisiert überhebliches Auftreten).

   → Verfallen Sie nicht in Selbstdarstellung, statt Erkenntnisse vorzustellen.

8.1.4 Auf Fragen vorbereiten

> **Präparieren Sie sich auf zu erwartende Fragen**, um schlagfertig antworten zu können.

   → **Überlegen** Sie, ausgehend vom Thema (und nicht nur eingeschränkt auf Ihren Vortrag), **wonach gefragt werden könnte**. (z.B. Was haben Sie ab- oder ausgegrenzt? Wo sind Sie nicht in die Tiefe gegangen? Wo könnten Unklarheiten auftreten?)

   → **Provozieren Sie Fragen im Vortrag!**
   (z.B. durch rhetorische Fragestellungen, provokante Bemerkungen etc.)

   → **Vereinbaren Sie** mit Freunden/Bekannten **Fragen**, um die Diskussion in Gang zu bringen.

> **Bereiten Sie die Antworten auf die zu erwartenden Fragen „griffbereit" vor.**

   - Gut geeignet für das griffbereite Ordnen Ihrer Antworten sind Kärtchen im DIN-A6-Quer-Format, auf denen Sie Stichwörter, Zahlenangaben, Formeln/Ableitungen, Hinweise auf eine Darstellung u.dgl. notieren.

   - Diese Kärtchen sollten Sie rechts oben mit Stichworten oder den Gliederungspunkten Ihrer Abschlussarbeit versehen und entweder nach Gliederungspunkten oder nach Problemkreisen alphabetisch geordnet bereithalten. Das Antworten auf Fragen wird Ihnen dadurch erheblich erleichtert.

> **Reagieren Sie nicht ungehalten oder abweisend auf eine unerwartete, unangenehme bzw. unsachliche Frage oder Behauptung.**
> **Unterlassen Sie es, den Fragenden im Hinblick auf seine Frage zu brüskieren.**

   → **Bitten Sie darum beim Thema zu bleiben**, wenn Fragen vom Thema abweichen.

   → **Kontern Sie elegant mit einem** „*Ja, aber ...*" oder „*Ja, allerdings ...*" auf unangenehme bzw. unsachliche Fragen oder Behauptungen.

8.1.5 Ein Handout nutzen

Zur Unterstützung der Verteidigung einer wissenschaftlichen Abschlussarbeit wird zunehmend ein weiteres Hilfsmittel verwendet – das **Handout**.

- *Warum ein Handout / Welchen Nutzen hat es?*

Das Handout soll den Vortrag inhaltlich begleiten und dem Zuhörer einen knappen, aber präzisen Überblick über die beabsichtigten Ausführungen bieten.
Dieses Papier wird vor Beginn der Verteidigung der Arbeit verteilt, damit die Teilnehmer dem Vortrag besser folgen und zu bestimmten Ausführungen sich gezielt Anmerkungen
(z.B. für die Diskussion) einfügen können. Dafür ist am Rand des Blattes ein hinreichender Platz freizulassen.

Für die Gestaltung der Ausführungen auf dem Handout existieren *keine allgemein verbindlichen* Vorgaben, aber viele unterschiedliche Auffassungen. Sollten seitens Ihrer Bildungseinrichtung keine konkreten Vorgaben bestehen, dann betrachten Sie die folgenden Ausführungen als Anregungen und Entscheidungshilfe.

Bei der Beschreibung des Vortragsinhaltes ist zu beachten, dass das Handout auch als Gesprächsgrundlage für die anschließende Diskussion dient.
Deshalb sollten Sie die **Aussagen zu den wichtigsten Punkten des Vortrags**
- **entsprechend dem Vortrag gliedern** (ggf. mit Zwischenüberschriften) und
- unbedingt **mit den zur Präsentation genutzten Darstellungen abstimmen** (übereinstimmende Bezeichnung und/oder Nummerierung).

Dadurch können Fragesteller in der Diskussionsrunde eindeutig bestimmen, worauf sich ihre Frage richtet.

Bezüglich der Darstellung der wichtigsten Aussagen des Vortrages tendieren die Meinungen
- vom Schreiben in Stichworten oder kurzen Sätzen
- über Schreiben von ganzen Sätzen *statt Stichwörtern*
- bis zum Darstellen anhand von Thesen, die zum Meinungsaustausch herausfordern.

Für die Verteidigung von Bachelorarbeiten sollten Stichworte oder kurze Sätze auf dem Handout genügen. Für die Verteidigung anspruchsvollerer Abschlussarbeiten sind Thesen nützlicher, wenn sie zur Belebung der anschließenden Diskussion beitragen.

Die verbalen Darlegungen auf dem Handout können (sparsam) mit **aussagkräftigen Darstellungen** (Abbildungen, Diagramme, Graphiken, Statistiken, Tabellen etc.) ergänzt werden. Auch wichtige **Definitionen** und **Fragestellungen**, für die Thematik bedeutsame **Zitate** (mit Quellenangabe!) oder ein anschauliches – ggf. durchgängiges – **Beispiel** können den Aussagegehalt des Handout bereichern und für das Verständnis der Ausführungen gute Dienste leisten.

Die Auswahl der Darstellungselemente für die Gestaltung des Handouts wird letztlich natürlich von den Gegebenheiten Ihres Themas bestimmt.
Trotz der Vielfalt der verfügbaren Möglichkeiten ist das Handout – knapp und übersichtlich gestaltet – auf **ein bis maximal zwei A 4-Seiten** zu begrenzen. Ggf. können einige ausgewählten Elemente als Materialanhang auf einem gesonderten Beiblatt angefügt werden.

● **Empfehlungen für die strukturelle Gestaltung Ihres Handouts:**

(1) Kopf:

<u>Erwartete Informationen:</u> / <u>Beispiel:</u>
- Universität/Hochschule, Ort, Fachbereich, / TU Chemnitz / FG Wirtschaftsinformatik
- **Art** und **Datum der Veranstaltung** / Kolloquium zum Masterprojekt 15.03.2012
- **Thema** des Vortrags/der Abschlussarbeit / Realisierung von E-Commerce in ....
- **Name** des Studenten, Matrikel / Lina Ludwig / Matrikel 08

(2) Vortragsbezogene Ausführungen:

Einleitung

- kurze Einführung / Begründung des Themas;
  Überblick; Problemstellung / Fragestellung(en)

Hauptteil

- nach der Gliederung des Vortrags geordnete **wesentliche Aussagen**
  (in Form von Stichworten / kurzen Sätzen / Thesen / Definitionen / Zitaten; Beispiel),
  ggf. mit Zwischenüberschriften
- **eingefügte Darstellungen** (z.B. Abbildungen, Tabellen, Statistiken)

Schluss

- kurze **Zusammenfassung** der erzielten Ergebnisse mit **Schlussfolgerungen**
- **Ausblick**, ggf. mit weiterführende Fragen

(3) Quellen:

Geben Sie alle für den Vortrag und/oder das Handout genutzte Quellen an, einschließlich
- der Quellen für nicht selbst erstellte Abbildungen, Diagramme usw.,
- der URLs für ggf. verwendete Internetdokumente und dem Datum des Abrufs.

Hinweise im Interesse der Qualität Ihrer Ausführungen auf dem Handout:

> Nutzen Sie die Möglichkeiten zum **Hervorheben wesentlicher Aussagen** (fett, kursiv; ggf. auch mit Unterstreichungen oder farblich).

> Achten Sie auf **Rechtschreibfehler** sowie eine **präzise** und **grammatikalisch korrekte Sprache.**

8.2 Vorbereitungen überprüfen und testen

Niemand ist perfekt, doch Denkfehler und Unzulänglichkeiten können Sie durch das Überprüfen und Testen der Ergebnisse Ihrer Vorbereitungen noch beseitigen.

So ist es vor allem ratsam,
- den Vortrag von hilfreichen Seelen kritisch beäugen zu lassen,
- rechtzeitig den potentiellen Raum für die Verteidigung bzgl. Ausstattung, Größe und Sitzanordnung zu inspizieren und
- den Zeitbedarf für den Vortrag im Hinblick auf die verfügbare Zeit zu überprüfen.

Besonders ein abschließendes Testen, ein "Durchspielen" der Endfassung Ihres Vortrages vor Bekannten in einem größeren Raum (notfalls zu Hause laut sprechend vor dem Spiegel) hilft, Unzulänglichkeiten zu erkennen.

8.2.1 Vortragsmanuskript kritisch überprüfen
(Kritik hilft zum Überdenken der beabsichtigten Ausführungen)

⇒ **Versuchen Sie** – analog der Endkontrolle Ihrer Abschlussarbeit – **einen hilfsbereiten Mitmenschen als kritischen Leser Ihres Vortragsmanuskriptes zu gewinnen.**

Er muss nicht unbedingt fachkompetent sein. Als Außenstehender fallen ihm bestimmt einige Dinge auf, die Sie noch verbessern können.

- *Worauf ist zu achten?*
  Überprüfen Sie Ihren Vortrag anhand der folgenden Checkliste!

☐ Was wird nicht verstanden? (Aussagen, einzelne Begriffe)

☐ Enthält der Vortrag Formulierungsschwächen, Zweideutigkeiten, (scheinbare) Widersprüche; Wiederholungen von Wörtern oder Wortgruppen; die Wiederholung von Aussagen etc.?

☐ Was wird zu breit ausgeführt?

☐ Enthalten die Ausführungen Lücken, sprunghafte Übergänge, grundlose Abschweifungen o.dgl.?

☐ Was könnte straffer gesagt (und dadurch evtl. eine Frage provoziert) werden?

☐ Wo sind Ansatzpunkte für Fragen?

☐ Sind die in den Vortrag eingefügten Darstellungen verständlich und an der richtigen Stelle eingefügt?

☐ Bereichern die Darstellungen die Aussagekraft des Vortrags?

☐ Was hat sonst irgendwie (die Verständlichkeit der Ausführungen) gestört?

8.2.2 Bedingungen für die Präsentation überprüfen

⇒ **Wenn möglich, dann überprüfen Sie den Vortragsraum *vorher* auf die Gegebenheiten.**

- *Was ist zu beachten und zu bedenken?*
  Überprüfen Sie die Bedingungen für Ihre Präsentation!

(1) **Raumbedingungen**

  ☐ Ist die benötigte technische Ausrüstung vorhanden?
    (z.B. Tafel; Beamer, Overheadprojektor; Zeigestock, Laserpointer)

  ☐ Wie sind Pult und Hörerplätze angeordnet?

  ☐ Ergeben sich Besonderheiten (Anforderungen/Probleme) aus der Raumgröße?

(2) **Technik**

- ☐ Wie ist die benötigte Technik angeordnet?
- ☐ Ist sie voll funktionsfähig?
  → Rechtzeitig vorher überprüfen. **Ersatzbirne für Projektor** bereithalten!
- ☐ Bei Nutzung von Computer und Beamer: Stehen Ihre **Daten *abrufsicher*** bereit?
  → Außer auf dem eigenen Notebook zusätzlich auf einem USB-Datenstick!

(3) **Lesbarkeit der Darstellungen**

- ☐ Sind die vorzuführenden Darstellungen von allen Plätzen aus vollständig sichtbar?
- ☐ Ist der Inhalt gut lesbar?
- ☐ Sind die Darstellungen einwandfrei (z.B. bzgl. Orthographie, Interpunktion)

⇒ **Überprüfen Sie auch alle für den Vortrag benötigten Unterlagen auf Ordnung und „Nutzungsbereitschaft"**

- ☐ Liegen alle für den Vortrag benötigten Dokumente (Blätter des Vortragsskripts, Folien etc.) vollständig und in der richtigen Reihenfolge geordnet vor?
- ☐ Sind alle Unterlagen jeweils gut sichtbar nummeriert, damit ggf. während des Vortrags die richtige Reihenfolge schnell wieder hergestellt werden kann?

8.2.3 Zeitbedarf kontrollieren

⇒ **Sichern Sie das Einhalten der vorgegebenen Redezeit!**

> Überprüfen Sie den Zeitbedarf für Ihren (lt. Abschnitt 8.2.1) überarbeiteten Vortrag. Sie sollten Ihre Redezeit mit +/- zwei bis drei Minuten einhalten und keinesfalls länger sprechen.
>   → Bereiten Sie Ihren Vortrag so vor, dass Sie notfalls etwas weglassen können.

> Planen Sie für „freies Sprechen" beim Erläutern von Darstellungen genügend Zeit ein. I. allg. werden je Darstellung ca. zwei Minuten Zeit benötigt.
>   → Berücksichtigen Sie sicherheitshalber noch eine „Zeitreserve".

> Sollten Sie erkennen, dass die verfügbare Zeit nicht ausreicht, dann prüfen Sie, auf welche Aussagen Sie verzichten können. Versuchen Sie keinesfalls durch schnelleres Sprechen Zeit zu „gewinnen".

→ Ihr Sprechtempo muss ein Mitdenken der Zuhörer gewährleisten!

8.2.4 Endfassung proben - „Generalprobe" nach Überarbeitung des Vortrags

⇒ **Ein guter** – den Prüfungsausschuss beeindruckender – **Vortrag erfordert gewissenhafte Vorbereitung und Übung.**

> **Üben Sie Ihren** (überarbeiteten) **Vortrag regelrecht ein und proben Sie ihren Auftritt vor hilfsbereiten Mitmenschen**, die sich als kritische Zuhörer am Probelauf Ihrer Endfassung beteiligen.

Überprüfen Sie dabei zugleich (nochmals)
- das Einhalten der verfügbaren Zeit und
- die Leserlichkeit Ihrer Darstellungen in einem größeren Raum.

> **Das Einüben des Vortrags unter „lebensnahen" Bedingungen bietet weiteren Nutzen:**
- Es liefert Ihnen **wertvolle Erkenntnisse für die Gestaltung des Ablaufs der Präsentation** und **für die Zeiteinteilung.**
- Außerdem gewinnen Sie **Erfahrungen** damit, trotz Blickkontakt zum Publikum, **weitgehend frei zu sprechen.**
- Darüber hinaus könnten Sie von den hilfsbereiten Seelen auch wertvolle Hinweise zur Ihrer **Haltung/Gestik** beim Vortrag erhalten.

8.2.5 Fragekatalog vervollständigen

> Überprüfen Sie nochmals Ihren Fragekatalog auf Vollständigkeit. Sicher erkennen Sie und/oder die hilfsbereiten Mitmenschen beim Üben bzw. Testen Ihres Vortrages weitere mögliche Fragestellungen.

> Überprüfen Sie, ob die gewählte Ordnung der A6-Kärtchen (nach der Gliederung Ihres Vortrages oder alphabetisch nach Problemkreisen Ihres Themas) Ihnen das Auffinden der Antworten sicher ermöglicht.

> Durchdenken Sie nochmals inhaltlich Ihre Antworten auf mögliche Fragen.

Quellennachweis:

Härdler, J.:	„Empfehlung für die Gestaltung von Diplomarbeiten"
	Westsächsische Hochschule Zwickau (FH) 1995
Müller, J.:	hochschulinternes Material, Vorlesungsskripte zum Thema „Systematische Heuristik", TH Karl-Marx-Stadt 1970/72
Weber, W.:	„Hinweise für Inhalt und Gestaltung von wissenschaftlichen Arbeiten", BA Sachsen, Staatliche Studienakademie Plauen 2000
KMK-Beschluss:	Ländergemeinsame Strukturvorgaben gemäß § 9 Abs. 2 HRG für die Akkreditierung von Bachelor- und Masterstudiengängen (Beschluss der Kultusministerkonferenz vom 10.10.2003 i.d.F. vom 15.06.2007)
Middendorff, E.:	Computernutzung und Neue Medien im Studium, Ergebnisse der 16. Sozialerhebung des Deutschen Studentenwerkes (DSW), durchgeführt von HIS Hochschul-Informations-System, Bonn 2002, Herausgegeben vom Bundesministerium für Bildung und Forschung

Aktuelle Literatur:

Esselborn-Krumbiegel, H.:	„Von der Idee zum Text. Eine Anleitung zum wissenschaftlichen Schreiben" (3. Aufl.), UTB-Reihe, Verlag Schöningh, Paderborn 2008
Kornmeier, M.:	„Wissenschaftlich schreiben leicht gemacht" (4. Auflage), UTB-Reihe, Haupt Verlag Bern-Stuttgart-Weien 2011.
Müller. H.	„Mind Mapping", 3. Auflage, 128 Seiten. Haufe Verlag 2008

Im Ergebnis des Beschlusses der Kultusministerkonferenz vom 10.10.2003 sind nach Einführung des neuen Graduierungssystems folgende Arten von wissenschaftlichen Abschlussarbeiten mit den ihnen eigenen Ansprüchen zu unterscheiden:

Bachelorarbeit – Masterarbeit/Diplomarbeit – Dissertation – Habilarbeit.

Die Umsetzung des Beschlusses der Kultusministerkonferenz führte bisher zu unterschiedlichen Regelungen an den Universitäten und Hochschuleinrichtungen. Selbst innerhalb der Hochschulen werden von den Fakultäten oft unterschiedliche Wege gegangen. Ausgehend von den Vorgaben der Kultusministerkonferenz ist jedoch ein *allgemeiner Trend* erkennbar.

Jede wissenschaftliche Abschlussarbeit (gleich welcher Art) muss bestimmten inhaltlichen und formalen **Grundanforderungen** gerecht werden (s. Abschnitte 1 und 4).
Darüber hinaus gelten für die verschiedenen Arten von Abschlussarbeiten *spezifische* **Anforderungen**, die sich aus den unterschiedlich hohen Ansprüchen an die Wissenschaftlichkeit der Lösung der gestellten Aufgabe und den Aussagegehalt der Arbeiten ergeben.

Bei den Abschlussarbeiten kann es sich sowohl um rein oder vorwiegend **theoretische** als auch um vorwiegend **praxisbezogene** Arbeiten mit einem Theorieteil handeln. Auch daraus resultieren, unabhängig von der Art Abschlussarbeit, unterschiedliche Anforderungen – vor allem an die Nutzung wissenschaftlicher Methoden zur Lösung der Aufgabenstellung.

- **Grundanforderungen** an alle Arten von Abschlussarbeiten

Der Verfasser soll nachweisen, dass er unter Anleitung in der Lage ist,
- ein Problem seines **Fachgebietes**
- **innerhalb einer** vorgegebenen **Zeitspanne**
- mit **wissenschaftlichen Instrumenten** (Theorien/Methoden/Verfahren/Modellen etc.)
- **selbständig** zu bearbeiten und
- auf einer **begrenzten Anzahl von Seiten**
- bei korrektem **Gebrauch des Fachwortschatzes**
- die **Ergebnisse und Erkenntnisse verständlich** und **nachvollziehbar** darzustellen (Begriffsklarheit, Übersichtlichkeit, Sprachstil).

Allgemein geht es darum, dass der Verfasser die **Fähigkeit** zur **eigenständigen wissenschaftlichen Arbeit** unter Anleitung und in einer **begrenzten Zeit** nachweist.

Anlage 1: Generelle Anforderungen an wissenschaftliche Abschlussarbeiten (Blatt 1)

- **Spezifische Anforderungen** an die verschiedenen Arten von Abschlussarbeiten

Sie betreffen vor allem folgende Kriterien:

- **Art und Umfang der Aufgabenstellung** (zu bearbeitende Problematik)
- verfügbare **Zeitspanne**
- Erwartungen bzgl. der **wissenschaftlichen Vorgehensweise** und **Originalität** der Bearbeitung der Aufgabe
- Intensität/Umfang der **Anleitung** (Grad der Selbständigkeit) und
- zulässige **Seitenzahl** zur Darstellung der Ergebnisse.

Mit der Höhe des Grades der Abschlussarbeit steigen zudem die Anforderungen an

- die **Einordnung der Aufgabenstellung in einen Gesamtzusammenhang**,
- die **theoretische Fundierung** der Arbeit und
- die **geistige Durchdringung der Problemstellung**.

Anlage 1: Generelle Anforderungen an wissenschaftliche Abschlussarbeiten (Blatt 2)

Die Bachelorarbeit (auch *Bachelor Thesis* oder *Bachelorthese* genannt)

- **Umfang:**   i.d.R. **30 - 40 Textseiten**
- **Verfügbare Zeit:** i.d.R. **2 - 4 Monate**
- **ECTS-Punkte (Credits):** i.d.R. **8 - 12 ECTS-Punkte**

Es ist eine – oft mit einer praxisorientierter Aufgabenstellung verbundene – **wissenschaftliche Arbeit, für die die auf Blatt 1 genannten Grundanforderungen gelten**.
Im Hinblick auf ihren Umfang und der verfügbaren Zeit hat sie den Charakter einer umfangreicheren Seminararbeit.

Die Masterarbeit (auch *Master Thesis* oder *Masterthese* genannt)

- **Umfang:**   meist zwischen **60** und **100 Textseiten**
- **Verfügbare Zeit:** i.d.R. **6 Monate**
- **ECTS-Punkte** (Credits): i.d.R. **30 ECTS-Punkte**

Mit der Masterarbeit muss der Absolvent nachweisen, dass er in der Lage ist, im Rahmen einer klar abgegrenzten Aufgabenstellung, sich **kritisch mit einer wissenschaftlichen Thematik seines Fachgebietes auseinander zu setzen** und **zu einem eigenständigen neuen Ergebnis zu gelangen**.
I.d.R. geht es um das Lösen kleinerer wissenschaftlicher Probleme.

Im Prinzip gelten die gleichen Anforderungen wie bisher für die universitäre Diplomarbeit. Der international ausgerichtete Masterabschluss impliziert allerdings verschiedene Ansprüche bezüglich zu erwerbender Kompetenzen, die auch im Rahmen der Masterarbeit zu berücksichtigen sind.
Gegenüber der Bachelorarbeit werden deutlich höhere Anforderungen an die Eigenständigkeit des wissenschaftlichen Arbeitens gestellt und ein wesentlich breiteres und tieferes Herangehen an die Lösung der Aufgabenstellung gefordert, da der Master zu einem Promotionsstudium befähigt /berechtigt.

Anlage 2:   Spezifische Anforderungen an wissenschaftliche Abschlussarbeiten (Blatt 1)

Von einer Masterarbeit werden (neben der Erfüllung der Grundanforderungen lt. Anlage 1) vor allem **erwartet:**

- eine **Analyse der Aufgabenstellung** (s. Abschnitt 2),
- eine **Auswertung der relevanten Literatur** zur zu bearbeitenden Problematik,
- das **Aufzeigen des aktuellen Standes von Theorie und Praxis** zum Thema,
- eine eigene **kritische Stellungnahme zum erfassten Gedankengut**,
- das **Entwickeln einer eigenständigen neuen Problemlösung** mit wissenschaftlichen Instrumenten (Theorien/Methoden/Verfahren/Modellen/Techniken etc.) die auch in einem neuen innovativen Anwenden dieser Instrumente bestehen kann,
- eine verständliche, **nachvollziehbare Darstellung der erarbeiteten Problemlösung** und der gewonnenen Erkenntnisse,
- ein **Ausblick** auf weitere (in der Arbeit noch nicht gelöste) Aufgaben.

Nicht verlangt wird jedoch eine eigenständige Forschungsleistung bzw. die Weiterentwicklung von Theorien, Methoden o.dgl., das ist der Dissertation vorbehalten.

Die Diplomarbeit (wird meist der Masterarbeit gleichgestellt)

- **Umfang:** meist zwischen 60 und 100 Textseiten
- **Verfügbare Zeit:** i.d.R. **6 Monate**

Anlage 2: Spezifische Anforderungen an wissenschaftliche Abschlussarbeiten (Blatt 2)

Die Dissertation

- **Umfang:** i.d.R. **100 – 120 Textseiten** (Ausnahmen bis zu 300 Seiten)
- **Verfügbare Zeit:** i.d.R. **3 – 4 Jahre**

Mit der Dissertation muss der Promovend – in Verbindung mit der Erfüllung der auf Blatt 1 genannten Grundanforderungen – von der **Fähigkeit zu eigenständiger Forschungstätigkeit** auf dem jeweiligen Fachgebiet überzeugen.

Er hat u.a. nachzuweisen, dass er in der Lage ist, zur Lösung einer Themenstellung

- die **Kernprobleme** zu erkennen und
- neue **theoretische Perspektiven** zu entwickeln oder

    neue **Methoden/Modelle/Verfahren/Techniken** etc. zu erarbeiten oder

    neue **innovative Wege** beim Anwenden bereits entwickelter Theorien, Methoden/Modelle/Verfahren/Techniken etc. zu gehen,

Eine Dissertation muss

- auf der **kritischen Auswertung der relevanten Fachliteratur** beruhen,
- sich mit dem **Stand der Forschung zum Thema** der Dissertation auseinandersetzen,
- vom **Beherrschen wissenschaftlicher Methodik** überzeugen,
- einen **Beitrag zur Weiterentwicklung des betreffenden Fachgebietes** durch neue wissenschaftliche Erkenntnisse leisten,
- die **erarbeitete Problemlösung** und **gewonnen Erkenntnisse** verständlich und **nachvollziehbar darstellen**,
- die **Anwendbarkeit** und den **Nutzen der Lösung** nachweisen,
- einen **Ausblick** auf weitere (in der Arbeit noch nicht beantwortete) Fragestellungen aufzeigen.

Anlage 2: Spezifische Anforderungen an wissenschaftliche Abschlussarbeiten (Blatt 3)

Je nach Fach und Themenstellung beschäftigt sich eine **Dissertation**

- entweder rein theoretisch mit einem Thema
  (vor allem bei geisteswissenschaftlichen Dissertationen z.B. durch eine neue Betrachtungsweise der Materie, Neuordnen von Bekanntem unter neuen Gesichtspunkten u.dgl.)
- oder beschreibt und interpretiert empirisch/experimentell gewonnene Erkenntnisse mit Schlussfolgerungen für die Theorie
  (insbesondere bei natur-, ingenieur- und wirtschaftswissenschaftlichen Dissertationen).

Die Habilitationsschrift

- **Umfang:** i.d.R. nicht mehr als **120 Textseiten** (Ausnahmen bis 350 Seiten)

Mit der Habilitationsschrift muss der Habilitand einen **wesentlichen eigenständigen Beitrag zur wissenschaftlichen Erkenntnis** auf seinem Fachgebiet leisten und damit seine **besondere Befähigung zur selbständigen wissenschaftlichen Forschung** und zur **Förderung der Wissenschaft** beweisen.

Es wird erwartet, dass die selbst erarbeiteten **neuen Erkenntnisse überzeugend dargelegt und begründet** werden, die Arbeit **hohen methodischen Ansprüchen** gerecht wird und dem **internationalen Vergleich** standhält.

(Die schriftliche Habilitationsleistung kann auch aus mehreren wissenschaftlichen Publikationen bestehen, die thematisch eine Einheit bilden und in ihrer Gesamtheit den Anforderungen einer Habilitationsschrift entsprechen.)

Anlage 2: Anforderungen an wissenschaftliche Abschlussarbeiten (Blatt 4)

Programm (Vorschriften) zur Präzisierung der Aufgabenstellung

1. Stelle das zu befriedigende (betriebs-)wirtschaftliche Bedürfnis dar!

2. Bestimme das geforderte Ergebnis der zu erarbeitenden Lösung (die Ausgangsgröße)!

3. Bestimme die für den Lösungsprozess benötigten Eingangsgrößen! Prüfe, ob die vorhandenen Eingangsgrößen hinreichen können!

4. Bestimme die Umstände, unter denen der Prozess ablaufen soll!

5. Bestimme die mit der Ausgangsgröße zu erwartenden Nebenwirkungen! (Betrachtung der - 1-Schicht)

7. Bestimme die erforderlichen Vorgänge (Bearbeitungsschritte, zu erfüllende Funktionen) der vorgegebenen, bekannten oder zu entwickelnden Lösung!

8. Bestimme die Ausgangs- und Eingangsgrößen der einzelnen Vorgänge oder Bearbeitungsschritte und die Maßnahmen bzw. Funktionen, die diese Vorgänge oder Bearbeitungsschritte verwirklichen können!

9. Bestimme Umstände und Nebenwirkungen für die einzelnen Vorgänge!

10. **Sammle die** bei der Abarbeitung der Vorschriften (1. bis 9.) **erkannten Defekte** und ordne sie nach ihrer Bedeutung für die Bewältigung der **Aufgabenstellung!**

Anlage 3: „Programm" zur Präzisierung der Aufgabenstellung
(in Anlehnung an J. Müller „Systematische Heuristik")

< Bezeichnung der Studieneinrichtung>

<Thema der Arbeit>

<Art der wissenschaftlichen Arbeit>

zur Erlangung des Grades eines ....

in der Studienrichtung ....

eingereicht von:

<Vorname, Nachname>

<Geburtsdatum>

1. Gutachter: <Titel und Nachname>
2. Gutachter: <Titel und Nachname>
Tag der Themenübergabe: xx.yy.zzzz
Tag der Einreichung: xx.yy.zzzz

<Bezeichnung der Studieneinrichtung>
Fachbereich ....
Studiengang ....

<Art der wissenschaftlichen Arbeit>

Thema: ....

Verfasser: <Vorname, Nachname>
Matrikel-Nr.: ....
Betreuer: <Titel und Nachname>
Abgabedatum: xx.yy.zzzz

<Bezeichnung der Studieneinrichtung>
Fachbereich ....
Studiengang ....

<Art der wissenschaftlichen Arbeit>

Thema: ....

vorgelegt von <Vorname, Nachname>
aus <Heimatort>

Bearbeitungszeitraum: xx.yy.zzzz xx.yy.zzzz
eingereicht am: xx.yy.zzzz
Betreuer/in: <Titel und Nachname>
Zweiter Gutachter/in: <Titel und Nachname>

Anlage 4: Beispiele für mögliche Gestaltung des Titelblattes

- Amtliche Veröffentlichungen der EU	http://publications.europa.eu/index_de.htm
- Bibliothek des Instituts für Weltwirtschaft Kiel	http://www.zbw-kiel.de
- Bibliotheksverbund Bayern (BVB)	http://www.bib-bvb.de
- Citavi Literaturverwaltung & Wissensorganisation	http://www.citavi.com/
- Datenbank-Infosystem (DBIS)	http://www.bibliothek.uni-regensburg.de/dbinfo
- Deutsche Bundesbank (Wirtschaftsdaten)	http://www.bundesbank.de/statistik
- Deutsche Nationalbibliothek	http://www.d-nb.de
- Deutsche Zentralbibliothek für Wirtschaftswissenschaften (ZBW)	http://www.zbw-kiel.de
- Niedersächsische Staats- und Universitätsbibliothek Göttingen	http://www.sub.uni-goettingen.de
- Europäischer Datenservice des Stat. Bundesamtes (EDS)	http://www.eds-destatis.de
- Fachbibliographien und Online-Datenbanken	http://wiki.bsz-bw.de/do.php?id=linksammlungen:fabio:start
- Fachinformationszentrum Karlsruhe (FIZ)	http://www.fiz-karlsruhe.de
- F.A.Z.-Archiv / Recherchedienst	http://faz-archiv.faz.net
- GBI-Genios (Deutsche Wirtschaftsdatenbank)	http://www.genios.de
- Gemeinsamer Bibliotheksverbund - Online Datenbanken	http://www.gbv.de
- Hochschulkompass der HRK	http://www.hochschulkompass.de
- Informationsportal für die Informatik	http://www.io-port.net/index.html
- Informationsdienst Wissenschaft	http://idw-online.de/pages/de/news251368
- Innovations Report (Forum für Wissenschaft, Industrie u. Wirtschaft)	http://www.innovations-report.de
- Karlsruher Virtueller Verlag (KVK)	http://www.ubka.uni-karlsruhe.de/kvk.html
-Österreichischer Bibliothekenverbund (Online-Kataloge)	http://www.obvsg.at/kataloge
- Schweizer Nationalbibliothek	http://www.nb.admin.ch/slb/org/index.html?lang=de
- Sächs. Landesbibliothek – Staats- und Universitätsbibliothek Dresden (SLUB)	http://www.slub-dresden.de
- Statistisches Bundesamt Deutschland	http://www.destatis.de/jetspeed/portal/cms
- Staatsbibliothek zu Berlin (SBB)	http://www.staatsbibliothek-berlin.de
- SUBITO (Dokumentenlieferdienst deutschsprachiger wiss. Bibliotheken)	http://www.subito-doc.de
- Verzeichnis deutschsprachiger Kataloge	http://www.grass-gis.de/bibliotheken/index.html
- Virtuelle Fachbibliothek Recht	http://www.vifa-recht.de

Anlage 5: Auswahl nützlicher Internetadressen (Stand Mai 2012)

Für das Gestalten wissenschaftlicher Arbeiten wesentliche DIN-Normen

406	Technische Zeichnungen; Maßeintragung
406-10	Begriffe, allgemeine Grundlagen
406-11	Grundlagen der Anwendung
406-12	Eintragung von Toleranzen für Längen- und Winkelmaße
1301	Physikalische Größen und Einheiten
1302	Allgemeine mathematische Zeichen und Begriffe
1304-1	Formelzeichen; Allgemeine Formelzeichen
1313	Physikalische Größen und Gleichungen; Begriffe, Schreibweisen
1338	Formelschreibweise und Formelsatz
1421	Gliederung und Benummerung in Texten; Abschnitte, Absätze, Aufzählungen
1422	Veröffentlichungen aus Wissenschaft, Technik, Wirtschaft und Verwaltung
1422-1	Gestaltung von Manuskripten und Typoskripten
1422-4	Gestaltung von Forschungsberichten
1460	Umschrift kyrillischer Zeichen slawischer Sprachen
1502	Regeln für das Kürzen von Wörtern in Titeln und für das Kürzen von Titeln ....
1505	Titelangaben von Dokumenten
1505-1	Abkürzungen (Bibliographische Beschreibung)
1505-2	Regeln für das Zitieren von Literaturstellen und allen sonstigen zitierbaren Quellen
1505-3	Verzeichnisse zitierter Dokumente (Literaturverzeichnisse)
1505-4	Titelaufnahme von audiovisuellen Materialien
2330	Begriffe und Benennungen; Allgemeine Grundsätze
2332	Benennen international übereinstimmender Begriffe
2340	Kurzformen für Benennungen und Namen; Bilden von Abkürzungen ....
3166	Codes für Ländernamen
5007-1	Ordnen von Schriftzeichenfolgen (ABC-Regeln)
5007-2	Ansetzungsregeln für die alphabetische Ordnung von Namen
5008	Schreib- und Gestaltungsregeln für Textverarbeitung
5478	Maßstäbe in graphischen Darstellungen
6776	Technische Zeichnungen; Beschriftungen, Schriftzeichen
16511	Korrekturzeichen zur Korrektur von Texten und Druckfahnen
30600	Graphische Symbole; Registrierung; Bezeichnung
55301	Gestaltung statistischer Tabellen

Anlage 6: DIN-Normen für das Gestalten wissenschaftlicher Arbeiten (Auswahl)

Sachwortverzeichnis

A

Abbildungen 5, 31, 77, 85f, 117f, 182, **188ff**, 199f
Abkürzungen 6, **85f**, 114, 118, 182, 188, 198
Absätze bilden 26, 179, 182, 196
Abstract **60ff**
Anforderungen/Erwartungen **15ff**, 47f, **223ff**
- formale **74ff**, 114f, 118, **197ff**
- inhaltliche **54f**, **60f**, 66f, **69**, 179, 223ff
Anlagen 77, 85, **188ff**, 199
Anschaulichkeit erhöhen **188ff**
Arbeitsbedingungen/-ort vorab klären **120**
Arbeitsmaterial aufbereiten **121**, 133, **140ff**
Arbeitsstil/Arbeitsweise **96ff**, **119ff**, **133ff**
Arbeitsschritte 30, 54, **96ff**, **108ff**
Arbeitsergebnis
- aufzeigen/ausweisen 66, 95, 113,118, 205
- diskutieren **131f**
- speichern 134, 137
- verteidigen **123**, **202ff**
Arbeitsinstrumente 31ff, 44, 52, **64ff**, 112
Arbeitsplan, terminiert 47, 53, **104ff**, 110, 115
Arbeitsplatzchancen 23, 70, 96, 191
Argumente 49, 62, 81, 99,164, 183,
Aufbau der Arbeit 15, 21f, **74ff**, 197
Aufgabenstellung **29ff**, **45ff**
- ab-/eingrenzen 15f, 26, 39, **57ff**, 74, 97f
- akzeptieren müssen **98ff**
- begründen/klären **15f, 51, 57**
- Erfüllung nachweisen 24f, **68ff**, 113
- durchdenken/präzisieren 17ff, **29ff**, 31f,
- theoretisch orientiert 61, 115
- praxisbezogen 61, 115
- wählen dürfen **96ff**
Auftragsblatt 79
Aufzählungen 76, 212, 233
Ausdrucksweise (s. Darlegungsstil)
Autoreferat (s. Abstract)

B

Bachelorarbeit 75, 107, **115ff**, 203, 217, **225**
Bearbeitungsablauf 30, **107ff**
Bearbeitungszeit effektiv nutzen 30, 45f, 105**ff**
Befragung 53, 106, 124ff
Begriffe (s. auch Fachbegriffe)
- verwenden 76,85f, **92f**, 122, **181**, 195, 232
- damit/danach suchen 145ff, 154ff
- selbst prägen 93f, 122, 196

Besprechung/Beratung nutzen 46, **125ff**
Bestandteile der Arbeit **21ff**
- formale 74ff, **78ff**
- inhaltliche **60ff**, 83f
Betreuer
- abstimmen 80, 99f, 105, 114, 123
- Auffassung erkunden 99, **123**,193
- gewinnen 48f, 50, 97f
- konsultieren 75, 80, 123
- Meinungsverschiedenheiten 100
Beurteilungskriterien (s. Bewertung)
Bewertung
- der Arbeit 15, **24ff**, 27f,, 74, 179, 196
- der Verteidigung 28, 70, **87**, 123, 191, **202ff**
Bibliographien/Bibliothekskataloge 148f
Bibliographische Beschreibung der Arbeit 80, 232
Bibliographische Daten
- erfassen **138f**, **156ff**
- nachweisen 157ff, **166ff**
- wie angeben **88ff**, 95
Bibliothek 106, 120, **148ff**

C

Checklisten 105f, **194ff**
Citavi 139f
Computer nutzen 96, 120, **132ff**, 140ff, 160ff, 210

D

Darlegungsstil 27, 114, **179ff**
Darstellungen, grafische (s. Abbildungen)
Datei-Verzeichnis **136f**, 161
Datenträger abgeben 143
Definition (bestimmter Begriffe) **122**, 141
Diplomarbeit 46, 75, 80, 107, 131, 203, 226
Diskussion 100, 104, 124f, **131f**,210, 215f
Dissertation/Doktorarbeit 25, **48ff**, 70, 75, 95, 99ff,
  107f, 109f, 131, 203, 223, 227
Doktorvater/Gutachter 23ff, **48ff**, **100ff**

E

Eidesstattliche Erklärung 77, **94f**, 201
Eigenleistung, schöpferische **16**, 25, 54f, 66, **179f**,
  207
Einleitung 24, **56ff**, 68, 195, **206f**, 217
Empfehlungen 58, 68, **74ff**, **87**, 125f, 182, **192f**,
  203, **217**

233

Endfassung 19, 114, 119, **141ff**, **194ff**, 221
Endkontrolle/-redaktion 105, 187, **195ff**, 199, 218f
Erkenntnisgewinn **54ff**, 69f
Exposé 29, **45ff**, 55
exzerpieren **156ff**

F

Fachbegriffe 27, **92f**, 126, 159, 205
Faktendatenbanken 152
Formeln 76, 78, 86, 197, 212
Formvorschriften 15, 27f, **74ff**
Fragebogen 124ff
Fußnoten 75f, 142, **162ff**, **166ff**, 199f

G

Gedankenführung 25f, 58, 179ff, 205
Gestaltung der Arbeit
 - Anforderungen lt. DIN 15ff, 21f, **74ff**, 80ff, 88, 107, 223ff, **232**
 - Anschaulichkeit der Darlegungen **188ff**, 191f
 - äußeres Erscheinungsbild 28, 114, 142f, **199f**
 - formale Anforderungen 21f, **27**, **46ff**, **74ff**, 114f, 118, **197ff**, 232
 - Literaturnachweis **88ff**, **166ff**
Gliederung der Arbeit
 - formell/Gliederungsart 21f
 - Grundsätze/Regeln **20f**, **78**
 - Grobentwurf 18f, 44f, 52, 99
 - inhaltlich folgerichtig **19ff**, 26, 58, 195
Glossar 92f
Grobgliederung 29, 52, 106, 135
Gutachten **23ff**, 48f, 69f, 79, 100, 123, 179, 188, 204

H

Habilitationsschrift 80, 203,, 223, 228
Handout 203, **216ff**
Hauptabschnitte 18f, **59ff**, 112ff

I

Ideenfindung 38, 54, **64ff**, 98, 120f, 134
Informationen vom Praxispartner 119f, **124ff**, 139
Ist-Zustand erfassen 54, 112, **126ff**
Internet nutzen 92, 102f, 105, 132, 153ff, 174ff
Interview 3, 72, 112, 117, **124ff**

K

konspektieren 156, **159**
Konsultation/Beratung 102, 108, 123f, **125f**
Kontrolle/Überprüfung **58**, 105f, 114ff, **181**

L

Layout der Arbeit 27, **75ff**
Legende 77, 86, 188, 192
Lexika 106, **149**
Literatur (s. auch Arbeitsmaterial) **145ff**
 - auswerten 54, 61, 111, 135, **145f**, **156ff**
 - nachweisen 114, 138, **166ff**
 - recherchieren/suchen 53, 60, **88ff**, 135, 138f,
 - Verzeichnis anlegen **88f**, 135, 138f, 156, 198
Literatur-Datenbanken 151f

M

Manuskript
 - für Vortrag **204ff**, **208ff**, **218f**
 - überarbeiten 114, 118
 - überprüfen 114, 118, 143, **199f**
Masterarbeit 47, 80, 108f, **110ff**, 224f
Modellierung (Prozesse) 31, 33, 55f, 64f, **127ff**

N

Nachschlagewerke 148, **149f**
Nachvollziehbarkeit 16, 25, 46, 55, 122, 205, 233
Nutzen ausweisen 25f, **71**, 113, 118, 209

O

OPAC 147, 151
Ordner/Ordnerstruktur 136f

P

Praxispartner 26, 71, 79, 87, 124ff, 188
Praxisbetreuer 18, 46, 86, 120, 203,
Problembehandlung 52
Problemlösung 28, 64f, 66ff, 132
Promotion
 - allgemein 45, **49ff**, 80, 203
 - extern 96, **100ff**
 - Finanzierung absichern 49
 - Fördermöglichkeiten 49f, 103f
 - Thema finden 96, 101

Q

Qualität anstreben **24**, 74, 119f, 123, **131f**
Quellennachweis 17, 48, **53**, 60, 88ff, 138f, 141
 - Fußnotensystem 166f
 - numerisches System 166ff
 - Quelle CD-ROM / DVD 177f
 - Quelle Internet 92, 144, 156. 175ff
 Querverweise 198

234

R
Referenzdatenbanken 152
Recherche 135,**138**, **145ff**, 155
Rohmanuskript 135, **140ff**

S
Satz/Satzbildung **179ff,** 196
Satzspiegel 75
Schlagwort **146f**, 148, 150
Schlussfolgerungen 16, 23ff, 54f, 63, **68f**, 72f, 82, 87, 112f, 117f, 121f, 179, 193, 206
Schreibstil (s. Darlegungsstil)
Schriftart/Schriftgröße 76, 162, **169f**, 200
Schriftbild 75, 169
Seitennummerierung/Paganierung 23, **77**, 84
Seitenzahl, zulässige 45, **75**, 107, **225ff**
Sicherheitskopie 137f
Sonderzeichen 77
Sperrvermerk 79
Spezialdatenbanken 145f, 155
Sprachstil (s. Darlegungsstil)
Stichwort 146f
Stichwortkatalog 145, 153f
Suchbegriff **145f**, 155
Suchmaschinen 145, 153ff
Symbole/Formelzeichen 77, 85f, 188, 197
Systematische Heuristik **29ff**, 45, 57, 98f
Systembetrachtung (bei Ist-Erfassung) 127ff

T
Tabellen anlegen 27, **68**, 77, 85, 161, 182, **188f**, 192, 199, 232
Technische Zeichnungen 77f, 191, 232
Terminplanung 104, **107ff**, **115ff**
Thesen 24f, 68, 78, **95**, **193f**, 209, 212
, Titelblatt 23, **79**, 201, 230
Typographie 76

U
Überschriften 20, 58, **76**f, 84, 182, 189, 192, **198**
Überprüfen der Arbeit (s. Endkontrolle)
Untersuchungsobjekt 35, 37f, 43, 54f, 60, **62f**, 70, 72, 112, 117, 120, 126ff, 156, 158
Untersuchungen 30f, 36, 47,52, 106, 112, 117, 125f
Umfang, (Orientierung)
- für Arbeit **225ff**
- für Abstract 82
- für Exposé 47f

V
Verständlichkeit der Darlegungen 19f, 83, 166, **180f**, **188,** 190, 195f, 219
Verteidigung der Arbeit 28, 70, **87**, 123, 131f, 191, 194, **202ff**
Verzeichnisse der Arbeit
- allgemein 83ff, 114, 118, 192, 197ff
- Abbildungen 77, 85
- Abkürzungen 85f, 198
- Anlagen 77, 85, 189
- Datei 134ff
- Inhalt **83f**, 145
- Literatur 58f, **83f**, **88ff**, 139, 156, 198, 232
- Quellen **88f**,139, 156, 198
- Symbole/Formelzeichen 85f
- Tabellen 77, 85
Vorbereiten auf
- Bearbeitung der Aufgabe 72f, **108f**, 119ff
- Beratung/Besprechung 46, 106, 125
- Interview /Fragebogenaktion 124f
- Verteidigung der Ergebnisse 202ff,
Vortrag
- Bewertung 202f
- Gliederung 206
- Manuskript **204ff**, 208ff, **218f**
Vorwort **86f**, 202f

W
Wortwahl 25, 179ff, 205

Z
Zeilenabstand **75**, 169
Zeit, verfügbare
- gewinnen 29ff, 43, 68, 105f, 131f
- ergebnisorientiert nutzen 105, 120, 154
- Verwendung planen **108ff**, 205, 220f
Zielstellung der Arbeit 15f, 16, 47, 51, 56
Zitate anwenden 163f
- aus elektronischen Quellen 174ff
- Grundsätze und Regeln 164f
- Fußnoten-/ numerisches System 166ff
- Primär-/Sekundärzitat 165
- sinngemäß/indirekt 168, **172f**
- Übersetzungen 163,170
- wörtlich/direkt 169ff
- zulässige Ausnahmen 170ff
Zusammenfassung 24f, **68ff**, 121,195, 206, 209
Zeitreserve 109ff

i want morebooks!

Buy your books fast and straightforward online - at one of world's fastest growing online book stores! Environmentally sound due to Print-on-Demand technologies.

Buy your books online at
www.get-morebooks.com

Kaufen Sie Ihre Bücher schnell und unkompliziert online – auf einer der am schnellsten wachsenden Buchhandelsplattformen weltweit! Dank Print-On-Demand umwelt- und ressourcenschonend produziert.

Bücher schneller online kaufen
www.morebooks.de

VDM Verlagsservicegesellschaft mbH
Heinrich-Böcking-Str. 6-8
D - 66121 Saarbrücken

Telefon: +49 681 3720 174
Telefax: +49 681 3720 1749

info@vdm-vsg.de
www.vdm-vsg.de

Printed by Books on Demand GmbH, Norderstedt / Germany